# ぐんまの城三〇選

## 戦国への誘い

上毛新聞社

**名胡桃城**　戦国時代終焉のきっかけとなった城として有名。後北条氏は沼田城攻略に執着し、豊臣秀吉の裁定でようやく手中にした。しかし、名胡桃城に手を伸ばしたことが秀吉の逆鱗に触れ滅亡した。

**岩櫃城**　上田と沼田をつなぐ中間地点に、真田氏の拠点として位置づけられる城。天然要害、岩櫃山（802.6m）の東中腹にある。城郭の規模は1.4㎢と上州最大を誇り、武田の三名城の一つと言われる。

**白井城**　県北の要衝にある関東管領上杉家家宰白井長尾家の居城。臨済宗の高僧、万里集九が15世紀後半の城下町の様子を「屋は京洛のごとく地は棊の如し」と都の賑わいにたとえて紹介している。

**沼田城**　地形学的にも有名な薄根川と片品川に挟まれた沼田台地の北西端にある名城。16世紀前半に沼田氏が築城し、その後、上杉氏、後北条氏、真田氏の進攻を経て、小田原の役後、真田信之が入った。

**平井城**■関東管領、上野国守護山内上杉氏の本拠地だった。上杉憲政は天文21年（1552）、後北条氏に追われ越後の長尾景虎（上杉謙信）を頼った。鮎川の崖上に本丸があり、公園として整備されている。

**金山城**■東上州を代表する巨大城郭。15世紀中頃に新田氏の後裔岩松氏が築いたとされる。その後、横瀬氏（由良氏）は上杉氏や後北条氏に従属した。発掘と整備が進み、壮大な石の城の姿が見えてきた。

**箕輪城**　武田信玄の猛攻にも耐えた名将長野業政が守った城として名高い。日本百名城の一つ。西上州支配の拠点として、長野氏滅亡後、武田氏、織田氏、後北条氏、徳川氏と有力大名が支配した。

**後閑城**　東山道が近くを通る交通の要衝に立地。武田氏滅亡後は後北条氏に従う。小田原合戦後、廃城になった。現在は城址公園として整備され、本郭から階段状に各郭が見え、構造がよくわかる。

# ぐんまの城三〇選

戦国への誘い

# まえがき

平成二十八年のNHK大河ドラマが、真田幸村を主役とする「真田丸」に決まった。そんなニュースを聞きながら、本書の企画が始まった。「なんだか、便乗本になるなあ」。狙っていたわけではないが、後押しとなったことは素直に認める。でも、それ以前から、皆が城への想いを暖めてきたのだ。

それにしても、最近城の本が続々と刊行されている。都道府県別が流行のようだ。そこで、遅ればせながら群馬の出番である。どんな本にしようか。一般書である以上、県内すべての城を網羅することはできない。かといって、どこかで聞いたような「名城」の焼き直しも芸がない。「城を選ぶにしても、アクセントをつけよう」ということになった。

群馬の城で、常々感じていることがあった。「有名な城だけれど、現地に何も遺構が残ってないなあ」という経験である。県内の場合、都市部に多いケースだ。史実がたくさんあって、読み物としては面白いが、現地でがっかりという話である。例えば、館林城の場合、江戸時代の姿はおぼろげながら現地でたどれるが、戦国時代の姿がわからない。これは消化不良である。安中城や倉賀野城（高崎市）も同じだ。これは避けようと考えた。地元で思い入れのある方には申し訳ないが、苦渋の選択である。現地でも楽しめる城にしよう。それがコンセプトの一つとなった。

それでも、高崎城（和田城）や前橋城（厩橋城）は選択に残った。なぜなら、強い武器があった。発掘調査が長年繰り返され、資料や情報が蓄積されてきた。そこで、群馬の中世考古学をリードする清水豊・秋本太郎両氏は、今何を感じ、城をどう復元してみせるのだろう。私は一人の読者として、それを聞きたくなった。沼田城も同じである。もっとも、真田氏が注目されていくご時勢に、沼田城を外す勇気が無かった面もある。

ところで、群馬の城について少し知識のある方なら、「なぜあの城が載っていないのか」と疑問を持たれるにちがいない。たとえば、根小屋城（高崎市）や磯部城（安中市）など、群馬を代表する中世の城が載っていないのだ。また、私としては更に、内匠城（富岡市）や真下城（藤岡市）も捨てがたかった。しかし、どんなに優れた縄張りの城であっても、誰が使ったのかはっきりしないのでは面白くない。しっかりと文献史料が残る城が良い。読むことで群馬の戦国時代をたどれるものにしたい。城として見応えがあり、しかも物語もある。それが二つめのコンセプトであった。

そうは言っても、話題性は大事である。近年の発掘調査の成果は盛り込みたい。今後を見通すような問題提起もしたい。そのために少し変化球も盛り込んだ。今は消滅してしまった丹生東城（富岡市）は、発掘調査によってたくさんの課題を与えてくれた。区画整理の進む中世総社城（前橋市）では、中世の高級磁器が出土し、丸馬出も発見された。神保植松城（高崎市）では、豊富な発掘調査情報が県立歴史博物館の模型展示として、ようやく利用されようとしている。一つの発見が、研究史に大きな波紋を起こすのだろう。今後の展開が楽しみである。その意味で、城は今も成長し続けているのだ。

繰り返しになるが、本書は有名どころばかりを集めていない。地元でも「こんな城があったんだ」という場面も想像される。むしろ、本書がきっかけとなって、城が認知され、親しもう守ろうという話となっていけば、ありがたい限りである。

平成二十八年三月

飯森　康広

## もくじ



## ぐんまの城

# 概説

## 上野国の城と紛争

## 城のはじまり

城は戦争に関わるため、度重なる築城の歴史が戦国時代以前にもあった。弥生時代の環濠集落として有名な佐賀県の吉野ヶ里遺跡を、城の一例とみることもできる。大規模な例を挙げれば、七世紀を中心に近畿以西では朝鮮式山城が築かれ、同じ頃東北では蝦夷支配のために城柵が築かれていた。ここで扱う中世の城とは、すなわち武士の拠点である。しかし、十一世紀に登場した武士が、いきなり城に住むことはなかった。日常生活は館あるいは屋敷で営まれていた。

中世はおよそ六百年間に及ぶため、南北朝時代を境にして、前期と後期に分けられる。中世前期の城は、戦闘に際して臨時に構えられた。「城郭を構える」とは、館や屋敷が武装することを指し、その状態は「逆茂木《さかもぎ》をひく」（先端の尖った杭を逆さまに打つ）、「垣楯《かいだて》をかく」（楯を垣根のように並べる）という外観であった。その頃の城は、必ずしも堀や土塁で囲まれていなかった。群馬県内の例では、源頼朝に対抗した新田義重が、自立行動として寺尾城（寺尾館）に籠もった。城も館もおそらく同じ場所を指していよう。そこで新田氏は荘園を経営し、一族郎党を抱え政治力を発揮していたのだ。

中世後期、とくに戦国時代になると、著名な城が出現してくる。戦争が恒常的になったからである。しかし、現在各地に残る城にはそれぞれ成立した背景があり、一様に語ることはできない。その成立に関わる政治史を加味することで、各城の持ち味が浮かびあがってこよう。

戦国時代の城を生み出した原動力は何か。戦であることは言うまでもないが、支配者の出現と表裏である。政治的に必要な城は別として、多くの城は紛争によって生み出される。守る側と攻める側の接点があり、そこが境目であり国境の場合もあった。一時的な緊張もあれば、常態化する場合もあった。群馬県の場合、最も大きな境界は利根川であり、武田領と上杉領の境界として、その後は真田氏と後北条氏の対立を生み出した。烏川や神流川、吾妻川もその時々で、緊張の中心となった。紛争を丹念に追うことによって、城の位置づけが見えてくることとなる。逆に、知られていない紛争を城があぶり出している場合さえあるだろう。もちろん、未発見の城も残っている。ここでは、そうした限界も知りつつ、紛争の歴史をたどってみよう。

## 関東の戦乱

戦国時代の始まりは応仁の乱(一四六七〜一四七七)と言われるが、近年の研究により関東では約十年早く、享徳の乱(一四五五〜一四八三)が始まりとされている。この争乱は、鎌倉を追われた古河公方と、幕府を後ろ盾とする関東管領上杉氏が争ったもので、公方は直轄領であった古河(茨城県)周辺を拠点とした。これに対して上杉氏は、利根川を挟んだ西岸の五十子《いかっこ》(埼玉県本庄市)に陣を構えて対峙した。五十子陣は単なる野営地ではなく、恒常的な建物を備えた城館であり、経済・文化の中核地として二十年近く存続した。

城もこの争乱の中で、県内各地に出現してくるが、一揆衆と呼ばれた小領主である武士に、城の必要性を感じさせた事件は更にさかのぼる。永享十二年(一四四〇)、結城城(茨城県)を舞台に行われた結城合戦である。城主結城氏朝は、鎌倉公方足利持氏の遺子春王、安王を奉じて幕府軍に反抗した。幕府は関東管領上杉清方らを討伐に差し向けた。討伐軍には上州の一揆衆が多く加わり、ほかに上杉氏の家来という立場の上州武士も多く含まれていた。攻め手の側に立った上州武士であったが、大規模な籠城戦を実体験した影響は大きかったであろう。築城の機運は、この時すでに高まったにちがいない。

しかし、この時期の戦は、野戦によって勝敗を決するものが主流で、城を取り合う攻城戦は少なかった。享徳の乱の緒戦段階では、享徳四年(一四五六)に三宮原(吉岡町)で大規模な野戦が行われた。管領方は白井城(渋川市)に集結して、軍勢を二手に分け、主力は三宮原で公方方を破り、別働隊は利根川東岸を南下した。白井城は上杉氏の家宰白井長尾氏の居城として知られているが、当初は上杉氏の持ち城の性格が強い。一族として援護を続けた越後上杉氏が長く白井城に駐留したのも、こうした位置づけからであった。

長禄三年(一四五九)には、海老瀬口《えびせ》・羽継原《はねつぐはら》合戦が行われた。羽継原(館林市)には公方方の羽続氏がおり、三大将のひとりである舞木氏の近隣であった。当時まだ館林城は存在しておらず、この野戦をきっかけに築城された可能性が高い。十二年後の文明三年(一四七一)までに築城された館林城には、公方方の高氏と赤井氏が入城した。高氏は足利が地盤であり、赤井氏も小勢力のため、自力による築城とは思われない。おそらく、公方方主導で築城されたはずである。言い換えれば、古河公方の持ち城とも言えよう。

同時期となる文明元年、太田金山城が岩松家純によって築城された。群馬県を代表する戦国期城郭の出現である。この築城は家純にとって悲願とも言える。家純の父満純は、応永二十四年(一四一七)上杉禅秀の乱に荷担して殺害され、家純も長く国外で暮らすこととなった。帰国を果たしたのは、嘉吉元年(一四四一)の結城合戦の時であった。しかし、新田荘は従兄弟岩松持国が古河公方方として支配していたため、家純は当面五十子陣滞在を余儀なくされた。寛正二年(一四六一)持国を謀殺して、家純は岩松氏を漸く統一した。太田金山城築城は、岩松氏の隆盛を示すとともに、上州武士が本拠とする大規模な山城の先駆けとなった。

金山城 馬場曲輪

## 山内上杉氏の盛衰

文明八年（一四七六）、叔父長尾忠景の上杉家家宰職就任を不服として、前家宰長尾景信の子景春が上杉氏へ反旗を翻し、翌年五十子陣は崩壊した。管領上杉顕定は上野国に退去し、阿内陣（前橋市）に拠った。その後、上杉軍は攻勢に転じたが、夏に公方軍が上野国に侵攻して滝・島名陣（高崎市）に在陣すると、上杉軍は白井城へ移陣した。十二月、両軍は広馬場（榛東村）で対陣したが、降雪により和睦した。公方軍は撤退に際して、府中で留守所《るすどころ》要害に放火している。長尾忠景の勢力下にあった総社地域だが、この際中世総社城（前橋市）の存在は確認できない。また、公方軍が広馬場へ侵攻した背景には、同年五月に当主長野為業が討ち死にした直後とはいえ、長尾景春を支える一揆衆の筆頭である長野氏の存在がうかがえる。しかし、箕輪城（高崎市）築城はもう少し後と思われる。また、黒田基樹氏により、長野為業を厩橋城初代とする説が示されているが、浜川（高崎市）における長野氏の展開が考慮されておらず、検討の余地がある。

　五十子陣が崩壊して以後、上杉顕定は鉢形城（埼玉県寄居町）を居城とした。県内では管領館が、板鼻（安中市）近くに設けられていた。また、顕定は家臣である依田徳昌軒の屋敷を宿所とし、度々連歌会を催していた。この屋敷が古城遺跡（安中市）と考えられる。

　享徳の乱が終息すると、今度は上杉氏内部で抗争が起こり、山内上杉氏と扇谷上杉氏が争った（長享の乱）。明応二年（一四九三）には、伊勢宗瑞（のちの北条早雲）が堀越御所（静岡県）を襲い、堀越公方足利茶々丸を追った。これを契機に、両上杉氏は徐々に後北条氏によって圧迫されていく。

　永正三年（一五〇六）には古河公方内部で家督をめぐる争いが勃発した（永正の乱）。また、同六年上杉顕定は越後の長尾為景討伐に向かい、逆に討ち死にしてしまう。そこで顕定の家督をめぐって山内上杉氏の身内でも争乱が起こる。鉢形城を本拠とする上杉顕実を、平井城（藤岡市）を本拠とする上杉憲房が破って関東管領となった。以後、平井城が山内上杉氏の本拠となる。隣接して詰め城となる平井金山城も存在し、両城とも石垣を取り入れた特徴的な城であった。

　内部抗争を通じて上杉氏は弱体化していく。天文十五年（一五四六）に山内・扇谷上杉両氏が、河越城奪回を目論んだ河越合戦で、後北条氏に大敗して扇谷上杉氏が滅亡すると、いよいよ山内上杉氏も追い込まれることとなった。勢力を拡大しながら北上する後北条氏に対して、上野国内でいち早く来属したのは、小幡氏と那波氏であった。とくに小幡氏の本拠国峰城（甘楽町）は平井城とも近かったため、両城間で攻城戦が行われた。

平井城 本丸

## 支配は後北条氏から上杉氏へ

天文二十一年、上武国境に位置する御嶽《みたけ》城（埼玉県神川町）が後北条氏に降ると、上野国内に動揺が広がった。上杉憲政は馬廻衆に平井城を追われ、まだ地盤の強い東上野へ向かったが、そこでも入城を拒否され、越後へ向かった。関東管領山内上杉氏の支配は終わりとなった。

代わって侵攻した後北条氏が直接支配を行った城として、南から倉賀野城、厩橋城、沼田城が挙げられる。また、高山城（東日野金井城）も拠点的に使用された。上野国内の武士たちには、上杉氏と運命を共にして没落したものと、服属して勢力を保ったものがあった。小幡氏や那波氏のほか、平井城近くを拠点とする高山氏も後北条方となった。安中氏は一族を二分して、後北条氏に従い吾妻攻めを行うなど活躍した。太田金山城の由良氏や館林城の赤井氏、足利長尾氏、大戸城の浦野氏も健在であった。また、すでに大きな勢力を持っていた箕輪城の長野氏も、ある程度の勢力を温存できたようで、中世総社城の総社長尾氏や白井城の白井長尾氏も後北条方として残っていたらしい。

永禄三年(一五六〇)八月、長尾景虎(のちの上杉謙信)が初めて上野国へ侵攻した。まず沼田城を落とし、次いで吾妻谷に向かい、岩下城・明間城(東吾妻町)を攻略した。その後厩橋城へ入城し、年末には那波氏の赤石城(伊勢崎市)を攻略した。翌年上州武士を従えて小田原城を攻めたが、この時上杉軍に参陣した武士の名が、「関東幕注文」という文書史料でわかる。武士たちは衆として組織された。

白井衆は白井城の長尾氏を筆頭とし、周辺の武士に加えて、神保植松城(吉井町)の神保氏や高山氏、小林氏といった甘楽・多野地域の山内上杉家臣も組織された。総社衆は中世総社城の長尾氏を筆頭とする衆である。同じく山内上杉家臣を多く含む。一方、同族の足利長尾氏はそれらと異なり、足利衆は周辺で組織した武士が多くを占めていた。この他、沼田城の沼田氏を筆頭とする沼田衆、箕輪城の長野氏を筆頭とする箕輪衆、厩橋城の長野氏を筆頭とする厩橋衆、太田金山城の横瀬氏を筆頭とする新田衆、岩下城の斎藤氏を筆頭とする岩下衆が存在した。

謙信に敵対したため、ここに含まれていない勢力がいる。落城させられた赤石城の那波氏、翌年落城する館林城の赤井氏は、それぞれ同様な武士団を形成していたにちがいない。また、武田方として鎌原城(嬬恋村)の鎌原氏がおり、武田氏を頼って丹生城(富岡市)の新田氏は信濃に逃れていた。近年発掘調査され、十六世紀半ば頃に築かれたと思われる丹生東城は、こうした政治情勢を背景としていよう。

謙信が関東進出の拠点として、家臣を置き直接支配とした城として、沼田城と厩橋城がある。それを入手する過程で、厩橋城では不慮の事故によって厩橋長野氏が滅ぼされた。詳細は不明だが、沼田城から沼田氏も追われた。とかく謙信の関東進出は、旧上杉勢力の回復として語られるが、占領者としての顔も垣間見える。以後、両城は争乱の中心として使用されていくこととなる。

## 武田氏の侵攻

永禄四年（一五六一）十一月、信玄は初めて西上野に侵攻した。一気に西牧城（下仁田町）、高田城（富岡市）を落とし、国峰城に武田方の旧当主小幡憲重を復帰させた。この時、鷹ノ巣城（下仁田町）も武田軍に落とされたのだろう。信玄はこの折軍勢を分け、援兵を西吾妻の鎌原氏へ送った可能性が高い。十二月には後北条氏とともに倉賀野城（高崎市）を攻めた。両陣営の攻防は、烏川を挟んで激化した。翌年には和田城の和田氏が、武田氏に服属した。烏川の左岸に武田方の前線基地が出来た形である。以後、上杉勢は執拗に和田城を攻めたが、ついに落とすことができなかった。

武田軍が西牧城・高田城と並び攻略目標とした諏訪城（安中市）は、その時落ちなかった。城主は安中氏であり、同じく一族が本拠とする安中城も信玄の攻略目標となった。国峰城の小幡氏が安定した勢力地盤となったが、信玄は特に和田城や高山城、天引《あまびき》城（甘楽町）、高田城（菅原城）の確保に注意を払った。やがて、安中氏も信玄に服属した。

西吾妻では鎌原氏と羽尾氏の争いがあったが、永禄四年それに介入した岩下城の斎藤氏と武田勢の侵攻により羽尾氏は滅び、領土分割が行われた。しかし、斎藤氏が鎌原領となった吾妻川南岸を横領したため、新たな紛争に発展した。斎藤氏は謙信方から一時武田方となり、再び上杉方へ帰属した。鎌原城（嬬恋村）には武田勢が城番衆を置いたため、広い城域が残されている。翌年、大戸城の浦野氏が武田方に服属したため、紛争地は一気に東吾妻地域へと移動し、斎藤氏本拠の岩下

箕輪城郭馬出西虎口門跡

城へ迫った。吾妻川南岸に向かい合う浦野一族の三島根小屋城(東吾妻町)は付城の位置にあった。岩下城は鎌原氏らの活躍で、翌年末に武田勢に攻略された。

大戸浦野氏は武田方となって、北から長野一族の拠点室田に攻め入った。鷹留城(高崎市)の城主長野三河守は討たれ、長年寺周辺は灰じんに帰し、寺を残して荒廃した。箕輪城は西方からの攻撃を防ぐ拠点を失い、城下を焼き払われ、疲弊していった。

信玄は領有した土地に拠点的な城郭を新たに整備していく。岩櫃城(東吾妻町)は岩下城に代わる地域の拠点となった。真田幸隆がしばしば在城し、沼田方面における上杉勢の動向を探った。碓氷地域では諏訪城に代わり、松井田城(安中市)が整備された。烏川右岸では倉賀野城攻略のため、付城として古城であった木部城(高崎市)が取り立てられた。武田勢の西上野攻略は、永禄九年から翌年にかけて完成した。箕輪城、白井城、中世総社城が落城し、利根川以西が武田領となった。翌年武田氏は領地の再編を行った。丹生城から逃れ武田氏に庇護されていた新田氏は、新たに後閑城を与えられ、後閑氏と名乗った。小幡氏は、武田方の中でも随一の勢力を持つ武士として成長していた。

利根川以西が武田領となる中、厩橋城の上杉家臣北条高広や太田金山城の由良氏が後北条方に翻意したため、上杉氏の拠点は沼田城周辺のみとなってしまった。上杉勢によって、赤城山の東麓を通り、桐生方面へ通じる根利道が使用されたのも、こうした事情による。

## 上杉・後北条連合の成立と解消

永禄十一年、武田氏は甲駿同盟を破り、併せて後北条氏とも決別した。翌年、後北条氏は上杉氏と結ぶこととなった（越相同盟）。交渉役を務めた厩橋城の北条《きたじょう》高広は、謙信方として立場を回復した。そこで、武田方の中世総社城を攻めるため、謙信は石倉（前橋市）に出城を構築した。一方、信玄は烏川左岸で保持しにくい岩鼻砦（高崎市）を破却し、右岸に新たに根小屋城（高崎市）を築いたと伝える。

甘楽・多野地域でも動揺が生じた。謙信は武田方の白倉氏を調略し、天引城（甘楽町）まで攻め込んだ。後北条方も平沢氏を通じて、武田方の小幡三河守や長根衆を調略した。このため、小幡三河守は信玄の命令を受けた高田氏によって滅ぼされた。一方、武田氏は後北条領国へ攻勢を強めた。高山氏に命じ、箕輪城の浅利信種と相談して、上武国境に新たに砦を築かせた。元亀元年（一五七〇）には後北条勢力下の御嶽城を奪った。厩橋城に対しても攻勢に転じ、信玄は石倉城を逆に付城として利用したが、謙信に奪われ破却された。元亀二年、越相同盟は北条氏康の死によって解消された。御嶽城にあった長井氏は、武田氏に替え地を与えられ、三ツ山城(藤岡市)主として上武国境を守備した。この時期に武田・上杉領国間の境目で、いくつかの戦闘が起こったが、大きな境目の変動は生じなかった

上杉氏と後北条氏が決別した結果、赤城山南麓地域で新たな紛争が起こり、境目の地域が生じた。上杉方として厩橋城の北条高広が残り、太田金山城の由良氏は後北条方となったためである。天正二年(一五七四)謙信は、膳城・女渕《おなぶち》城(前橋市)、山上城(桐生市)、赤堀城(伊勢崎市)、深沢城・五覧田《こらんだ》城(みどり市)を落とし、太田金山城を攻めた。十月には仁田山城に対する付城である由良方の谷山城・皿窪砦(桐生市)を攻略した。一方、謙信は救援に向かった羽生城(埼玉県)を破却し、関宿城(千葉県野田市)を後北条氏に奪われたため、武蔵国の拠点を失うこととなった。翌年、後北条方の由良氏は反撃に転じ、五覧田城を再興して、来攻した上杉勢を撃退した。

## 謙信の死とその影響

天正六年三月、謙信が急死した。後継者をめぐり、沼田城では景勝派の上野家成が籠城し、景虎派の河田重親がこれを攻めた。しかし、越後国内での戦闘(御館の乱)が本格化する中、重親は越後へ入国して厩橋北条氏と合流した。七月、沼田城は後北条氏が攻略した。越後での戦闘は進展しないまま、翌年三月景虎が敗死したため、重親らは上野国に帰国した。

戦後処理として、後北条氏による旧上杉領を含めた配分が行われた。沼田城は重親が受け取る約束もあったが、後北条氏が直接支配することとなった。代わって重親は不動山城(渋川市)を与えられた。由良氏は赤城南麓での功績もあり、深沢城、五覧田城、膳城、赤堀城を預けられた。厩橋北条氏に、これといった知行の給付はなかった。そのためか、厩橋北条氏は武田氏に来属してしまった。次いで、重親も武田方となる。武田氏は御

館の乱で上杉氏と同盟を結び、武田氏の上野国支配を認めたことも背景にあっただろう。

白井長尾氏は信玄に白井城を追われてから、八崎城(渋川市)を居城としていた。不動山城も元々は属城であり、河田重親に与えられたことが本意とは言いにくい。それもあってか時勢を推し量り、一時は武田氏に来属した。武田方の旧上杉家臣河田氏や小中氏は、影響力を背景に地衆を味方に付け、沼田地域制圧を試みた。小川城(みなかみ町)の小川氏が服属すると、沼田攻略への足がかりとなった。利根地域では武田勢が、後北条方の猿ヶ京城(みなかみ町)を攻略した。沼田城の城将北条家臣用土氏(のちの藤田氏)は、名胡桃城に入った真田昌幸の調略を受け、沼田城を乗っ取り明け渡した。次いで真田勢は南下し、不動山城を攻略した。東上野でも武田氏の攻勢が進み、太田金山城攻めの帰路、膳城を攻略した。上野国内の武田領は、この時期最大となったが、翌年高天神城(静岡県)落城を契機に一気に滅亡へ向かった。

## 織田領国化と崩壊

天正十年(一五八二)三月、武田氏が織田氏によって滅ぼされた。上野国は滝川一益の支配となり、当初箕輪城に入城し、すぐに厩橋城へ移った。上州武士は総じて、配下に降った。沼田城に一益の甥滝川義太夫が入った。しかし、六月本能寺で織田信長が討たれると、織田領国は瓦解した。滝川氏は後北条氏に神流川合戦で敗れ、信濃へ敗走した。

後北条軍本隊はそのまま信濃から甲斐に進軍したが、別働隊は西上野確保に向かい、箕輪城を押さえ、白井城の長尾氏を帰属させた。真田昌幸は沼田城や岩櫃城を確保し、北条勢に備えたが、当初は後北条氏配下となった。しかし、十月には徳川方に転じたため、後北条氏は大戸城の大戸氏に真田領攻めを命じた。真田氏は吾妻在城(岩櫃城)で功績のあった湯本氏を重用し、羽根尾城(長野原町)に置き、地衆を預け置いた。

名胡桃城 二郭出入口

後北条氏は沼田城攻略を目標として北上し、中山城（高山村）を築いて、吾妻城との連絡を絶とうとした。利根川右岸では津久田城（渋川市）を拠点として地衆に守らせ、沼田からの攻撃を撃退した。その後、長井坂城（渋川市）を拠点にして沼田城に迫り、森下城（昭和村）を落としたが、その後戦線は膠着した。

厩橋城の厩橋北条氏は織田勢の撤退を期に、領地拡大を図り総社（前橋市）を配下に置き、上杉氏と連絡を取り、後北条氏に抵抗した。しかし、援兵もないまま、天正十一年落城し、以後厩橋城は後北条氏の直轄となった。この時期、後北条氏は拠点的な城を奪取していった。大戸氏は滅ぼされ、大戸城には後北条家臣斎藤定盛が配置された。太田金山城の由良氏、館林城の長尾氏は佐竹氏に応じて後北条氏から離反し、後北条方富岡氏の居城小泉城（大泉町）を数度攻撃した。翌年五月、沼尻（栃木市）で後北条軍と佐竹・宇都宮軍が対陣した（沼尻合戦）。決戦の行われないまま退陣となり、年末には太田金山城、館林城とともに攻略され、後北条氏の直轄下に置かれた。

　後北条氏は天正十六年から、沼田城攻略へ向けて利根川西岸での動きを活発化させていく。名胡桃城攻略へ向けた付城として権現山城（高山村）が築かれ、これに脅威を感じた沼田勢が攻め入った。中山城（高山村）には番衆が置かれ、周辺の地衆らを従えていた。後北条氏は東吾妻方面へも進出を狙っており、これに備えて真田氏は横尾八幡城（中之条町）に城番として地衆を置いた。

## 後北条氏滅亡から徳川領国へ

　天正十七年、後北条氏は豊臣秀吉の裁定により、ようやく沼田城を手中に治めた。しかし、同年十月沼田城代の猪俣氏が真田方の名胡桃城を奪取してしまったため、秀吉による小田原攻めとなった。翌年四月、大道寺政繁が籠もる松井田城を前田・上杉連合軍が攻め、同二十日には落城した。これにより、西牧城、宮崎城、箕輪城、石倉城、厩橋城が開城した。また、この戦で沼田城、白井城、金山城、館林城も後北条方として籠城し敗者となった。関東における戦国時代は、この小田原合戦を終末と位置づけられる。

　江戸に徳川氏が入部することで、県内の城のあり方が大きく変化する。太田金山城や松井田城、国峰城はこれを機会に廃城となったと言われる。箕輪城には井伊直政が県下最大の十二万石を封じて入城したが、慶長二年（一五九七）高崎城を築城して廃城とした。岩櫃城や大戸城も元和元年（一六一五）の大坂の陣を画期として廃城とされた。上野国における山城の時代は、江戸時代初めに終わりとなった。

（飯森　康広）

# ぐんまの城

# 白井城《しろいじょう》

■所在地／渋川市白井・吹屋　■文化財指定／渋川市指定史跡
■城主／白井長尾氏【近世】本多氏、松平氏、西尾氏、井伊氏
■分類／平城（崖端城）
■交通アクセス　JR上越線渋川駅から桜の木行バス「鯉沢下車」徒歩一五分・関越自動車道渋川伊香保ICから車一五分
駐車場あり

## 関東管領家宰白井長尾家の居城

**崖端の城**　この城は吾妻川左岸、利根川との合流地点の崖上にある。越後（新潟県）から関東平野に入る際、幅の広い河川越えを前にした場所となる。また、吾妻川沿いを西に行けば、鳥居峠を越え信濃（長野県）へ通じ、ここが交通の結節点であることが判る。

城の規模は、東西八〇〇メートル、南北一二〇〇メートルに及ぶ。江戸時代には東遠構の地割りに平行して沼田街道西通りが通り、白井宿《しろいじゅく》がつくられた。

**関東の戦国**　室町時代の関東地方は、幕府が置いた鎌倉府（鎌倉の東国統治機関）によって支配され、鎌倉公方《くぼう》（足利氏）を頂点に、公方を補佐する関東管領《かんれい》（上杉氏）がその中核にあった。しかし、享徳三年（一四五八）十二月二十七日、鎌倉公方足利成氏《しげうじ》方によって、関東管領の山内上杉憲忠《のりただ》を謀殺する事件が起こる。この一件は、室町幕府・上杉氏と足利成氏の対立に拡大し、文明十四年（一四八二）までの約三〇年間、関東地方を二分する戦いが続いた。これを享徳《きょうとく》の乱という。白井城はこの混乱期に築城された可能性があり、越後・上野国の守護で関東管領山内上杉氏の家宰であった白井長尾氏の拠点となった。

享徳の乱は、関東武士の間にも対立が波及していく。文明八年（一四六七）、白井城主であ

本丸枡形虎口の石垣

る長尾景信《かげのぶ》の死後、山内上杉氏の家宰職が白井長尾氏から総社長尾忠景《ただかげ》に代わった。次期家宰職を確信していた長尾景春《かげはる》はこの人事を行った山内上杉氏に対し不満を抱き、鉢形《はちがた》城（埼玉県）に拠っていた山内上杉顕定《あきさだ》に反乱を起こす（長尾景春の乱）。この時、白井城には越後上杉氏の軍勢が駐留し、景春が再び白井城に戻るのは、永正二年（一五〇五）となる。城は景春の子である景英《かげひで》・孫の景誠《かげのぶ》に継がれるが、大永《だいえい》七年（一五二七）、父景春の四十九日法要の席で家臣に暗殺されると、箕輪城主長野業政《なりまさ》はこの逆臣を撃退し、総社長尾家から長尾顕忠《あきただ》の嫡子憲景《のりかげ》を入れて城主とした。この段階で、総社・白井長尾氏が箕輪長野氏に圧迫されていた。

この間、文人の往来も多く、文明十八年（一四八六）には天台宗の学僧・歌人である尭恵《ぎょうえ》が「白井戸部亭」に宿泊（『北国紀行』）、長享二年（一四八八）には、臨済宗の僧である万里集九《ばんりしゅうく》が白井城を訪れ、「屋は京洛の如く地は槃の如し」と記す（『梅花無尽蔵』）。さらに、この地域で甲冑師の活動も確認できる。明珍信家《みょうちんのぶいえ》が製作した兜の銘文に「越後府中於上州白井保松原作」とある。白井の小字に松原があり、白井城の総郭内に位置する。

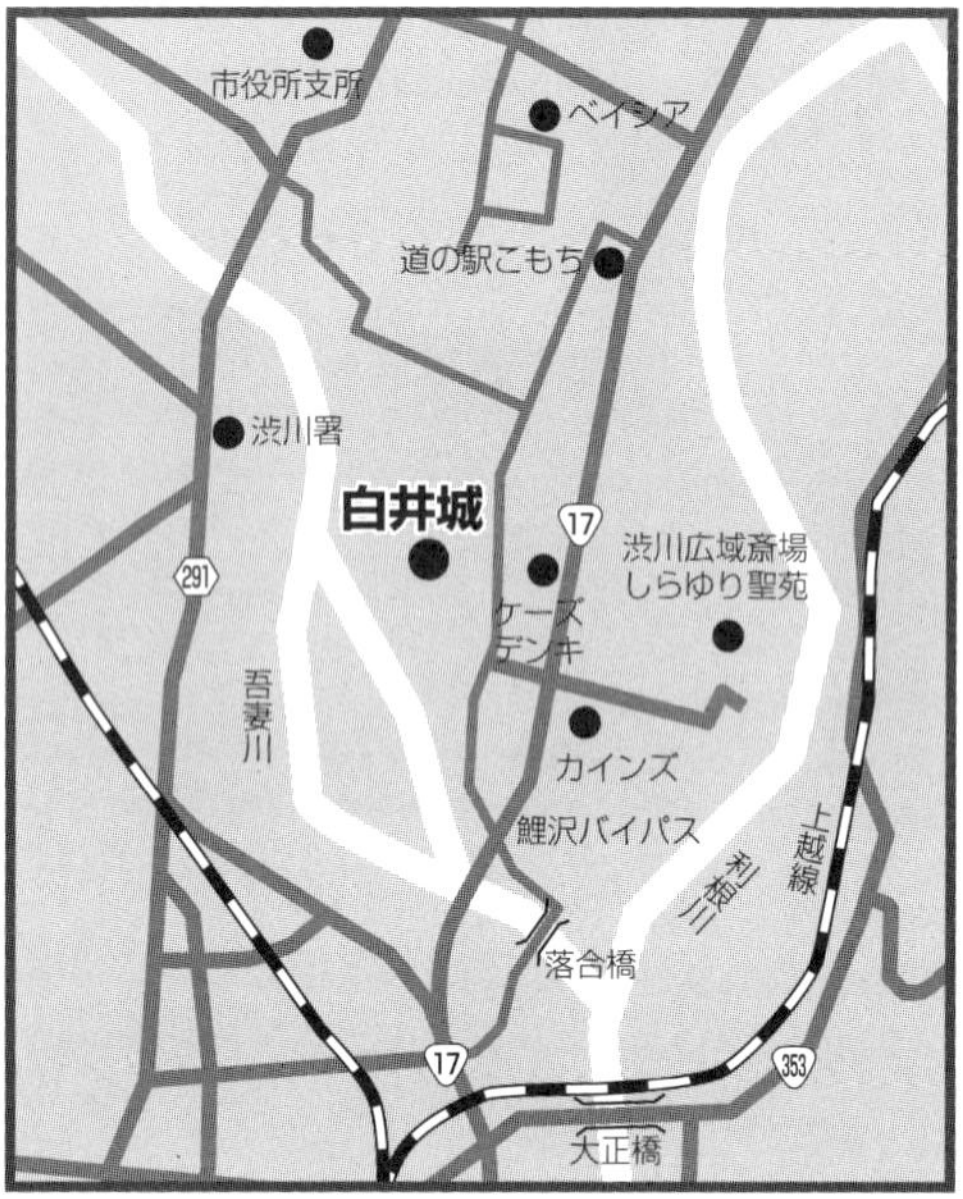


**越後長尾氏の関東進出**　永禄三年（一五六〇）八月末、上杉憲政《のりまさ》を擁し長尾景虎《かげとら》（上杉謙信）が関東へ出陣する。このとき、総社長尾景総・長野業政らのほか、白井長尾憲景は、いち早く上杉氏方に参陣しており、永禄八年（一五六五）、武田信玄が西上野侵攻に際し、諏訪上宮・新海明神に願文を奉じ、攻略を願う城の一つに「白井」があげられた。その効果あってか、永禄九年（一五六六）九月、長野氏の拠点である箕輪城(高崎市)を、その翌年には総社長尾氏の拠点である総社城（蒼海《おうみ》城、前橋市）と白井城を落としている。

白井城は吾妻地方を東へ進攻した真田幸隆《ゆきたか》・信綱《のぶつな》親子により攻略されている。白井城を奪取された長尾憲景は八崎《はっさき》城（渋川市）に拠り、天正十年（一五八二）までは武田氏に従っていた。その武田氏が滅亡すると厩橋《うまやばし》城（前橋市）の北条高広《きたじょうたかひろ》とともに後北条氏に属している。天正十一年（一五八三）、憲景が病死する。「双林寺伝記」では小田原へ人質となっていた政景《まさかげ》が

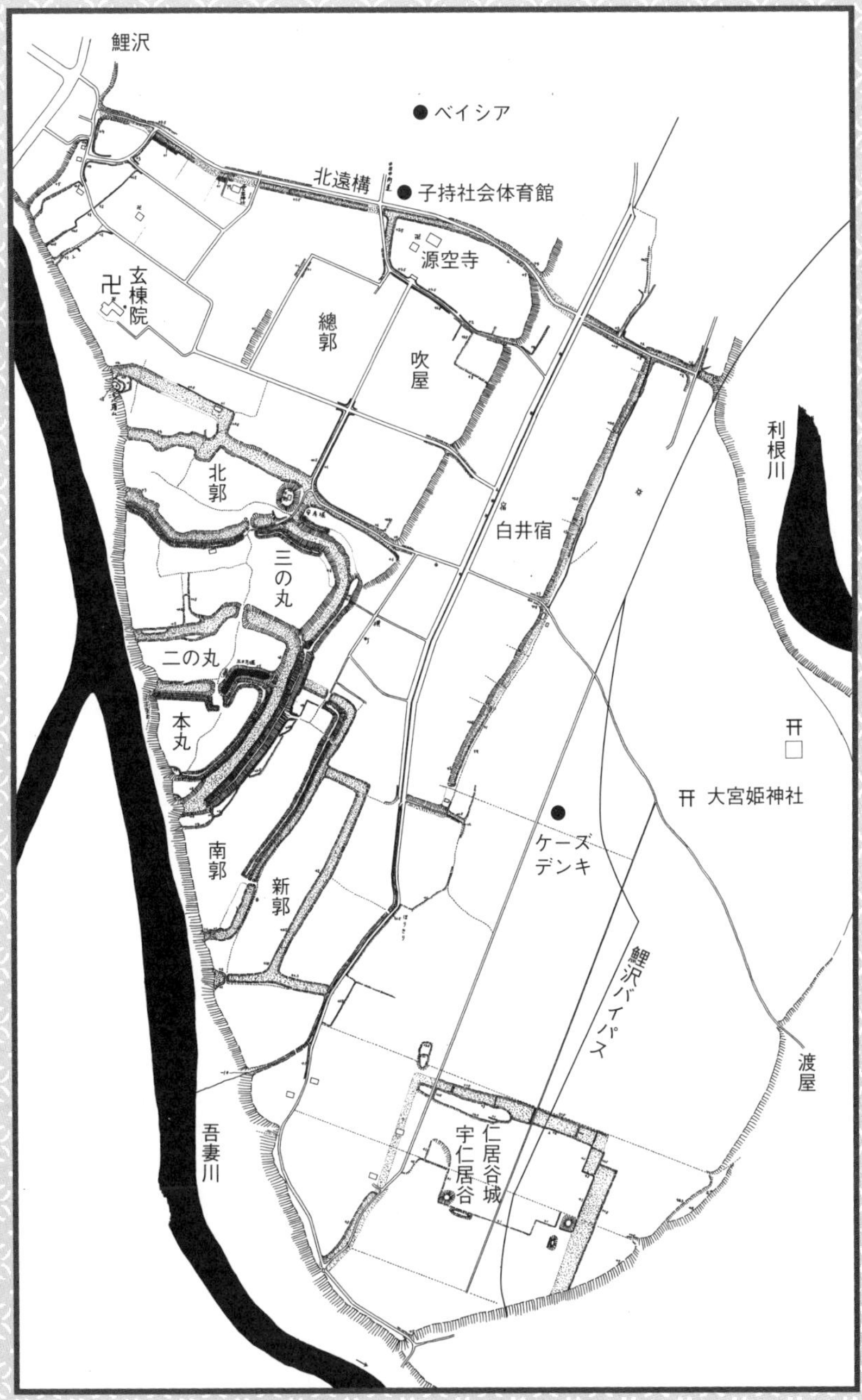

白井城の縄張図（1：10,000）山崎図に加筆

戻り城主となったとするが、城主は兄輝景とするのが一般的で、天正十八年（一五九〇）、豊臣秀吉による小田原合戦の過程で、白井城も開城したという。

**白井藩と白井城絵図**　天正十八年（一五九〇）、徳川家康の関東入国に際し、本多康重《やすしげ》を二万石で配し白井藩を立藩する。その後、三河岡崎に移封となる康重に代わり松平康長《やすなが》が入ったが、翌年下総古河へ移り、井伊直政の次男である直孝が一万石で入った。元和《げんな》二年（一六一六）、直孝が滋賀県彦根藩主となり、代わって西尾忠永《ただなが》が二万石で入り、忠永が常陸土浦に移ると、元和四年（一六一八）、初代藩主の本多康重の次男、紀貞《のりさだ》が一万石で入るが、元和九年（一六二三）に継嗣《けいし》なく病没。白井藩は廃藩となり、城は破却された。

長尾輝景関係文書のなかに『白井城絵図』（群馬県歴史博物館所蔵）があり、その奥書には寛政壬子冬年（一七九二）とある。この絵図をみると、大手は東面に位置し、北側から北郭（東西約三五〇メートル、南北約九十メートル）、三の丸（東西約二八〇メートル、南北約一五〇メートル）を経て二の丸（東西約二〇〇メートル、南北約八〇メートル）三日月堀をたどり、本丸枡形虎口へ至る。本郭は東西約一三〇メートル、南北約九五メートルの台形をした構造になっている。また、本丸部分に「天神曲輪」、南郭に「蓮浄院曲輪」と記され、三の丸および北廓に伴う堀の部分に「カラホリ」（空堀）と記す。さらに、史料の左上には「上野国群馬郡白井之古城　長尾景春入道伊玄再築図」とあり、興味深い。現在確認できる城郭遺構を見ると、基本構造は梯郭式である。しかし、これは十七世紀前半の江戸時代のもので、中世段階の構造は不明と言わざるを得ない。

**石垣**　本丸の北側中央にある枡形虎口は川原石を加工せず積み上げた石垣（野面積み）が施工

## 一緒にたずねよう●長尾氏累代の墓

空恵寺《くうえ》は上白井長峯の山中（渋川市）にあり、その本堂から裏手の山を登った場所に墓石が並ぶ。この寺は臨済宗で、『上野国寺院明細帳』によれば、大同《だいどう》元年（八〇六）に道場が開かれたことに由来するという。石塔は一七基あり、宝篋《ほうきょう》印塔《いんとう》・多宝塔で構成される。その台石に刻まれた文字から、長尾景仲《かげなか》（昌賢）、長尾景春《かげはる》（伊玄）、白井の局《つぼね》（妙薀）が確認でき、白井城主長尾氏に関わる供養塔であることがわかる。

〔所在地〕渋川市上白井3958

されている。径一メートル前後の大ぶりなものも見られ、河川が近く石材を入手しやすい環境を物語る。この石垣構築の技法が、箕輪城（高崎市）にみられる工法と共通することから、十六世紀末から十七世紀までの構築が指摘される。また、鉢巻石垣（堀の法面最上部のみ石垣を施工）や、腰巻石垣（堀の最下部に石垣を施す）の可能性もある（秋本二〇一一）。

（清水　豊）

### 関連する見学地

■八崎城（渋川市北橘町）／不動山城（渋川市赤城町）
雙林寺（渋川市中郷）／源空寺（渋川市白井）

### ●参考文献


山崎　一　■一九七九「白井城」『日本城郭大系』第四巻　新人物往来社
山崎　一　■一九八八「白井城」『群馬県の中世城館跡』群馬県教育委員会
秋本太郎　■二〇一一「白井城」『関東の名城を歩く北関東編』吉川弘文館

# 不動山城《ふどうやまじょう》

■所在地／渋川市赤城町見立　■文化財指定／渋川市指定史跡
■城主／白井長尾氏、牧氏、河田重親、武田氏、後北条氏
■分類／山城
■交通アクセス／渋川駅－深山線（関越交通）「不動前バス停留所」下車徒歩五分・関越自動車道「赤城IC」から車で一〇分　駐車場なし

## 利根川東岸の要衝

**繰り返された争奪戦**　不動山城は別名見立《みたち》城とも呼ばれる。史料に散見される「多留《たる》城」も、この城のことであろう。築城年代は不明だが、永禄十年（一五六七）三月、白井城を追われた長尾憲景がこの城へ移ったという（『双林寺伝記』）。しかし、武田・後北条両氏と結んだ厩橋《まやばし》北条《きたじょう》高広が、沼田攻略を目指して利根川東岸へ攻め込んだことから、憲景は上杉謙信を頼って国外へ逃亡した。

永禄十二年、上杉・後北条両氏が同盟関係（越相同盟）を結ぶ過程で、北条高広も謙信方へ帰参した。この頃、長尾憲景は謙信の後ろ盾により不動山城に再入城を遂げたと考えられる。その後、憲景は新たに八崎城を築城して移り、不動山城を家臣牧和泉守へ譲った（『石川忠総留書乾』）。

天正六年（一五七八）上杉謙信が急死すると事態が急変する。同年六月までに八崎城の長尾憲景は後北条方に与するが、不動山城では混乱が生じる。翌年五月、河田重親が北条氏に所望して不動山城を手に入れているので、この間に長尾氏から後北条氏へ支配が移っていたと思われる。しかし、河田重親は厩橋城に留まり、同八月までに厩橋北条高広と同じく、武田方となっている。そのためか、不動山城主（多留城主）は再び牧氏となった。

見立二城遺跡１号堀

牧氏は武田方であったため、天正八年、後北条家臣猪俣（富永）氏に攻められた。牧氏の武田氏帰属は八崎の長尾憲景と同調した動きであったが（『石川忠総留書乾』）、憲景はすぐに後北条方に戻り、不動山城には後北条方南雲衆が在城することとなった。

同年秋、武田配下の真田昌幸が沼田城を奪取したため、真田軍は利根川東岸を南下し、不動山城へ攻め寄せた。守勢である南雲衆須田氏は城を明け渡し、利根川西岸に退いている。

天正十年三月武田氏が滅亡すると、八崎の長尾憲景は白井城復帰を果たした。しかし、不動山城は厩橋北条高広に奪取されたらしい。同年六月織田信長が討たれ、家臣滝川一益が神流川《かんながわ》合戦で敗れると、白井には後北条軍が侵攻し、長尾憲景は後北条氏に帰属した。北条《きたじょう》氏は北条氏直に反意を示したため、同十一年には厩橋城を追われた。不動山城は以後、後北条氏の麾下となり在城衆が置かれ、白井長尾氏も入城した。

以上の通り、天正六年以降、不動山城をめぐって激しく争奪戦が繰り返された。城の西麓に位置する樽《たる》（渋川市）もしばしば戦場となった。樽には利根川を渡河する白井渡しがあったため、交通の要衝であった。不動山城はその抑えの城であり、武田・後北条両氏の境目の城としても、争奪が加熱したのである。

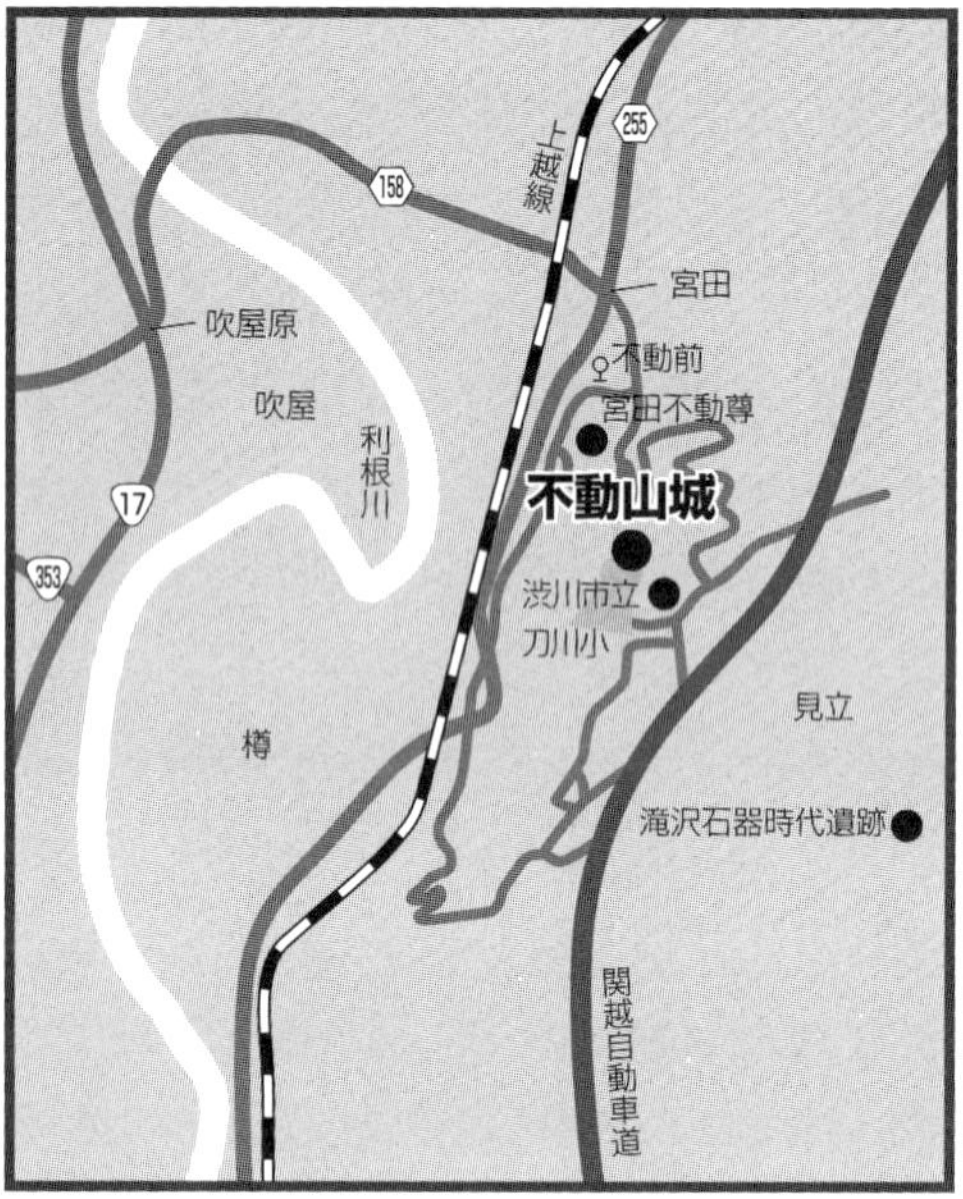


**白井城と対峙する城**　武田氏に白井城を追われた長尾憲景が奪回へ向けた足がかりとしたとおり、この城から利根川を挟んで西方眼下に白井城を望むことができる。立地は利根川によって形成された河岸段丘の上位段丘崖に位置する。崖端は全体的に一段高く、四条の堀で大きく五つの郭に分割する。最も西端に位置するのが、第Ⅰ郭で最高所である。東西方向は七〇㍍近く、全体形は細長い。東から約一五㍍が溝状に凹んでおり、出入り口の痕跡と思われる。東から北へ犬走りが廻る。北側の堀切は腰郭となって、第Ⅰ郭を「U」字形に廻っている。

東側の第Ⅱ郭は方形の区画が二つ並び、南の区画は第Ⅰ郭北側の堀切底面と高低差がない。第Ⅱ郭北側の堀は直角に三度曲がって、西側尾根を大きく囲んでいる。

第Ⅲ郭は面積が最も広い。南側に階段状に平場が並ぶ。東面を約二〇〇㍍に及ぶ長大な堀切が、南北方向をカギの手に延びる。北側の尾根

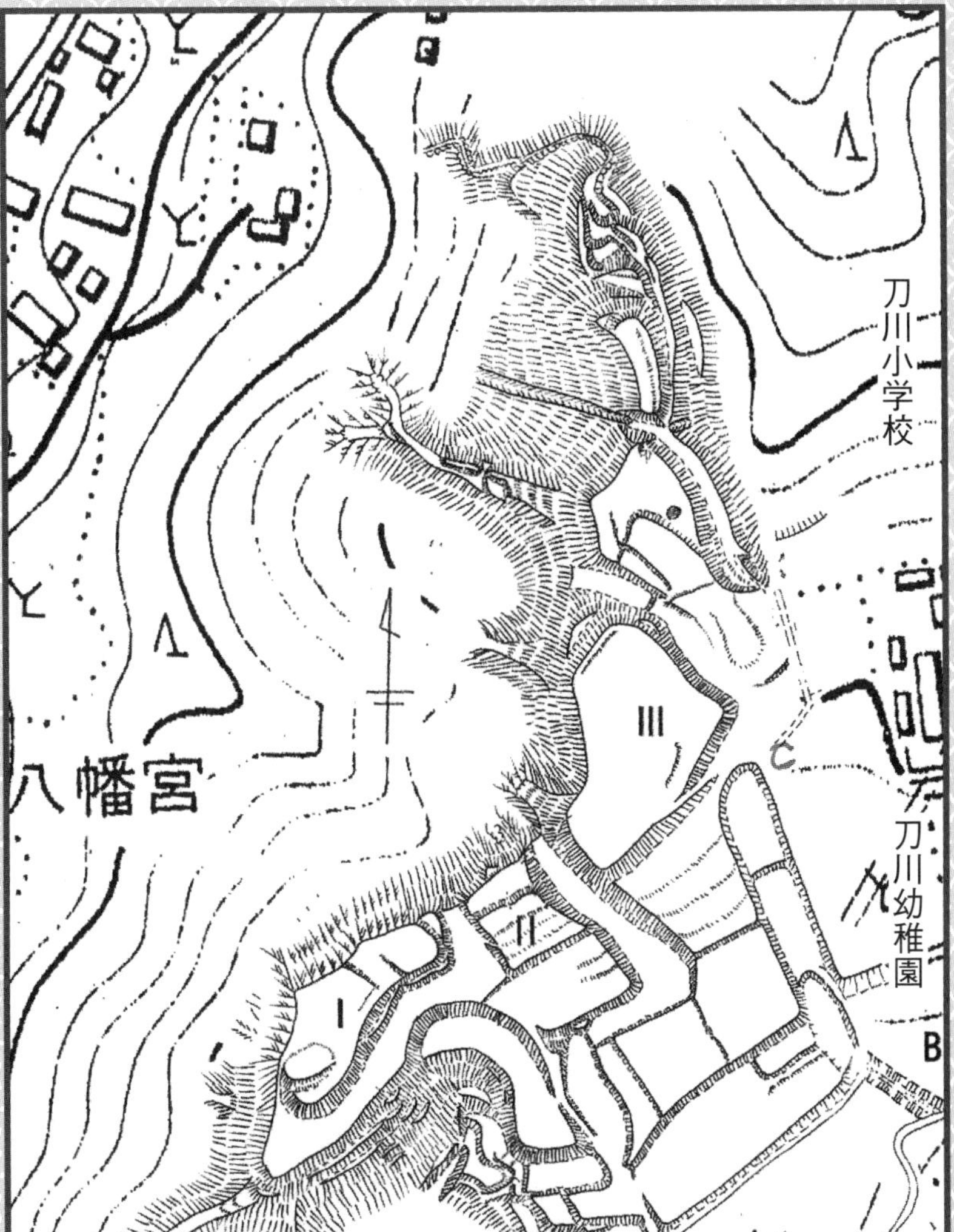

不動山城縄張図（1:3000）

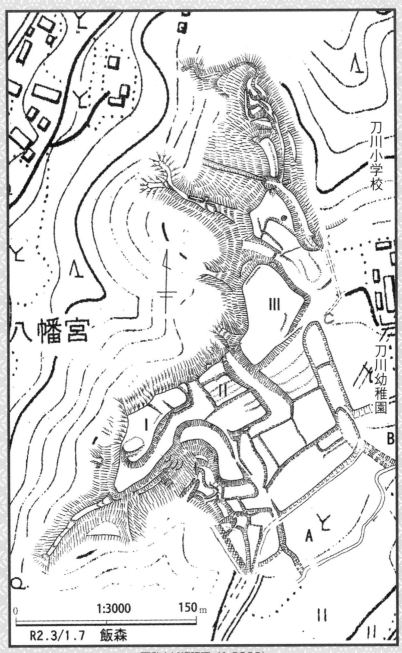

筋を除き、東側は城外となる。堀切の南端は埋没していたが、発掘調査により堀が見つかった（縄張図B地点）。第Ⅲ郭の南東端で堀切が屈曲し、現状で坂道が開かれ、南下の平場へも通じている。堀切を渡る出入り口が想定できる（縄張図C地点）。

北側の尾根筋は、西麓の宮田不動寺へ続く連絡路として重要である。途中堀切を一カ所挟んで大きく二つに分断され、以下地形に合わせて数段の平場が続く。

堀切と郭の配置をみると、基本的には並郭式の山城である。しかし、第Ⅰ郭東側の堀切が腰郭となり、第Ⅱ郭の東面が横堀となってカギの手に西側を囲む点など、改良した印象を受けるため、大幅な改修がなされた可能性がうかがえる。

**発見された新たな堀**　農政関連事業に先立って、平成二十年に発掘調査が行われた（小林・水谷二〇一〇）。城内の調査区は農道東側の南端部（4~6区と呼称）で、城の東側調査区は城外に当たる。4区と5・6区の境を南北方向に一号堀（縄張図A地点）が見つかった。堀切であり、延長部は第Ⅱ郭・第Ⅲ郭間の堀切に連続するのだろう。底面は雨水による表流水で凸

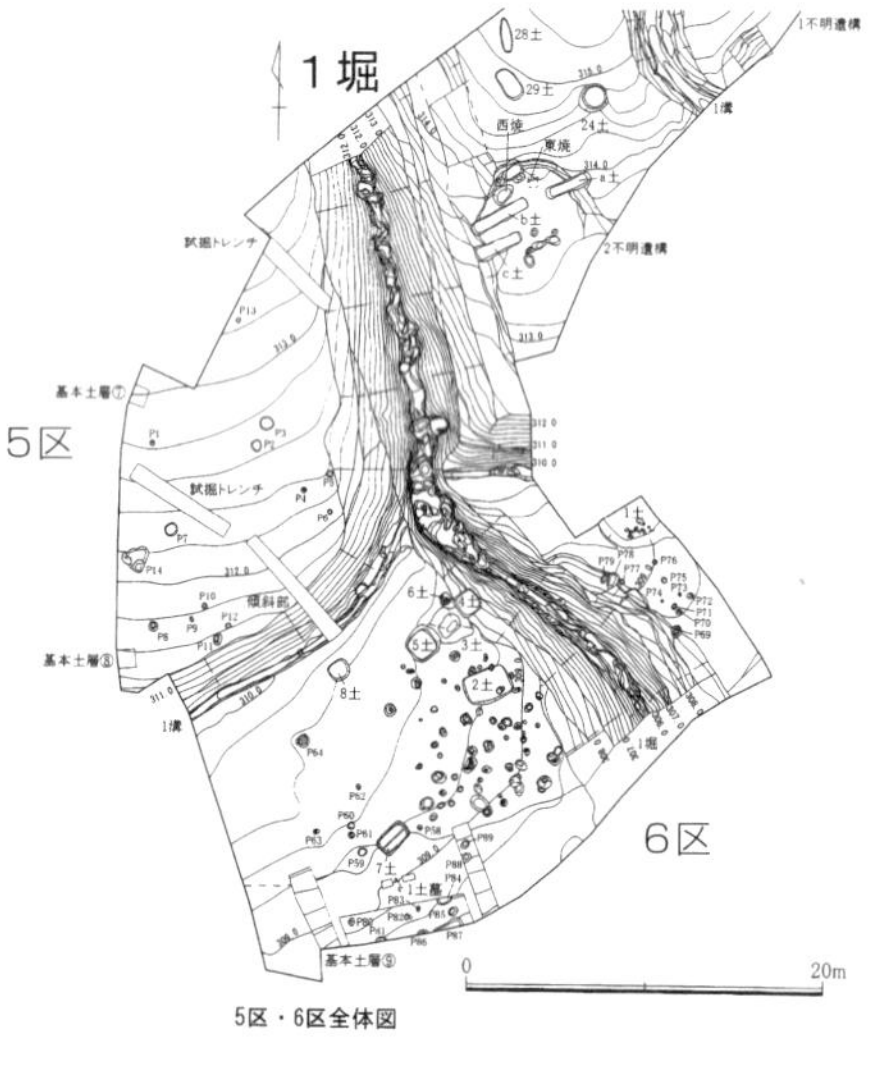


見立二城遺跡5・6区（1:800）

## 一緒にたずねよう●宮田不動尊

国指定重要文化財で、正式名は「石造不動明王立像」。不動寺境内の自然洞内に安置され、高さ一六六チセンとほぼ等身大。腰部で二つに分かれ、断面に墨書銘がある。建長三年（一二五一）に、新田一族の里見氏義が現世利益・仏法興隆を願って造立した。仏師は院派で鎌倉時代の作。現在は年に一度、一月二十八日の縁日に拝むことができる。

〔所在地〕渋川市赤城町宮田1526

凹になっていた。4区の東端で見つかった二号堀（縄張図B地点）は、第Ⅲ郭東辺堀切の延長部である。発掘調査された地点は、城の縁辺部であり、内部の遺構は少ないと考えられたが、鍋などの土器類も出土し、生活色が認められた。居城として使用されたことを裏付ける成果となった。

（飯森　康広）

## 関連する見学地

■赤城歴史資料館　渋川市赤城町勝保沢1110
TEL0279－56－8967

## ●参考文献


飯森康広　■二〇一一「天正期における赤城山西麓地域の城郭とその位置付け」『群馬文化』第三〇八号

小林修・水谷貴之　■二〇一〇『横野地区遺跡群Ⅸ　見立二城遺跡』渋川市教育委員会

# 長井坂城《ながいさかじょう》

■所在地／渋川市赤城町棚下、昭和村永井
■文化財指定／群馬県指定史跡
■城主／後北条氏在番　■分類／平城（崖端城）
■交通アクセス　上越線「岩本駅」下車、徒歩一時間・関越道「赤城IC」「昭和IC」から車二〇分　駐車場なし。

## 後北条氏の沼田攻略の最前線

**断崖に面した城**　赤城山の外輪山である鈴ケ岳（標高一五六四㍍）西側の麓にある。その周辺をみると、山裾を放射状に伸びる稜線と浸食作用でできた低地が交互にある複雑な地形で、標高五〇〇㍍前後になると通称「原」と呼ばれる平坦地となる。さらに下って標高三〇〇〜四〇〇㍍には崖線となり、崖線下となる標高二〇〇〜三〇〇㍍前後は、利根川左岸の河岸段丘が発達する。その崖上に長井坂城があり、沼田方面の眺望が利く立地にある。

　この辺りの主要交通路は利根川両岸の地形に影響され、城館がある場所より標高の高い赤城山麓を通っていた。江戸時代には長井坂城の本郭と二郭の間に沼田街道が通り、本城から北側へは断崖に沿ったつづれ折の道をくだり永井集落へとつながるため、「永井坂」と呼ばれる。

**境目の城**　築城者や築城年代は不詳だが、永禄三年（一五六〇）、長尾景虎（上杉謙信）が関東に出陣した際、長井坂に陣を置き、沼田城を攻めたとするが、正確ではないようだ。また、武田方の真田昌幸は、天正六年（一五七八）締結の甲越同盟に基づき東上州を攻略し、白井長尾憲景《のりかげ》の家臣である牧和泉守と須田加賀守が守る本城を攻めたという（『加沢記』）。その過程で真田氏の支配の及ぶところとなった。しか

二の丸にある史跡標柱と解説板

し、天正十年（1582）に甲斐武田氏が滅亡すると、織田信長家臣である滝川一益《かずます》が上野へ入り、沼田城とともにこの城も滝川氏の支配下となる。だが、その直後に起きた本能寺の変により滝川氏が上野から退去し、真田氏が再び支配するようになる。

天正十年真田氏が徳川氏と結ぶと、この地域争奪の戦乱が激化した。同年に津久田城を守る津久田衆の須田氏がこの城へ配置換えとなった。真田氏と後北条氏との抗争のなかにあった天正十一年（一五八三）には、長井坂において狩野隠岐守が真田方の攻撃を防ぎ、北条氏直《うじなお》から賞賛されている。その後、天正十五年（一五八七）九月十一日付須田弥七郎宛て文書には、猪俣邦憲《くにのり》が長井坂在城を命じている。天正十八年（一五九〇）、小田原合戦で後北条氏が滅亡すると、北条氏に従属していた白井長尾氏は没落し、この城も廃城となったという。

この城は、白井城（渋川市）を拠点とした長尾氏勢力の最北端に立地し、北の長井沢を挟んで真田領に面し、天正年間には真田氏が南下に対する防御点であり、小田原北条氏の沼田攻略の最前線としての位置にあった。

その後、江戸時代に前橋城下と沼田城下を結ぶ沼田街道があり、その溝呂木《みぞろぎ》宿の本陣狩野家は、長井坂城主狩野祐範の子孫が勤めたという（『溝呂木区有文書』）。

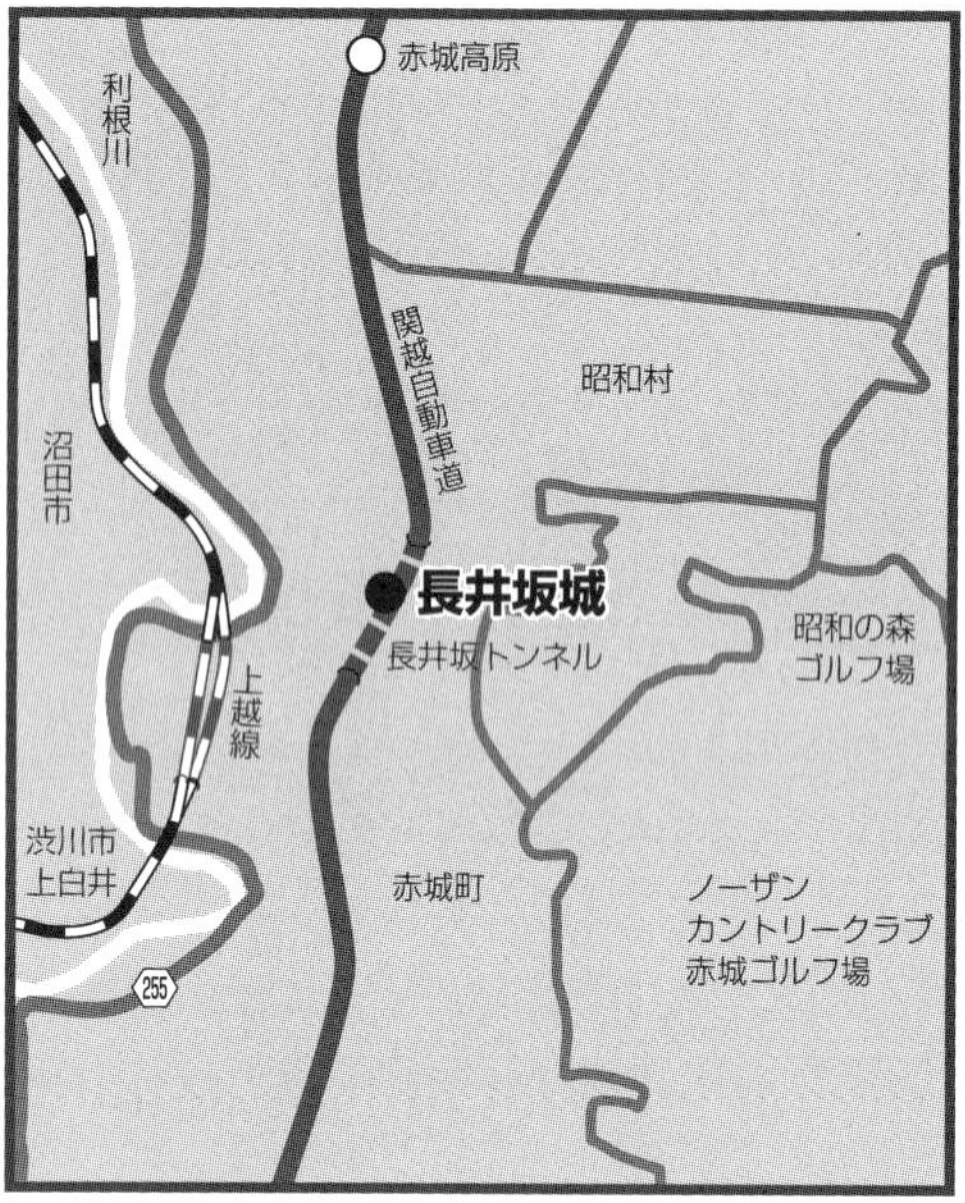


**発掘調査による知見**　標高は本丸付近で四八六メートルとなる。利根川の浸食で形成された崖線と長井沢が合流部の突出した段丘を、東西軸の堀切で城域を作り出す。その広さは東西二〇〇メートル、南北二六〇メートルである。そのなかで主郭は利根川寄りにあり、東西約六〇、南北約八〇メートルの広さがある。その北・東・南面には土塁が良好な状態で残る。また東面の中央南寄りには、「食違い虎口」が付けられ、馬出のような小さな郭を挟んで、東側の二郭と結ぶ。この郭は本郭と同じぐらいの面積があり、北西隅にもうひとつの虎口を設け、北側にある郭へと続く。二郭の南東部には、三郭方向に張り出しが設けられ、「横矢がかり」となっている。さらに、その北から東側にL字状の平面形をした三の郭を配する。このように、全体的には「囲郭式」の配置で、南側を意識した構造となる。また、南外郭線な

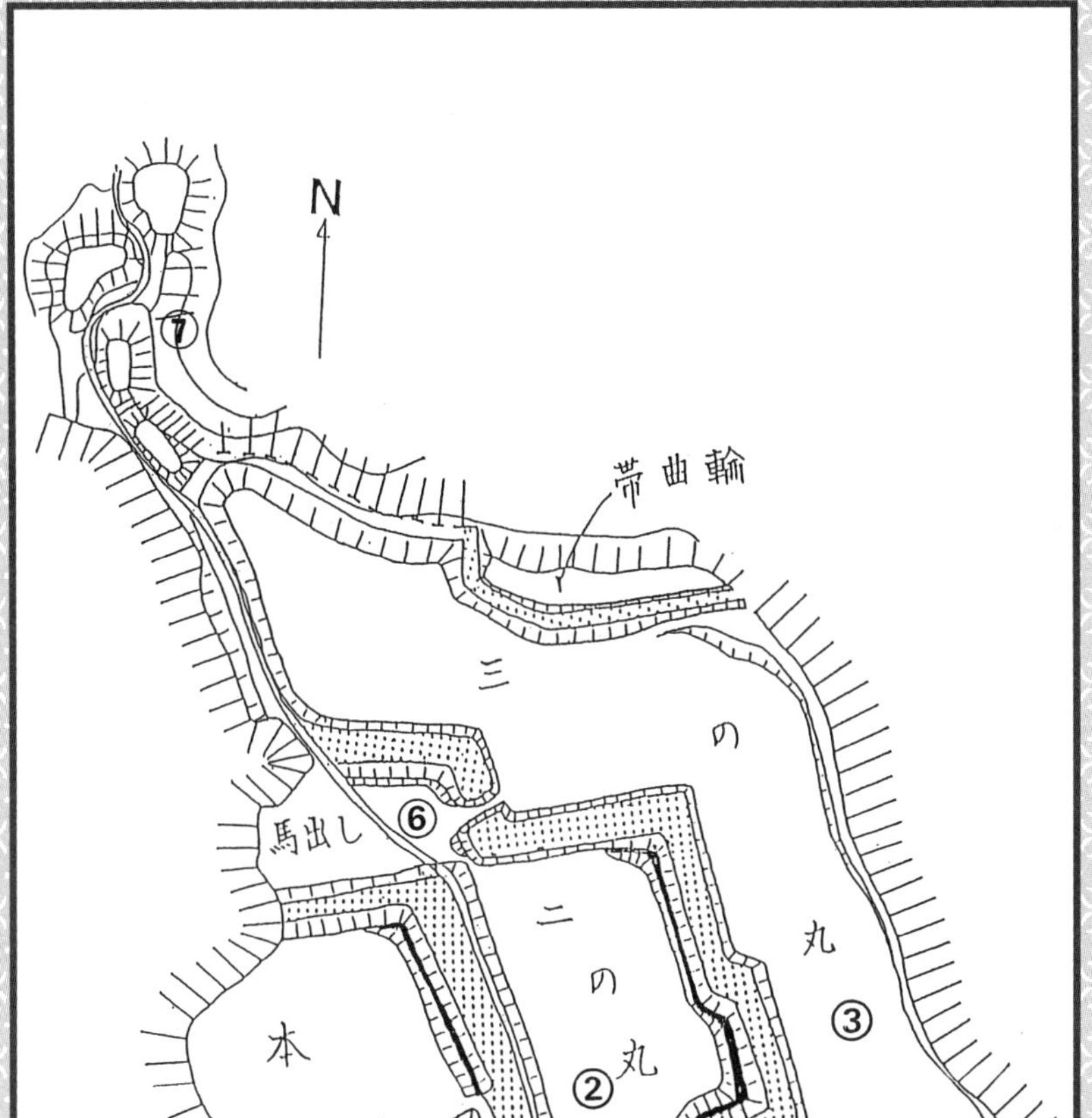

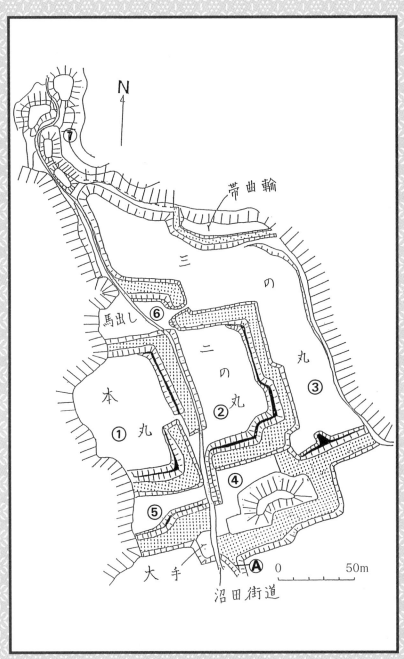


長井坂城縄張図（1：2,500）
昭和村教育委員会（1998）「長井坂城保存整備基本構想報告書」より転載

どにある幅の広い土塁は武田氏の縄張り手法の特徴を持つとし、真田氏が小田原北条氏に対抗する際の普請を想定する（池田一九八五）。

昭和五十八年（一九八三）、関越自動車道建設に先立ち行われた発掘調査が実施された。三の郭の北側斜面において、帯郭と横堀が確認された。堀の断面は逆台形で、上幅約四メートル、深さ約二・六メートルであった。さらに、平成六年（一九九四）と平成十五年（二〇〇三）の二回、県指定区域外での確認調査が地元の昭和村教育委員会により実施された。それは、城の南側にある大手口からさらに南へ直線的に伸びる二本の溝を対象に、その構造・用途や広がりの解明を目的とする。このうち旧沼田街道と想定された場所では幅約二メートルの平坦面があり、硬く締まった地表面から街道の路面と指摘した。その東側にある溝は、上幅七〜八メートル、深さ二〜二・四メートルの断面が薬研形をしており、城の大手筋に位置づく施設となろう。いずれの調査でも遺物の

馬出し跡

## 一緒にたずねよう●加藤丹波守腹切石（昭和村指定文化財）

天正十年（一五八二）十月、小田原北条氏は上野国北辺へ進攻し、長井坂城を奪った。真田昌幸はこれに対抗すべく、沼田城に矢沢頼綱、森下城に加藤丹波守、阿岨城に金子泰清を配し対抗した。森下城は北条氏邦軍によって攻められ、加藤丹波守は奮戦むなしく、城の東五〇〇㍍にあるこの石に腰掛け切腹して果てたと伝わる。

〔所在地〕利根郡昭和村森下

出土が無く、物質資料からの年代設定ができない。

（清水 豊）

### 関連する見学地

■森下城跡（昭和村永井）
■阿岨城跡（昭和村糸井）

### ●参考文献

昭和村教育委員会 ■一九八五『中棚遺跡・長井坂城』
池田 誠 ■一九九一「長井坂城」『中世城郭研究』第5号 中世城郭研究会
昭和村教育委員会 ■一九九八『長井坂城跡保存整備基本構想報告書』
昭和村教育委員会 ■二〇〇三『長井坂城試掘調査報告書』
飯森康広 ■二〇一一「長井坂城」『関東の名城を歩く 北関東編』吉川弘文館

# 沼田城《ぬまたじょう》（倉内城 鞍打城）

■所在地／沼田市西倉内字滝棚
■文化財指定／沼田市指定史跡
■城主／沼田氏、本庄秀綱、猪俣邦憲、真田氏【近世】真田氏、黒田氏、土岐氏　■分類／崖端城
■交通アクセス　上越線「沼田駅」下車、徒歩三〇分・関越道「沼田IC」から、車一〇分。駐車場　公園駐車場を利用。

## 真田氏、沼田領支配の拠点

**崖端の城**　この城は利根川の左岸、薄根川と片品川に挟まれた河岸段丘（沼田面）の北西端部にある。その北・西面をみると、高低差七〇メートルに及ぶ崖線がめぐり、自然地形を取り入れた選地と言える。交通面からみると、越後から峠を越えて関東平野へ入る玄関口にあたり、東方面へ向かえば会津街道を経て南東北地方へとつながる。さらに、西方面へは「吾妻の谷」を経由して信濃（長野県）へ通じることから、交通の結節点となっている。

　このことを示す出来事が史料にも残る。元弘三年（一三三三）五月、新田義貞は挙兵を前に「沼田荘ヲ要害ニシテ、利根河ヲ前に当テ敵を待ン」という自然地形を踏まえた戦略を検討している（『太平記巻十』）。

**沼田氏**　初めてこの場所に築城したのは、鎌倉時代からこの地域の有力武士であった沼田氏である。その第十二代目にあたる顕泰《あきやす》(万鬼斎)が城を築いたという。江戸時代に著された『加沢記』には、享禄三年（一五三〇）に着手し、天文元年（一五三二）に完成したと記され、薄根川沿いにあった幕岩城からその拠点を移したという。移城の理由は「三つの星が場内に落ちて、相争いながら消えた初夢」を不吉とし決定したという（『同書』）。このほか、永禄三年

櫓台石垣と階段

（一五六〇）、沼田台地西側崖下となる根岸村の住民を移し、城の東南辺に本町・材木町や鍛冶町の三町を成立させたとする（『沼田根元記』）。

沼田氏は、天文二十二年（一五五三）には後北条氏に属していたが、永禄三年（一五六〇）、関東管領の上杉憲政を擁して長尾景虎（上杉謙信）が関東出陣すると、沼田顕泰はこれに従い、上杉氏が関東地方に勢力を展開する拠点となる。しかし、謙信没後の氏族内の後継者争い（御館の乱）が勃発、天正六年（一五七八）、小田原北条氏から越後上杉氏の養子となっていた景虎を援助するため、北条氏政が出兵した過程で沼田城は再び後北条氏の支配となり、沼田顕泰は会津へ落ち延びている。

この時、真田氏は甲斐武田氏に属し、勝頼の指示で上野国の吾妻地方に進出しており、岩櫃城にいた昌幸は沼田城を目標として周辺地域から攻略を始める。まず、吾妻地方の城を落としながら、沼田地域の名胡桃城や小川城を攻め落

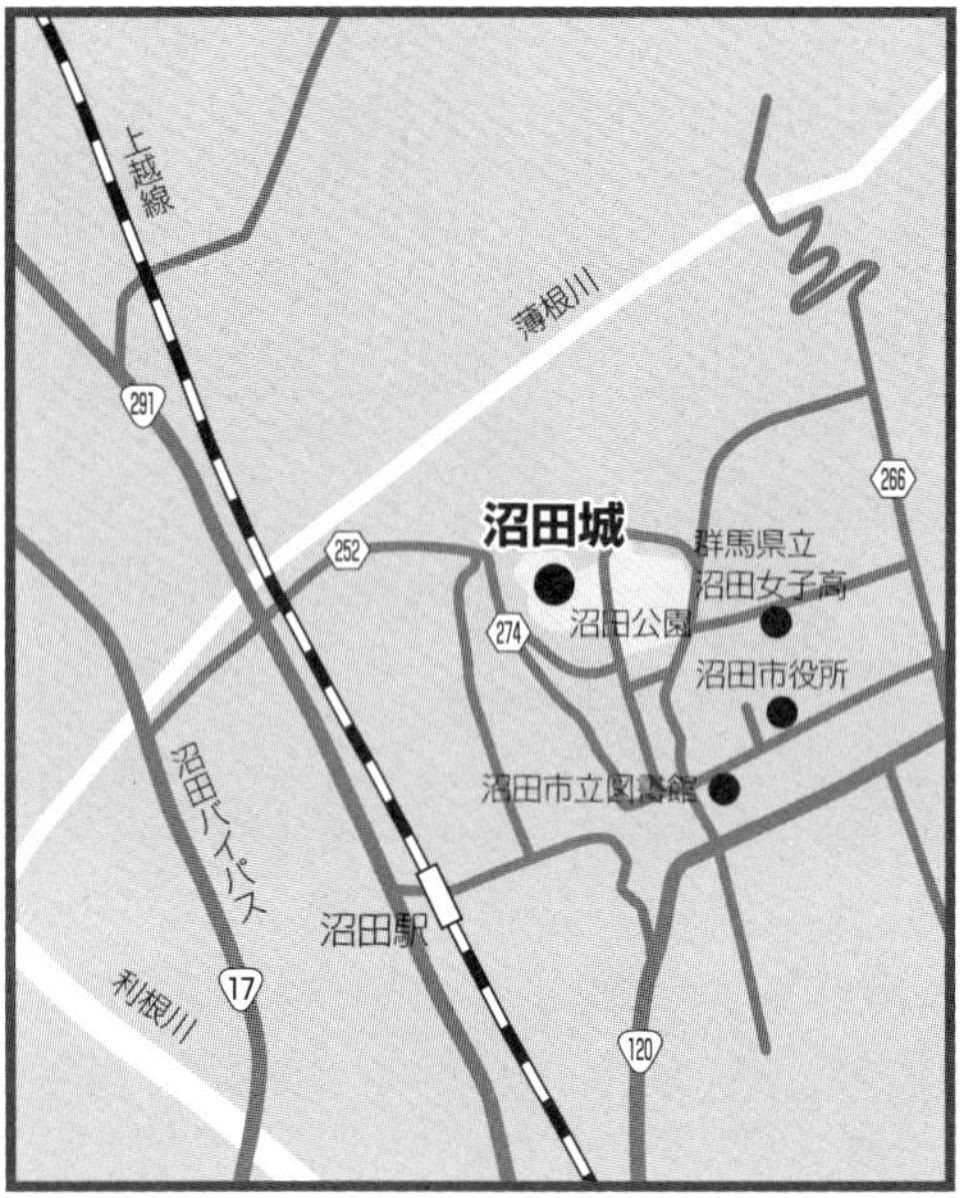


とし、天正八年（一五八〇）、沼田城も真田氏の属城となった。天正九年（一五八一）には、沼田顕泰の子である平八郎景義《かげよし》が、後北条氏方にいた由良国繁《ゆらくにしげ》の支援を受け、城の奪還をすべく試みたが、真田昌幸の謀略により叔父の金子美濃守によって城中で謀殺された（『加沢記』）。その翌年の天正十年（一五八二）、武田氏が滅亡する。武田氏に従属していた真田氏は織田氏に従う。上野（群馬県）は織田氏が接収し、滝川一益は関東管領を命じられた。一益は天正十年三月十九日に箕輪城へ入城、四月中旬には厩橋城に移るが、沼田城には甥である滝川儀大夫を配置している。同年六月には明智光秀により織田信長が暗殺され（本能寺の変）、一益が西国へ向かった後、昌幸が奪還している。その後、真田氏は徳川家康に従うこととなり、徳川氏と同盟を結んだ後北条氏が、真田氏が治める利根・吾妻郡地方の領有地を、後北条氏方に引き渡すべく要求する。家康はこれを了承するが、昌幸はこれを拒み、上杉景勝を通じ豊臣秀吉と交渉を試みている。これに対し、家康は上田城を攻撃し、沼田城は後北条氏の軍勢により攻撃を受けたが、城代の矢沢綱頼が撃退している。

**小田原合戦**　天正十七年（一五八九）、沼田領域の分割協議について豊臣秀吉による裁定が下

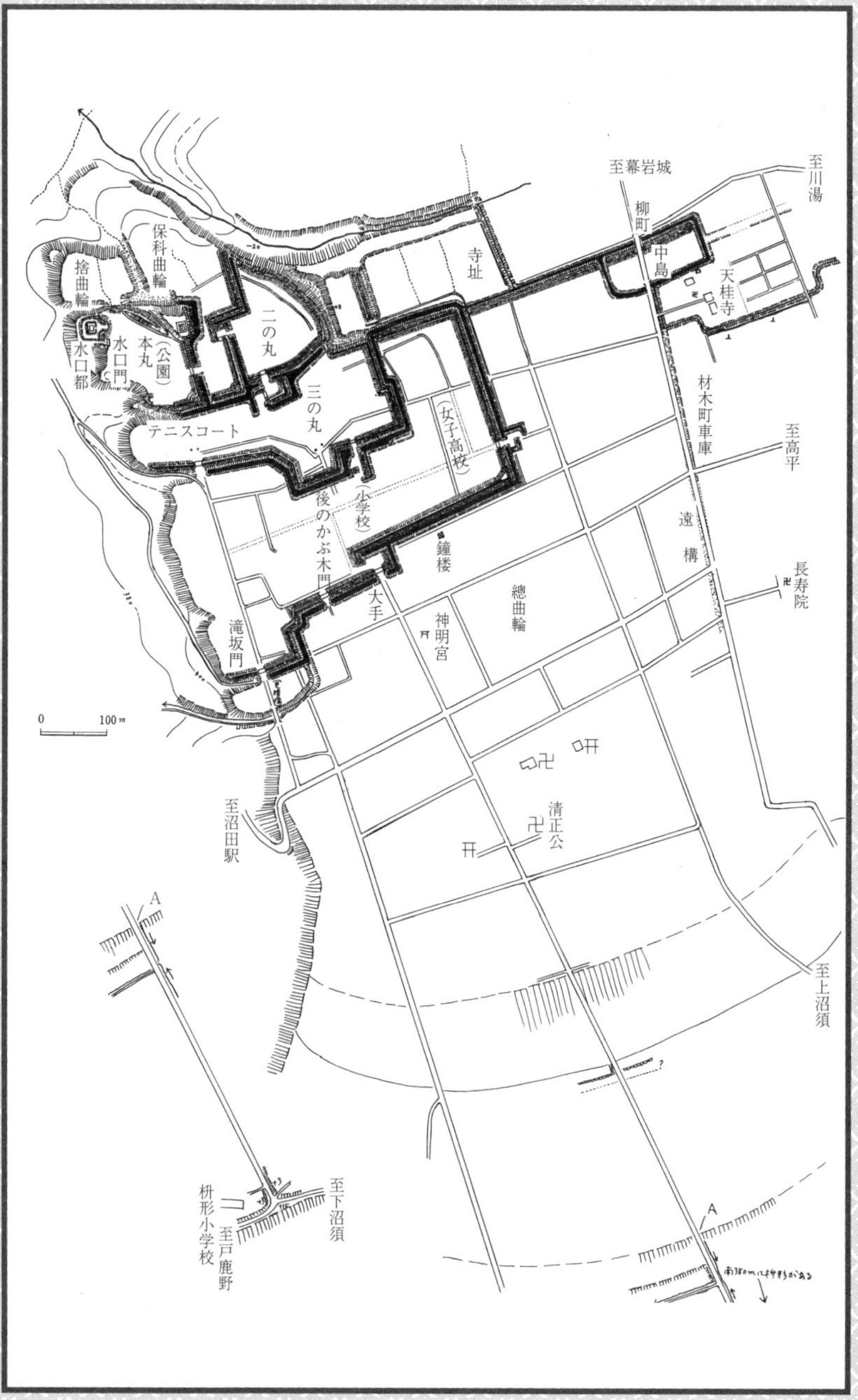


沼田城縄張図（1：5,000） 山崎図に加筆

され、利根川左岸に位置する利根郡の三分の二にあたる地域が、後北条氏分とされた。沼田城はこの地域のなかに含まれる。これに対して、名胡桃《なぐるみ》城は真田氏の領分とされたが、沼田城代となっていた後北条氏家臣の猪俣邦憲が、名胡桃城城代であった鈴木主水《もんど》を欺き、軍事境界線を越え城が占領される事態が起きた。この停戦令違反というべき事案を契機に東国への侵攻を本格化させていた豊臣秀吉は、天正十八年（一五九〇）、後北条氏の討伐を行い、北陸から上野国を通過し進攻していた軍勢には、真田氏も参戦していた。

**沼田藩**　小田原合戦の後、豊臣秀吉は真田氏に対し、沼田地域二万七千石の領有を安堵し、昌幸は長男の信幸（信之）に沼田城を与えた。信幸には徳川家康の重臣である本多忠勝の娘が嫁ぎ、徳川氏との姻戚関係が築かれている。この時、城の改修が行われ、その普請は慶長十七年（一六一二）頃まで継続し竣工したという。城は崖面に沿った本丸（東西約一八〇メートル、南北約一五〇メートル）を中心に、その東側に保科郭・二ノ丸、南東部に三の丸、さらにその外側に外郭を配す。その南側に位置する城下町の整備も並行して行われ、天正十九年（一五九一）、荒町・鷹師町・小人丁（町）を新たに設定している（『沼田町記』）。関ヶ原の戦いで東軍側となった信之は、元和二年（一六一六）に上田城へ移る。しかし、天和元年（一六八一）五代信利《のぶとし》（澄）の代に役目怠慢の理由から真田氏が改易となり、城は幕府により破却された。その後、城として機能をもったのは、改易後約二十年を経た元禄十六年（一七〇三）、本多正永が沼田藩主を命じられたことによる。その後、沼田藩は黒田氏・土岐氏が藩主となり、藩政奉還まで続くことになる。

**真田氏の普請**　最初に城を築いたのは天文年間といわれるが、この段階の規模は不明である。

ただし、十七世紀に描かれた『上野国沼田城絵図』（正保城絵図）をみると、本丸北側に位置する捨郭に「古城」と墨書され、薄根川の崖線に面した部分が、その中核と想定できよう。また、平成五年から行われた発掘調査の際、地下レーダー探査が実施されている。その結果をみると、江戸時代の絵図とは異なる部分で「堀」の反応が見られ、沼田氏段階の遺構の可能性が考えられる。

このほかの史料からは、十六世紀後半に行われた真田氏による普請がわかる。『平姓沼田氏年譜略全』によると、昌幸の長男である信幸が天正十一年（一五八三）に始め、堀や土手を築き、同時に大門など主要な施設を普請し、同十三年（一五八五）九月には入城したと記す。その後も普請は継続し、天正十四年（一五八六）には、二の丸、三の丸が整備され、慶長二年（一五九七）に天守が竣工したとする。さらに、慶長十七年（一六一二）に大手枡形が築かれ、十七世紀初頭の段階で、一定の完成をみたとする。

さて、慶長二年に完成した天守だが、その構造を知る資料は限られる。沼田藩四代藩主であった真田信政《のぶまさ》が江戸幕府に提出した『上野国沼田城絵図』（正保城絵図）をみると、本丸を囲う塀を手前に四層五重の天守閣が描かれる。前記した『平姓沼田氏年譜略全』をみると、天守は九間十間にして五重と記されている。また、平成九年度まで行われた櫓周辺部分の発掘調査から、その基礎平面形は六尺五寸を一間とし、南北六間×東西五間であることが判っている。

そのほかこの段階の城の表装品として注意しておきたい資料がある。天守が想定される場所近くでの採集品であるが、金箔が付着する飾瓦が一点発見されている。金箔瓦を城へ初めて採用したのは織田信長の居城である岐阜城（岐阜県）である。その後、信長後継者となった豊臣秀吉は、大坂城や伏見城でも金箔瓦を用い、壮麗な安土桃山文化の象徴の一つとなった。その後秀吉は、天正十八年（一五九〇）の、小田原の役後、徳川家康に関東入国を命じるとともに、その周縁地域にあたる信濃（長野県）・甲斐（山梨県）・駿河（静岡県）には、配下の有力武将を配置している。これら、徳川領国の縁辺にある城（上田城・小諸城・松本城・甲府城・駿府城）で金箔瓦を使用していたことがわかっている。その理由として、豊臣秀吉の権力を東国に誇示する舞台装置として、徳川領国を牽制する役割を担っていたとする（加藤一九九五）。

沼田城が立地する沼田公園には、二一〇本のヒガン桜があり、四月上～中旬には見頃を迎える。中でも御殿桜は樹齢四〇〇年ともいわれ、その開花時期に訪れるのをおすすめしたい。

（清水　豊）

捨郭（「古城」）の現況

## 一緒にたずねよう●戸鹿野八幡宮（沼田市指定史跡）

この神社は、「沼田氏ノ勧進スル所ナリト云フ」とあり、沼田城主の沼田顕泰が、享禄三（一五三〇）年後閑（みなかみ町）の八幡宮を勧進しこの地に祀り、城南側の守護としたといい（『上野国郡村誌』）、

戦の折に多数の山鳩が上空を舞い、混乱した敵に勝利した場所であるとう。天正十年（一五八〇）沼田城に入った真田昌幸も出陣に際し祈願した。拝殿に向かう右側には、江戸時代信州伊那郡上戸村の石工による鳥居や亀甲積みの石垣が残る。

〔所在地〕沼田市戸鹿野町８００

## 関連する見学地

■幕岩城・小沢城・荘田城（沼田市）
■海野塚（沼田市岡谷）

## ●参考文献


山崎　一　■昭和五十四「沼田城」『日本城郭体系』第四巻　茨城・栃木・群馬　新人物往来社
加藤理文　■一九九五「金箔瓦使用城郭から見た信長・秀吉の城郭政策」『織豊城郭』二号織豊城郭研究会
沼田市教育委員会　■二〇〇一『沼田城跡』
小池雅典　■二〇〇五「真田氏時代の沼田城」『高崎藩の考古学』かみつけけの里博物館第十三回特別展解説図録

# 名胡桃城《なぐるみじょう》

■所在地／みなかみ町月夜野下津
■文化財指定／群馬県指定史跡
■城主／武田氏、真田氏、北条氏　分類／平城（崖端城）
■交通アクセス　JR上越線後閑駅から徒歩五〇分・関越自動車道月夜野ICから車五分　駐車場あり

## 群馬の戦国時代を終わらせた城

**後北条家の執着**　築城年代は不明であり、天正八年（一五八〇）頃には現在の城域に真田昌幸が入城した。天正十年に新府城（山梨県）周辺を舞台に行われた天正壬午《じんご》の乱の後、徳川氏と後北条氏が和睦し、上野国一国は後北条氏領国として国分けされた。このため、後北条氏は沼田城を引き渡すように、徳川氏を通じて真田氏に圧力をかけたが、真田氏は反発して徳川氏と敵対した。

以後、後北条氏は沼田城攻略に執着する。天正十六年には後北条氏によって新たに権現山《ごんげんやま》城（高山村）が取り立てられ、南方から名胡桃城攻略へ向けた動きが活発化する。翌十七年豊臣秀吉の裁定により、沼田城はようやく後北条氏に与えられた。しかし、名胡桃を含む真田領三分の一は残されたため、沼田城将の猪俣邦憲は名胡桃城を攻略してしまう。これが秀吉による国分裁定に反する行いとして問題となり（「沼田問題」）、翌十八年小田原攻めにより、後北条氏は滅亡する。沼田城や名胡桃城をめぐる争奪戦は、もはや地域間戦争ではなく、天下統一に関係する全国レベルの争いとなったのである。

**門や石垣の発見**　名胡桃城は、利根川西岸の段丘面で、細長く延びた尾根状の崖端を利用した城である。平城ながら、山城の要素も備えている。段丘を直交方向に掘り切ることで、郭とい

二郭北虎口

う区画された空間を造り出している。大きくは四つの郭に分かれ、台地側から三郭、二郭、本郭、ささ郭の順で呼ばれている。こうした城の形態を並郭式と呼んでいる。また、西側の谷地形を挟んだ対岸は般若《はんにゃ》郭と呼ばれ、城の一部である。南方は現在国道一七号によって分かれるが、本来は連続して外郭が広がっていた。東側湯舟沢沿いには、水の手など数段の平場も並んでいる。

本郭の調査は少なく、トレンチ調査により全体に基底幅約五〜六㍍の土塁が回っていたことがわかった。北端は先細りになり、通路が想定されている。調査前本郭と二郭の間は、土で埋めて造られた土橋で結ばれていた。しかし、調査の結果、当初は4本の橋脚を持つ木橋が架けられていたこともわかった。

二郭は、本郭の南続きにある。並郭式の郭群の中で最も大きい郭である。中央東寄りを幅員約二〜三㍍の中央通路が南北に通っている。通

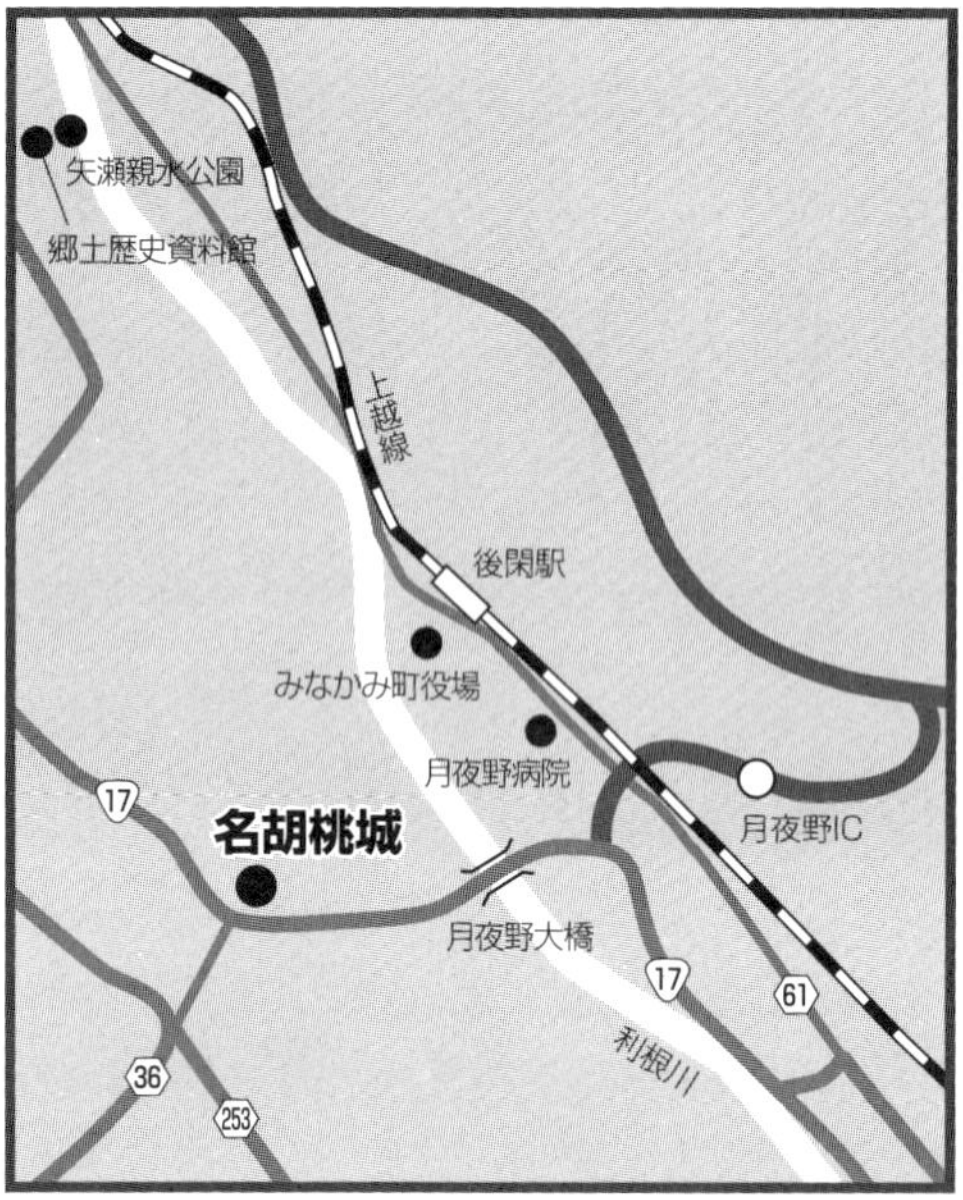


路には両側に側溝が付いていた。土塁は基底幅約六～七メートルの規模で四周すべてにめぐり、北側は端から五メートル程度内側に引き下がっていた。中央の通路は、この北側土塁との接点で細くなり、四基の礎石を持つ門が設けられていた。門の北側は土塁によってコの字形に囲まれ、二郭と本郭を結ぶ出入り口となっている。

最も目を引くのは、門の両側から土塁の裾に積まれた石垣である。最大で四段程度積まれ、更に高く積む場合は、一度踊り場を設けて後ろへ下がり、階段状に積み上げている。ところで、北側土塁の下には、古い段階の堀が埋められていた。幅約三・五メートル深さ約二・五メートルと立派である。土塁はこの堀を埋め、しっかり叩きしめた上で築かれていた。調査を担当した三宅敦気氏は、この虎口について、当初土塁と堀が「枡形《ますがた》状の空間を区画していた」と考察する（三宅二〇一三）。

**本郭の機能移転**　ここで重要な点は、堀を埋め立て下幅四・五メートルの土塁を築いたことである。この改修により、二郭の周りは全て土塁で囲まれることとなった。本郭に対しても、土塁で面していることとなる。これは本郭との関係からみて異例な形である。本丸側には土塁を築かないのが、定石だからである。秋本太郎氏も述べるとおり、二郭を実質的な本郭として見直そうと

名胡桃城址変遷推定模式図

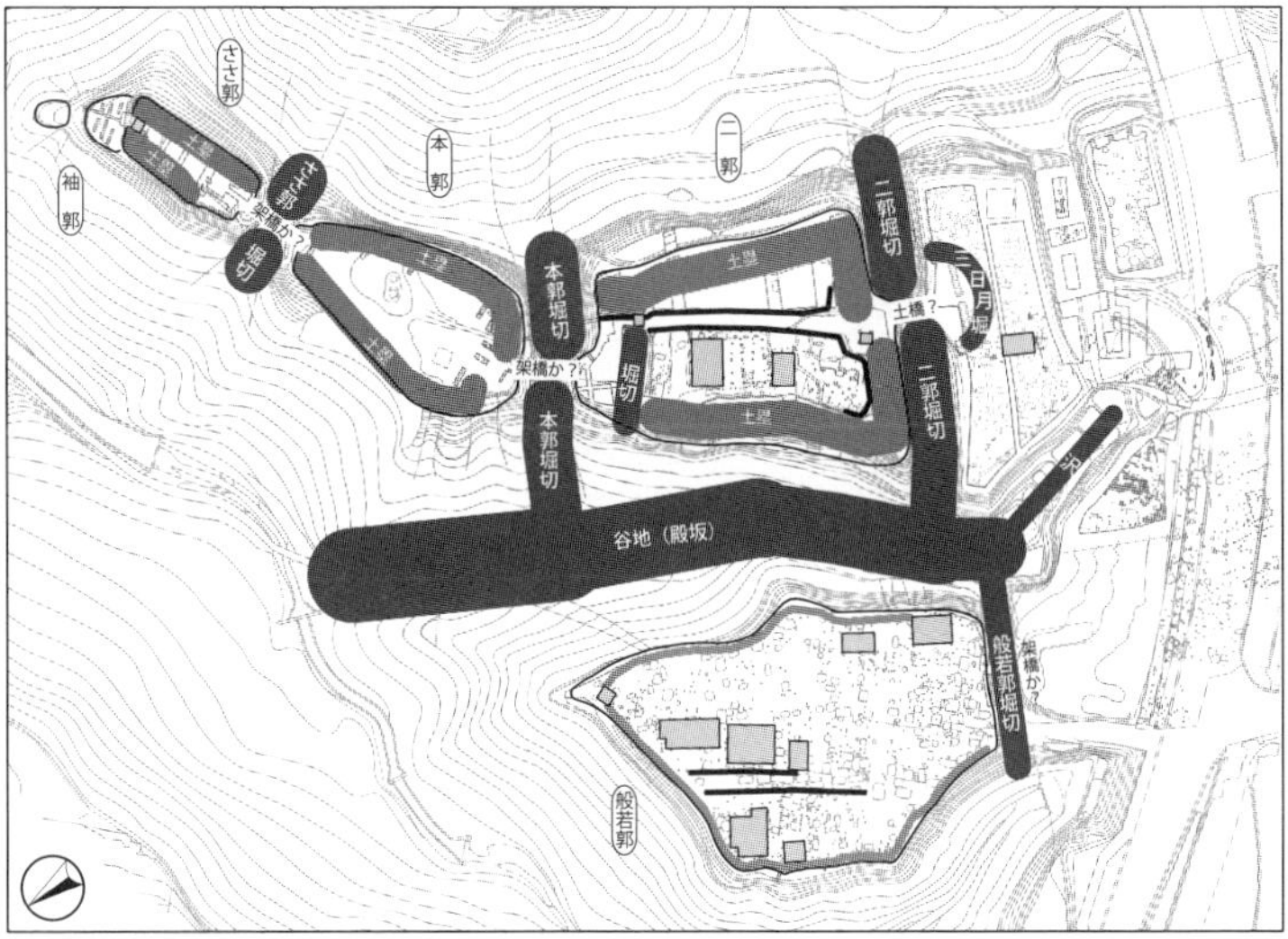


1期

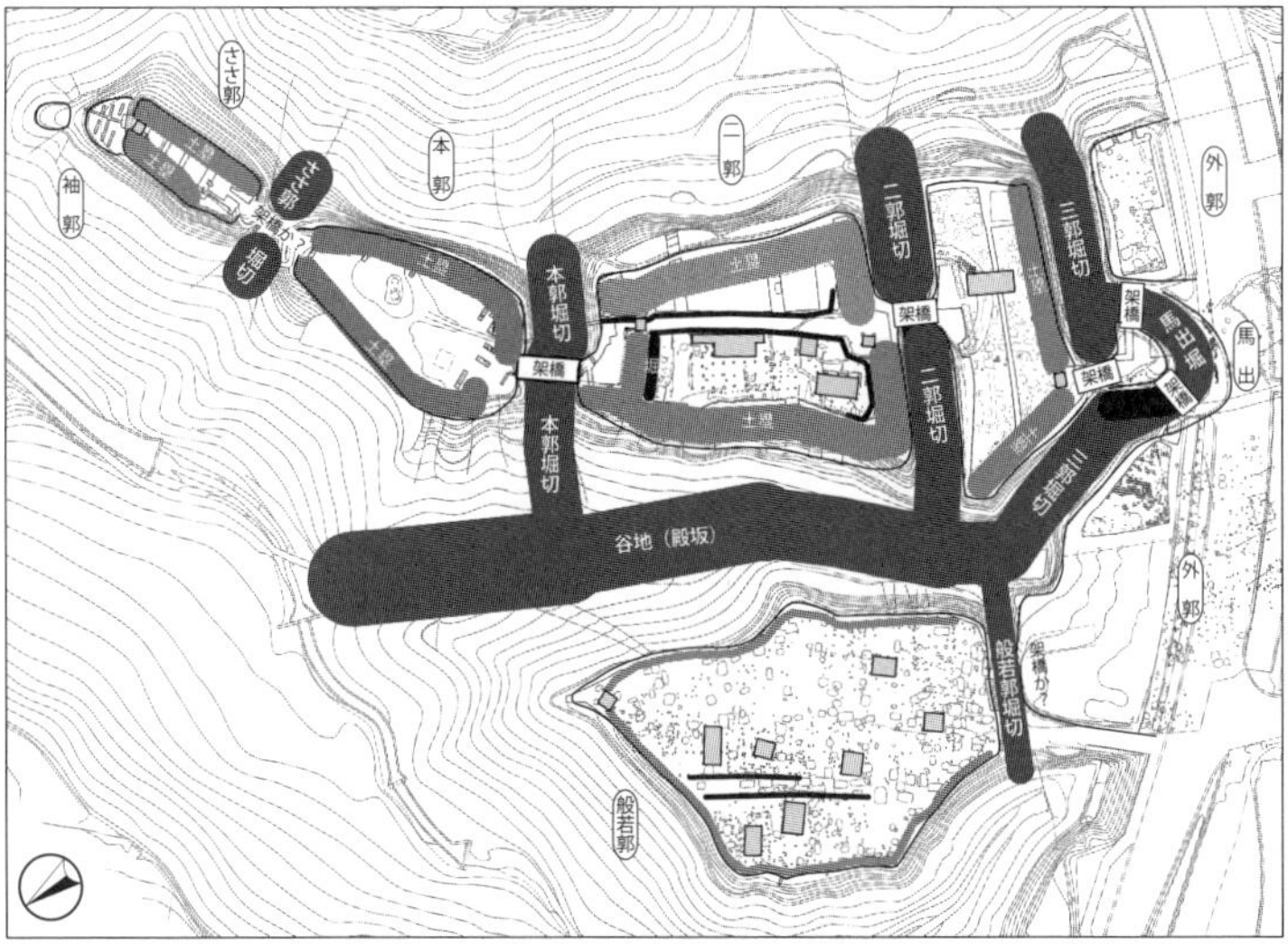


2期

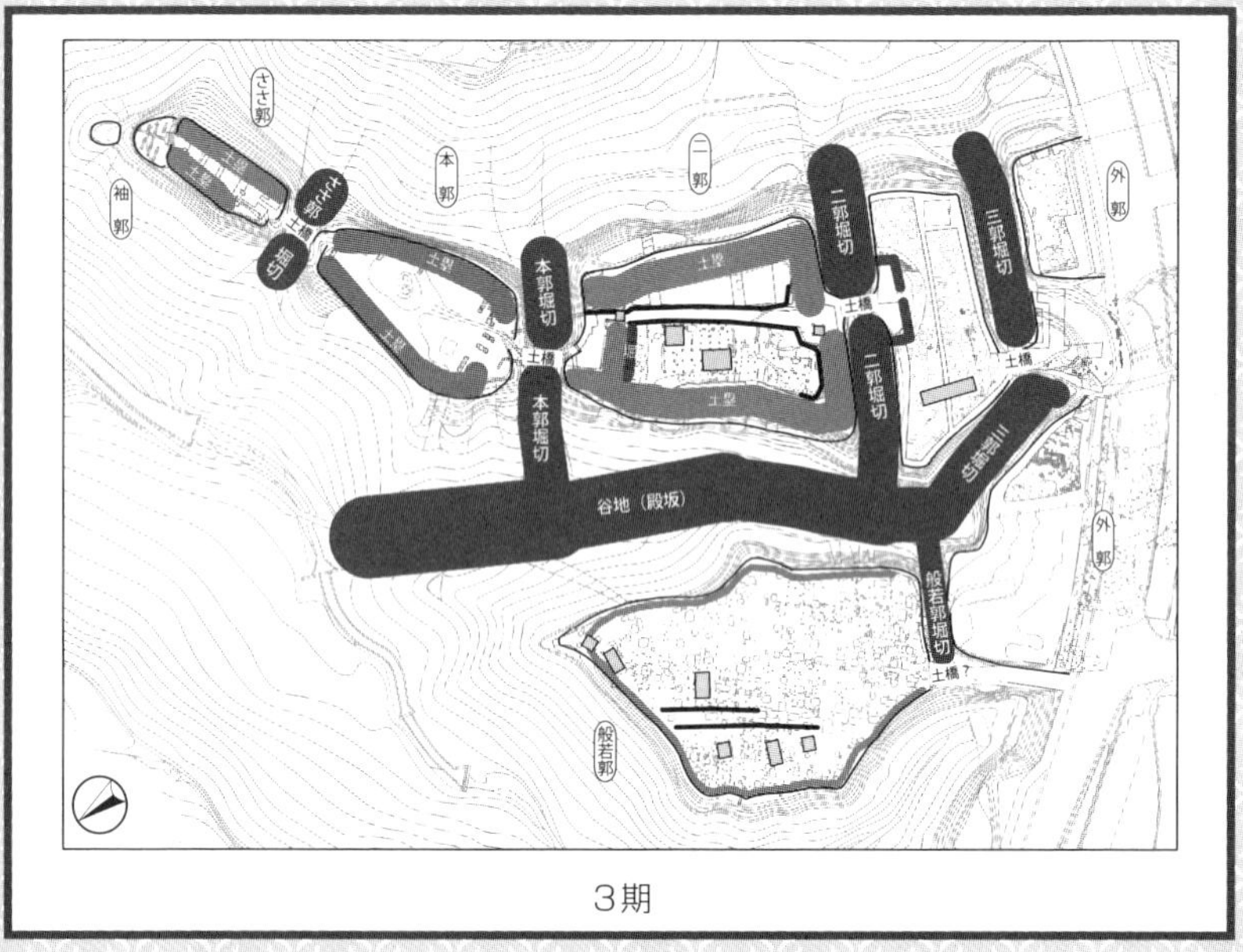

発掘調査報告書『名胡桃城址』（みなかみ町教委、2003年）から

いう意見もある（秋元二〇一一）。魅力的な意見である。堀を埋めて土塁を築くという一連の過程を整理すれば、堀があった段階は二番目の郭であったが、北側土塁を新設することで中心郭へと切り替わったこととなる。北側土塁の構築と門、石垣の整備は一連の作事であろう。二郭では最終段階でこうした位置づけの変化があったと考えたい。

二郭北虎口の門跡（写真提供：みなかみ町教委）

また、南側の二郭と三郭の間は、現在土橋で

連絡している。発掘調査の結果、前段階は四本の橋脚を持つ木橋だったことがわかり、さらにその前は土橋であったことも判明した。本郭土橋とほぼ同じ経過をたどっていたこととなる。土橋の北側では、やや西にずれて、柱穴四本を持つ構造の掘立柱建物が見つかり、門と考えられている。二郭西側では九棟の掘立柱建物が確認され、三時期程度の時期区分がなされている。模式図は、こうした変遷案をわかりやすく示したものである。

馬出〜三郭　※下が北（写真提供：みなかみ町教委）

**埋められた三日月堀**　三郭は東西長六四メートルに対して、南北長二六メートルと細長い郭である。しかも、発掘調査の結果、二郭と結ぶ土橋の南側で、三日月堀とL字形の堀二条が前後して造られていたことがわかった。三日月堀は類例から丸馬出《まるうまだし》を囲んでいたと見られ、北側の二郭堀との間に通行する土橋（通路）が両側にあったと考えられる。堀の規模は、幅三・〇メートル深さ一・四メートルである。出撃を意識した攻撃的な出入り口であるため、この段階では最も外側であったと報告されている（第1期）。

　第2期では三郭外側に馬出が造られ、三郭北端の丸馬出は埋められ、掘立柱建物が建てられた。また、第3期ではL字形の堀に作り替えられる。堀は中央に一・三メートルの土橋を残して、東西へ対称的に掘り進み、北へ折れて二郭堀に達している。堀幅一・四メートル深さ〇・六メートルと小さくなるが、出入り口前を区画する意識は明確である。報告書では「城としての機能を必要としなくなった天正年間以降、近世にかけて存在した屋敷跡」の段階（第３期）と結論づけているが、検討の余地があろう。第２・３期は同時期かもしれない。

何を根拠にして廃城期を捉えるかは難しい。第３期となるL字形の堀は、二郭への出入り口として機能しており、廃城期の根拠とはならない。規模の縮小は三郭の堀切が掘られ、L字形部分が内側の出入り口になったためとも言える。また、二郭では現在土塁がほとんど残っておらず、厚い表土によって遺構面が守られてきた。おそらく、土塁を壊し郭面を平らに埋め尽くすことで、破城が行われた可能性が高い。とすれば、廃城の段階を、更に一段階追加する必要があるだろう。

名胡桃城は、後北条氏滅亡のきっかけとなった城として、有名であることは言うまでもない。しかし、発掘調査により石垣が発見されたことにより、遺構としての重要性も非常に高まった。県内で石垣を持つ戦国城郭としては、太田金山城、平井城・平井金山城（藤岡市）が知られ、いずれも県下有数の名城である。また、関東では鉢形城（埼玉県寄居町）、八王子城（東京都）でも比較される石垣が発掘調査され、史跡として整備されている。

現在は隣接する名胡桃倶楽部にパネル展示があり、ガイダンス及び休憩所として機能している。また、町商工観光課を窓口として「歴史ガイドの会」の説明を受けることができる。二郭は菜の花が植えられ、季節には行楽地としてもにぎわいを見せる。平成二十七年に史跡整備が始まり、同年末に第一期工事が完成公開された。

（飯森　康広）

## 一緒にたずねよう●謙信供養塔（みなかみ町上津如意寺）

供養塔は如意寺本堂脇の池の南斜面に立っている。説明板によれば「造立石塔一基」や「奉為謙信法印」、「天正戊寅四月日」と刻まれているという。造立者は沼田城将上野中務少輔家成らしい。御館の乱に関連する貴重な遺物であろう。

## 関連する見学地

■名胡桃倶楽部
■小川城（みなかみ町）

## ●参考文献


山崎　一　■一九七八「名胡桃城」『群馬県古城塁址の研究　下巻』群馬県文化事業振興会

秋本太郎　■二〇一一「名胡桃城」『関東の名城を歩く　北関東編』吉川弘文館

三宅敦気・田村司編　■二〇一三『名胡桃城址』みなかみ町教育委員会

# 岩櫃城《いわびつじょう》

■所在地／吾妻郡東吾妻町原町字平沢　■文化財指定／国指定史跡
■城主／真田幸綱、真田昌幸、真田信之　■分類／山城
■交通アクセス／JR吾妻線群馬原町下車、タクシーで一〇分

## 上田城と沼田城をつなぐ拠点

**築城の経緯**　従来、近世成立の『加沢記』などをもとに応永十二年（一四〇五）に斎藤憲行が築城し、永禄六年（一五六三）に真田幸綱によって攻め落とされたとされていた（山崎一九七八）。

　しかしながら、齋藤慎一氏が史料を再検討した結果、『加沢記』以外では永禄七年まで「岩櫃」の語はなく、斎藤氏は岩櫃《いわびつ》城の西約三キロメートル弱の岩下を本拠にしていたと指摘することとなった（齋藤一九九二）。さらに、齋藤氏は、永禄八年（一五六五）に武田信玄が箕輪城と惣社城・白井城・嶽山城・尻高城に目標を定めており、その嶽山城攻めのために取り立てたのが岩櫃城だったと指摘し、岩下の斎藤氏によって既に築かれていた可能性は残すが、本格的に城として取り立てられたのが、永禄七年頃以降と指摘している。

　この永禄七年以降、真田氏の城として、上田城と沼田城をつなぐ中間の拠点城郭として位置づけられ、真田昌幸は嫡子の信之を沼田城とともに配置した。廃城については、慶長十九年（一六一四）に岩櫃城下の平川戸の市に多くの人が集まっていたのを浪人集めと疑われるのを恐れた信之が岩櫃城を破却し、町を原町に移したという話が伝わっている。

**城の構成**　岩櫃山頂（標高八〇二・六メートル）から

岩櫃城遠景　※中腹部分（写真提供：東吾妻町教委）

およそ二〇〇メートル下ったイダテに主郭が構えられ、この主郭を中心とした要害地区、その他、城下町地区・新井地区・北側遺構群地区などの約一二六ヘクタールが城域として把握されており、その他、柳沢城（一一・五ヘクタール）・郷原城（〇・五ヘクタール）などが支城と位置付けられており（吾妻町教委一九九二）、県内でも屈指の規模を誇る。特に、この城を特徴づけるのは、城下町地区・新井地区・北側遺構群地区と区分された、いわゆる城下に当たる地域である。城下町地区では小字で上之宿などがあり、平川戸の町があったといわれている。この東には尾根を切る堀切が残り、この堀から西へ七〇メートル進んだ東の木戸とする虎口とともに防御を固めている。なお、この地区の北限は岩櫃神社北側の堀で区切られているが、この堀は城内においても最大規模を誇っている。

　新井地区はバンジョウザカと呼ばれ、齋藤氏は、番匠坂、もしくは番城坂に当たるととらえ職人層が居住、あるいは出城の機能をもつとして、岩櫃城に関連するとしている。

　北側遺構群地区は現在「コニファーいわびつ」になっている付近を北限として、要害地区に至るまでに長大な竪堀が何条にもわたって掘られている。こうした竪堀はこの城の特徴的な遺構である。竪堀間は平坦地が何段にもわたり設けられているが、これらの平坦地が戦国期までさかのぼるものかは今後の課題である。山崎一氏がこの遺構群について、北を外とし南を内としていると指摘し、齋藤氏も北側に対する警戒心を示すとしている。

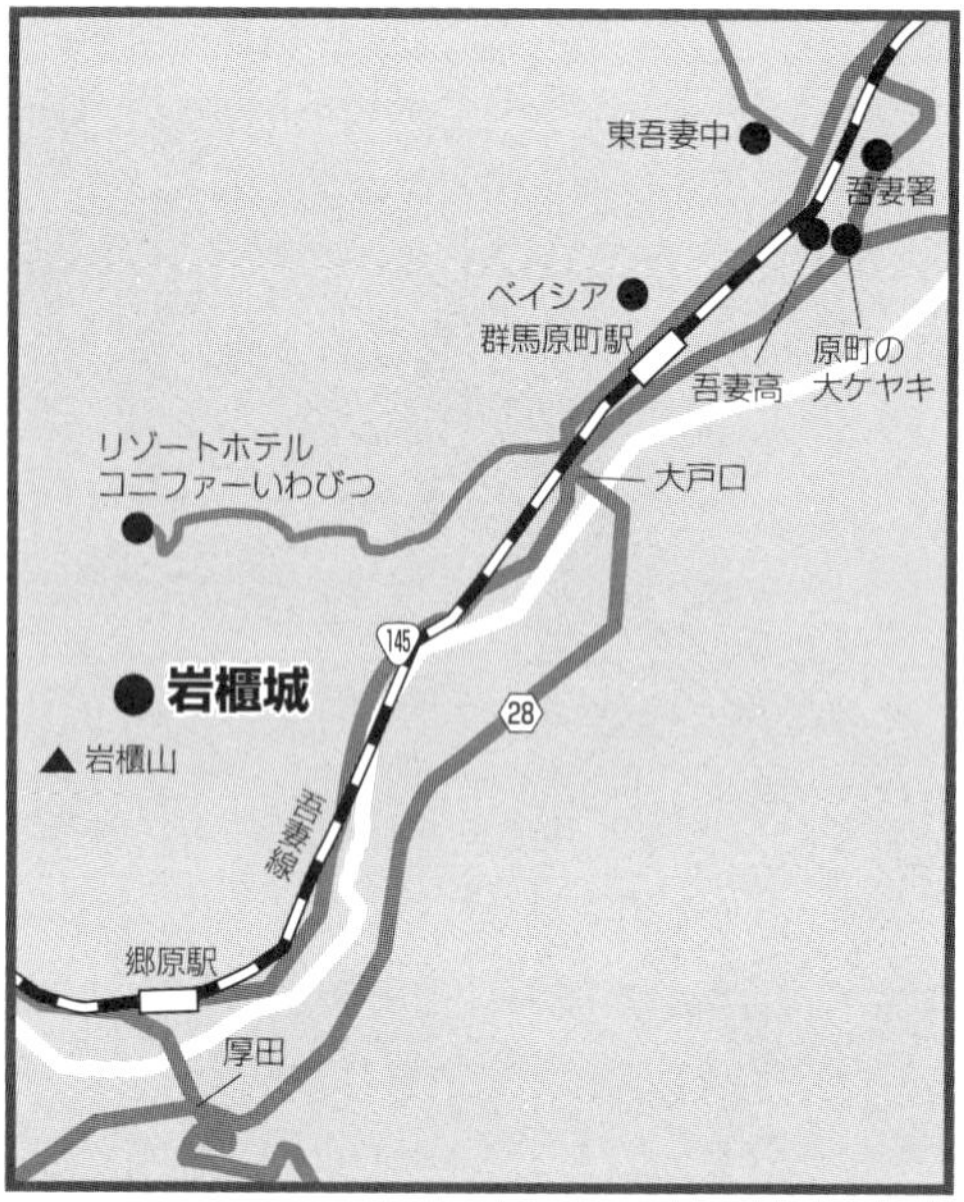


**関連する周辺の城**　柳沢城は宇古城などにあり、標高五四一・一メートルの観音山山頂を主郭とし、特に北へのびる尾根上に曲輪が展開し、その尾根両側にさらに曲輪が配置されている。尾根を区切る堀はかなり大規模であり、この城だけでも、県内では拠点城郭といえるような規模となっている。岩櫃城の出城的にとらえられることが多いが、字古城という地名の検討が必要で、岩櫃城と同時期ととらえるか時期差を考えた方がよいのか、今後の課題といえよう。ただし、北側遺構群地区、さらに城下町地区における岩櫃神社北の堀など基本的に北側に備えていることは柳沢城も共通している。

　郷原城は城の西南の抑えの位置にあたる出城

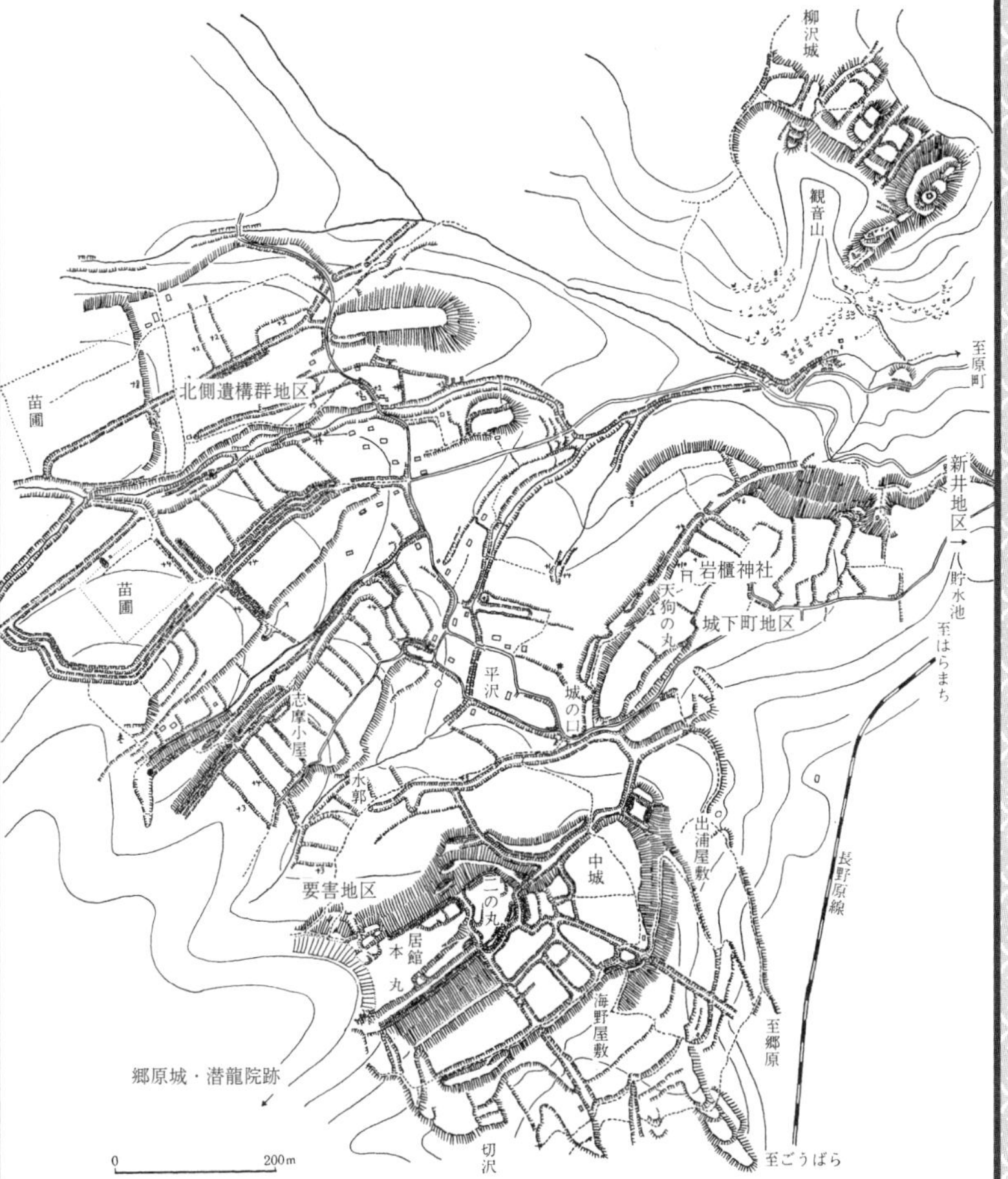


岩櫃城縄張図（山崎一 1979『日本城郭大系』第４巻　新人物往来社に加筆）

であるが、柳沢城と比較すると堀の規模は極めて小さく、役割や時期差の違いを想定させる城となっている。この城から西におよそ三五〇《メートル》には天正十年（一五八二）真田昌幸が武田勝頼を迎えるために整備したという伝承が残る場所で、江戸時代から明治にかけて潜龍院という寺院が存在した。山崎氏は、この地に今でも残っている石垣を、天正十年の石垣としてとらえているが、落とし積みと呼ばれる近代以降の積み方に見える個所もあり、むしろ潜龍院に伴う石垣と考えた方がよいであろう。

　要害地区は、良好に遺構が残っている。主郭や二郭が基点になる長大な竪堀は、北側遺構群地区などの堀を含めて、この城の特徴となっている。

　東吾妻町では、平成二十五年度から岩櫃城跡の発掘調査を開始し、主郭で埋まっていた石垣や鍛冶の痕跡などが確認されるなど、新たな発見が期待されるような状況になっている。これまでの研究成果と合わせることによって、さら

本丸から延びる竪堀

## 一緒にたずねよう●原町の大ケヤキ

慶長十九年（一六一四）頃にはすでに大樹となっており、原町への城下町の移転の際、町割りの基点として、さらに鬼門塞ぎに見立てたと伝わるケヤキである。

樹齢は推定千年とされ、根元廻りで十七㍍にも及ぶ巨木で、全国でも有数のケヤキの巨木として昭和八年に国の天然記念物として指定されている。戦国時代から江戸時代に移る激動の世もこの地に根を張り、人々の営みを眺めていたのであろう。

〔所在地〕東吾妻町原町391

なる岩櫃城の解明が進むであろう。

（秋本　太郎）

### 関連する見学地

■善導寺（東吾妻町）／潜龍院跡（東吾妻町）

### ●参考文献


齋藤慎一　■一九九二「上野国岩櫃城の空間構成と変遷」・「岩櫃城の範囲と構造」（同二〇〇二『中世東国の領域と城館』吉川弘文館に再録）

山崎　一　■一九七八「岩櫃城」『群馬県古城塁址の研究　下巻』群馬県文化事業振興会

吾妻町教育委員会　■一九九二『岩櫃城跡－保存整備計画策定報告書－』

# 大戸城《おおどじょう》

■所在地／吾妻郡東吾妻町大戸城山　■文化財指定／なし
■城主／大戸（浦野）氏、北条家臣斎藤定盛　■分類／山城
■交通アクセス　JR吾妻線群馬原町下車・関越交通バス日赤病院行　鳴瀬下車徒歩三〇分・関越自動車道渋川ICから、車一時間二〇分　駐車場なし

## 信州街道の要

**交通の結節点**　永正十年（一五一三）、箕輪城（高崎市）主の長野憲業《のりなり》が榛名神社に捧げた祈願文に「大戸要害」とあり、攻略した暁には寺領を榛名山へ寄進することを約束している。このことから、上杉氏に従っていた長野氏によりこの地域の攻略が計画され、十六世紀初頭には「要害」が存在していたことが判る。また、永正六年（一五〇九）、連歌師の宗長《そうちょう》が著した『東路のつと』には草津温泉入湯のための道筋が記され、高崎市浜川から室田を経てこの地に至り、大戸城主海（浦）野三河守の宿所で一宿し、連歌会を開催している。この交通路は、後に「信州街道」と呼ばれ、中世に遡ることが判る。

この街道は江戸時代には、中山道の高崎宿本町・下豊岡から、榛名山の西麓を抜け、大戸宿（大戸関所）へと向かうルートを辿る。その後、須賀尾宿—狩宿《かりやど》宿—鎌原《かんばら》宿—大笹宿（大笹関所）を経由し、鳥居峠を越えて長野県へ入る。江戸時代には、信州飯山藩・須坂藩や松代藩の廻米《かいまい》輸送に利用され、嬬恋村鎌原から高崎市榛名地区の下室田・神山まで「大戸通り」と呼ばれた。大戸宿は、信州街道や草津街道の宿駅で、中之条町から三国街道を経て大柏木から川原湯方面へ、また、榛名山や伊香保へ通じる交通の結節点であった。

大戸城遠望（北から）

**大戸氏**　『関東幕注文』には、箕輪長野氏が率いる「箕輪衆」の構成員に「大戸中務少輔　六れんてん」が見え、同じ家紋から一族と考えられる「羽尾修理亮」とともに、長野氏に従っていた。永禄三年（一五六〇）には後北条氏から人質を要求する史料が残り、その後上杉方となったことが分かる。しかし、永禄五年（一五六二）五月、鎌原氏の謀略により大戸城主の浦野中務少輔は甲斐武田氏方に服属し、同年には室田長野氏の領域である、権田・室田（高崎市）へ進攻している。

武田信玄の西上野侵攻では、大井高政（小諸城主）や足軽大将の原与左衛門がこの城に配備され、山家《やまが》薩摩守や城対馬守ら信濃の武士が番勢として大戸城に入った。永禄八年（一五六四）八月、上野国に出陣した上杉謙信に対して、武田信玄は大戸城に在陣する重臣の日向大和入道へ、岩櫃城を守る真田一徳斎とその対応について協議するよう指示している。天正十年

（一五八二）十月付の北条氏直書状には、大戸入道（浦野真楽斎）宛てに吾妻へ進出するよう指示が出されていることから、武田氏滅亡に伴う領国再編により後北条氏に従い、真田氏に対する拠点とされた。しかし、上野国の有力な国衆が相次いで北条氏から離反し、真田氏と越後上杉氏の対立する状況を踏まえ、大戸氏は上杉方に転じたとされる。

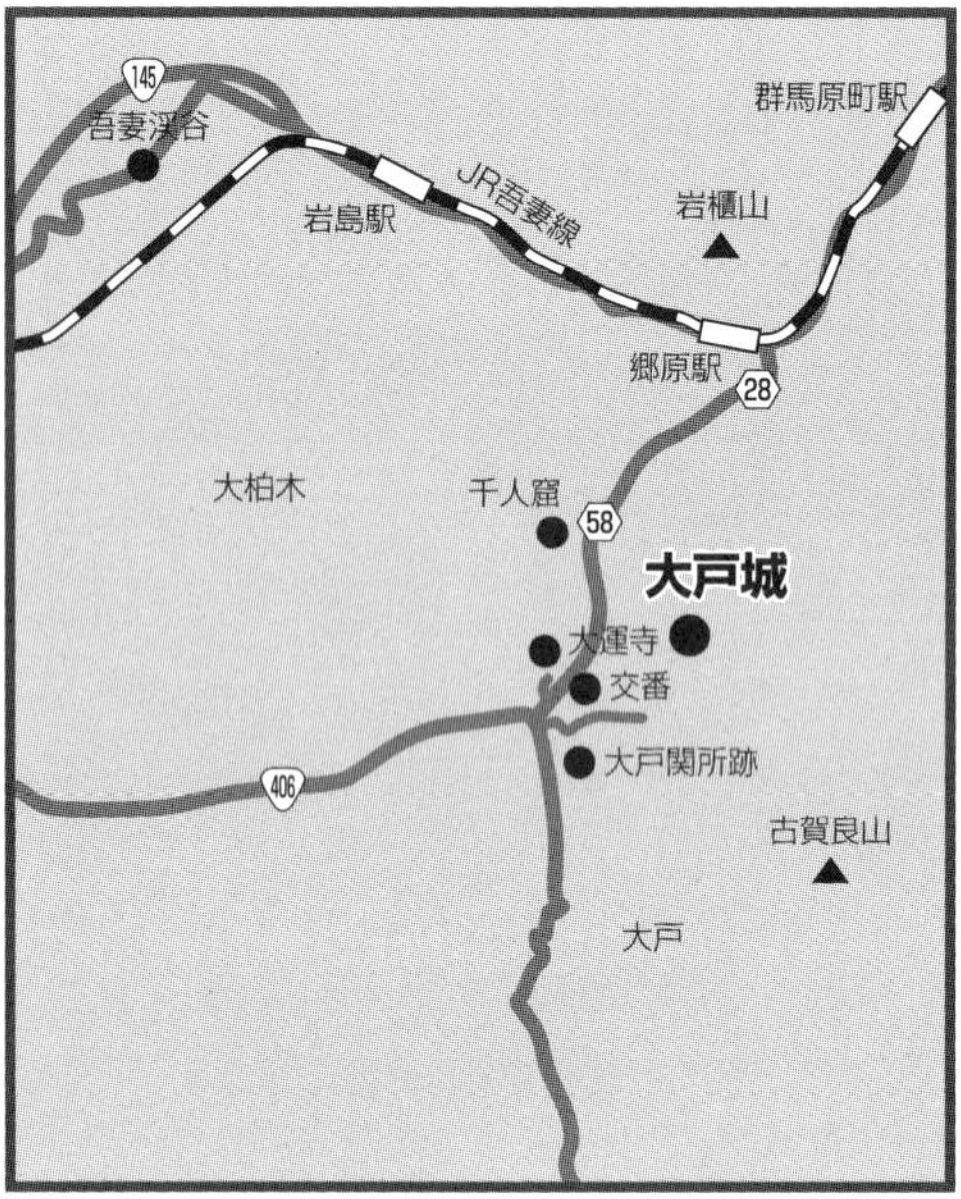


　大戸氏の位置付けは、「地域的領主制を展開するような有力国衆でなく、その所領は本領を中心とする小規模なもの」という点から、「中小規模な国衆」と位置付けられ、有力大名の支配下において、その重臣の政治的・軍事的支配下に編成された後でも、この地域の重要性から「相対的な政治的独立性は比較的維持されえた」と解釈されている（黒田一九九七）。

　このことを示すように、戦国時代末期から近世初頭の歴史を見てみると、天正十二年（一五八四）、後北条氏の手により、大戸城攻めを目的とした軍事拠点をつくり（大戸之寄居）、同年三月、北条氏邦による大戸城攻略（大戸之地取立）があったとされる。天正十八年（一五九〇）、北条氏邦の重臣である斉藤摂津守定盛《さだもり》が大戸城に詰めていたが、豊臣秀吉の東国政策で行われた小田原北条氏攻めの過程で、廃城となった。

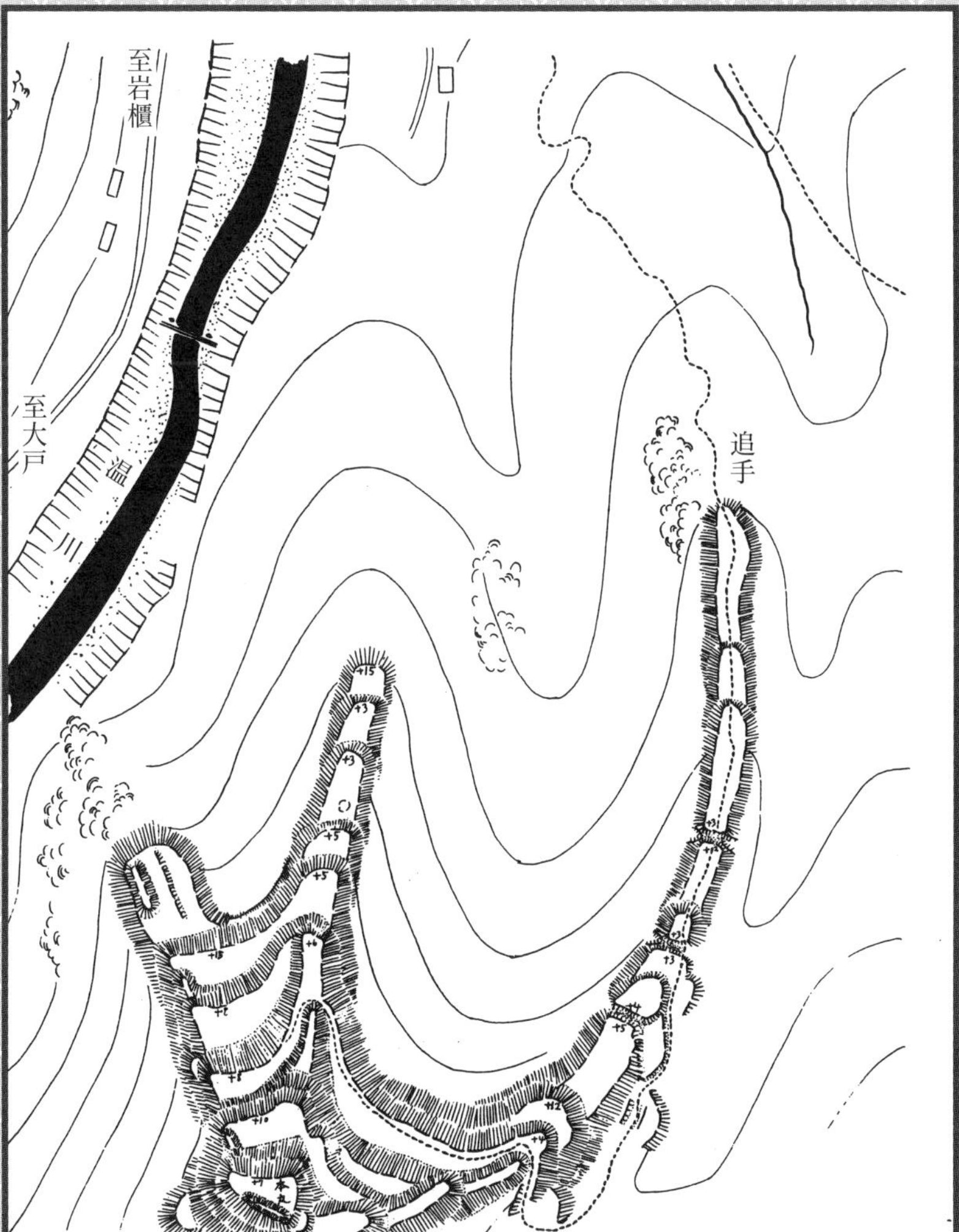

大戸城縄張図（1：5,000）

# 67　大戸城

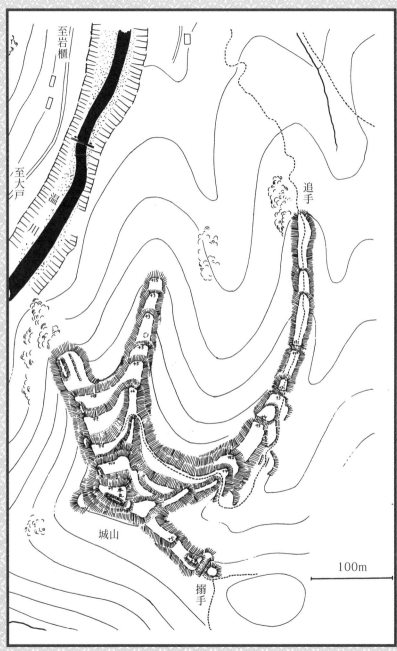

**大戸藩**　天正十八年（一五九〇）、徳川家康は関東入国に際し大戸藩を設置し、一万石で岡成之を封じた。また、街道に設けられた大戸関所は、寛永六年（一六二九）まで大戸村西にあたる本宿村関谷にあり、真田氏が中世末期に関所を設置したことを前身とする。このように、この場所が交通の要衝で、地域支配の戦略面からもいかに重要な場所であったことかが分かる。

**断崖の城**　見城川と温川の合流地点の東、手子丸山（城山）の頂（標高六四九メートル）を主郭とし、主に東側へ伸びる尾根上に施設を配置させる。城の南西面にあたる城見川側は、急峻な崖地形となる。その反面、北側へは傾斜が比較的緩やかな尾根がのびる。

本郭は東西にある山稜の西側に配し、その平面形は三角形を基本とする不定形となる。その規模は、東西約四十メートル、南北二十四メートルで、南面に高さの低い土塁が残る。この場所に立つと、北西や南西方向から街道筋の展望が利く位置にあることが分かる。稜線から北側の裾野へ延びる尾根は四本あり、それぞれ、階段状に平坦地をつくりだし、郭が配置されている。その中で、東から二本目にあたる尾根が、「大手筋」と推定される。その尾根筋から北面をみると、岩櫃城を望むことができる。

年次不詳（永禄七年（一五六四）か）の史料には、武田信玄が、山家薩摩守・城対馬守・浦野三河守に対し、三人で協議し昼夜を問わず普請するよう命じていることから、武田氏方による普請が行われていたことが判り、武田氏による西上野領国化を進める上で、この城の保持が必要であったことを物語る（『小幡文書』）。

また、後北条氏に従っていた齋藤定盛書状（年次不詳極月十四日）には、「大戸根古屋」と記され（『武州文書』）、北麓に関連施設があったことが分かる。

（清水 豊）

## 一緒にたずねよう●千人窟

大戸城跡の北側、大戸字鳴瀬の県道四〇六号線北側にある。丘陵南面に大きく開口した岩陰は、幅一四㍍、高さ八㍍、奥行二六㍍を測る。その内部には、江戸時代に製作された石造十八羅漢や聖観音像が安置される。山崎一さんは、北条氏が守る大戸城を攻め込むため真田氏が築いた「陣城」と想定し、「千人窟陣城」と名付けた。

〔所在地〕東吾妻町大字大戸字鳴瀬

## 関連する見学地

■羽田城跡（東吾妻町）／大戸関所跡（東吾妻町）

### ●参考文献


山崎　一　■一九七二「手子丸山城」『群馬県古城塁址の研究』群馬県文化事業振興会

渡辺昌樹　■一九九一「大戸城」『中世城郭研究』第五号中世城郭研究会

黒田基樹　■一九九七「大戸氏の研究」『戦国大名と外様国衆』文献出版

# 横尾八幡城《よこおはちまん》

■所在地／中之条町横尾字栃瀬　■文化財指定／中之条町指定史跡
■城主等／真田氏番衆　■分類／山城
■交通アクセス／たかやまバス「二日市」バス停下車徒歩二〇分・関越自動車道「渋川伊香保IC」から車で四〇分
駐車場なし

## 地衆の守る境目の城

**番衆の城**　中之条町横尾に字八幡という地名があり、隣接する栃瀬《とちせ》に横尾八幡城がある。名久田川の北岸断崖上に位置する。現在は川縁に街道が走るが、これは近代以降に開通したもので、それ以前は山側を通っていた。八幡の集落を通る経路である。八幡山というのは、集落側から読んだ名前であろう。

東吾妻地域に「八幡山番帳」という史料が伝えられている。原本は所在不明ながら、写しが数通残っている。写しにより人名が若干異なる。天正十六年（一五八八）四月に、真田氏から出された番衆への命令書である。宛先は富澤豊前守・狩野志摩《しま》守・狩野右馬之助・折田《おりた》軍兵衛の番頭四人である。番衆は一・二番のほぼ均等に分けられる。一番衆は総勢三十一人で、武装は鉄砲十四、弓二、鑓《やり》十五となっている。番頭二人も含まれる。二番衆は総勢三十二人で、鉄砲一五、鑓一七となっている。こちらには、番頭が含まれない。全体として、人数とあわせて武装もほぼ同数となっている。

のちの史料から、番頭である折田軍兵衛の知行は四十四貫文と判明する。また、一番衆のうち、田村雅楽尉《うたのじょう》の知行は同様に、五貫文程度とわかる。したがって、番頭にあげられた人物は、番衆十人分程度の軍役を受け持つ知行を受けていたこととなる。天正十年（一五八二）十月、

北方の山道から城を望む

折田軍兵衛は真田昌幸から横尾で一七貫文の領地を加増されている。番衆たちも周辺の地衆であり、領地を得ることで軍役を果たしていたのである。

**真田氏対後北条氏の戦争突入**　天正十年は、上野国にとって激動の年であった。三月には武田氏が滅び、ほぼ一国が織田領国となったのも束の間、六月には信長が倒れ、再び争乱の渦中となった。この争いは利根沼田・吾妻地域で、真田氏と後北条氏の争いとして展開した。

織田政権下で上野国を治めていた滝川一益が、同年六月神流川合戦で後北条氏に敗れると、当初真田昌幸は本領信濃の状況も踏まえ、後北条方となった。しかし、後北条氏が徳川家康との合戦（天正壬午の乱）に苦戦するなか、昌幸は九月半ばに徳川方となった。このため、上野国内では十月から真田氏と後北条方との争いが始まった。西吾妻では湯本氏が羽根尾《はねお》城（長野原町）在城を命ぜられ、上杉氏の侵攻に備えて地域支配の体制が整えられた。この頃、折田氏が横尾で所領を得たことも、横尾八幡城の守備と関わる可能性が高いだろう。

一方、後北条氏は白井城（渋川市）の長尾憲景の進言を取り入れ、同年末に中山（高山村）を攻略し、中山城を築いた。ここは真田方の拠

点とする沼田城（沼田市）と岩櫃城（東吾妻町）の中間にあたり、連絡路を分断する位置にあった。同じ頃尻高《しったか》氏の一族は後北条氏に本領を約束され、中山城へ詰めるよう命ぜられている。尻高氏の本拠とする尻高城（高山村）は横尾八幡城の北東約四キロメートルに位置し、中山城よりも近接していた。横尾周辺はまさに境目であった。

後北条氏は沼田城攻略を目標に、真田方と争っていた。天正十三年八月、後北条氏は利根川東岸の森下城（昭和村）を攻略して、沼田城を攻めたが攻略できなかった。以後、利根川東岸で大きな戦闘の記録はない。

一方、天正十六年頃から利根川西岸で後北条方の動きが活発化してくる。四月には真田方の名胡桃《なぐるみ》城（みなかみ町）を攻略するため、付城として権現山《ごんげんやま》城（高山村）が取り立てられる。これに対して、閏五月には沼田から真田方の攻撃も行われ、周辺が緊迫していた。また、七月には後北条氏が岩井堂（渋川市）を攻略して中

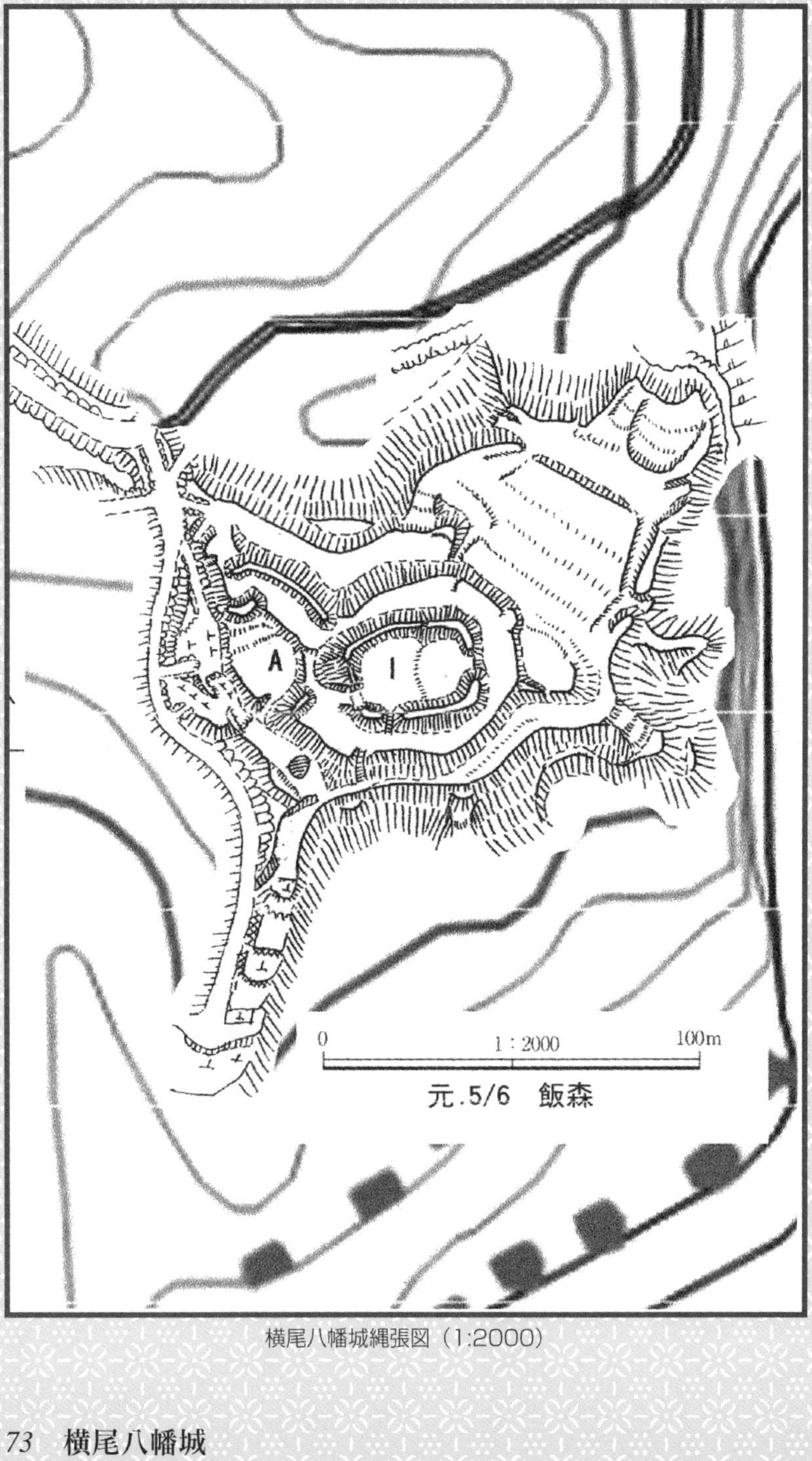

横尾八幡城縄張図（1:2000）

之条に迫っていた。「八幡山番帳」はこうした状況下の四月に発せられたのである。

**技巧的な小城郭**　横尾八幡城は名久田川の北岸にせり出した断崖の頂上に位置している。北方山麓から尾根が樹枝状に広がっており、北側は比較的緩やかな山地形である。街道は当時こちら側を通過していた。

　この城は中央部の主郭（縄張図I）を中心にして、回字状に腰郭が囲んでいる。主郭は歪な長方形で、長辺は約二〇メートルである。高さ一～二メートルの土塁が四面を囲んでいるのは、山城とはいえ北側からは平城に近いからである。出入り口は現在三カ所あるが、南西角の通路は後世に作られた破壊道である。南面西寄りの通路が本来の正面口で、南東角が裏手である。

　西側の腰郭は複雑に土塁が残り、この城の技巧的な面がうかがえる。西面の中央部は方形に大きく凹み、枡形遺構（縄張図A）となっている。

本郭

## 一緒にたずねよう●日向見薬師堂

国指定重要文化財。慶長三年（一五九八）に真田信幸の武運長久を願って建てられた。間口三間、奥行三間の寄棟造三間四面。室町時代の唐様和様の折衷による建築様式を残こす。堂内の厨子は天文六年（一五三七）に造られた。

〔所在地〕中之条町大字四万４３７１

その北側も土塁で囲まれ、くい違いの通路施設である。西面は通路施設が二重に重ねられている。枡形遺構の南西角に通路があり、南北に長い腰郭とつないでいる。腰郭は現在墓地となり、地形改変を受けている。上下二段に分かれ、南端は尾根を降る。北側上段の北端に開口部があるが、後世の改変を受けている。腰郭からさらに西下の腰郭へ進む通路も見られる。この城に見られる特徴は、吾妻地域に残る真田氏に関連する城を考える重要な手がかりになるだろう。

（飯森　康広）

### 関連する見学地

■嶽山城（中之条町）／中山城（高山村）

### ●参考文献


山崎　一　■一九七八「群馬県古城塁址の研究」―下巻
―群馬県文化事業振興会

# 中山城《なかやまじょう》

■所在地／高山村中山字城内　■文化財指定／高山村指定史跡
■城主／北条氏邦　■分類／平山城
■交通アクセス／JR吾妻線「中之条駅」下車、たかやまバス中山本宿行「五領口」下車徒歩一〇分・関越自動車道渋川ICから車約三〇分　駐車スペースあり

## 真田領を分断する城

**後北条氏の重要拠点**　山崎一氏によると天正十年（一五八二）に赤見山城守が築城し、北条氏直に属した城としている（山崎一九七九）。一方、齋藤慎一氏は『北条氏邦朱印状』などにより、天正十年に北条氏邦が築城したとしている（齋藤一九八七）。いずれにしても天正十年の後北条氏の築城技術がうかがえる城として、貴重な城である。

現在、高山村の指定史跡として極めて良好に保存されている。本丸（1）は約四〇メートル四方の方形で、東側を除き、土塁が巡っている。そして、その周りに城内で最大規模の堀が巡っている。平坦な台地上の立地であることも考慮する必要はあるが、吾妻郡内の城の中でも有数の規模の堀になるだろう。この堀の外には堀に区画された2・3・4などの曲輪が配置され、一部には角馬出状の盛り上がりが認められる。これらの曲輪の外には5・6・7などの広大な曲輪が配置されているのが、この城の特徴になっている。

中山城は現在国道一四五号線の脇にあるが、この国道を東に約三キロメートル向かうと権現峠に至り、さらにこの峠を下り切ると沼田に至る。また、中山城から西に進むと、真田氏側の要衝である尻高城や嵩山城、そして、岩櫃城へ至ることになる。天正十年頃は、真田氏が沼田城を押さえ、岩櫃城と沼田城が吾妻から沼田地域の支

東側からの遠景（主郭を囲む堀の凹みがわかる）

関連城郭と峠位置図（国土地理院発行５万分１地形図「四万」「榛名山」「前橋」「中之条」「追見」を使用）

配拠点となっていた。中山城はこうした東西の重要ルート上に位置している。

**城の役割**　齋藤氏は、このような沼田―岩櫃間の交通を遮断して真田領を二分すること、吾妻郡の幹線道路を自己の統制下に置くことが中山城の役割の一つであったとしている。齋藤氏はさらに旧子持村から中山峠を越えるルートも合わせて、沼田・吾妻・旧子持村の三地域の接点であるとともに三者間の分岐点とも指摘している。この中山峠のルートは現在中山城の東側を通り、さらに北に通じており、近世の三国街道になっている。三国街道は金比羅峠を越えてみなかみ町に至り、さらに三国峠越えで越後に至るが、金比羅峠そばの赤根峠を越えるルートでも、みなかみ町に至る。そして、この赤根峠を下りきったところに真田氏の重要拠点であった名胡桃城があった。

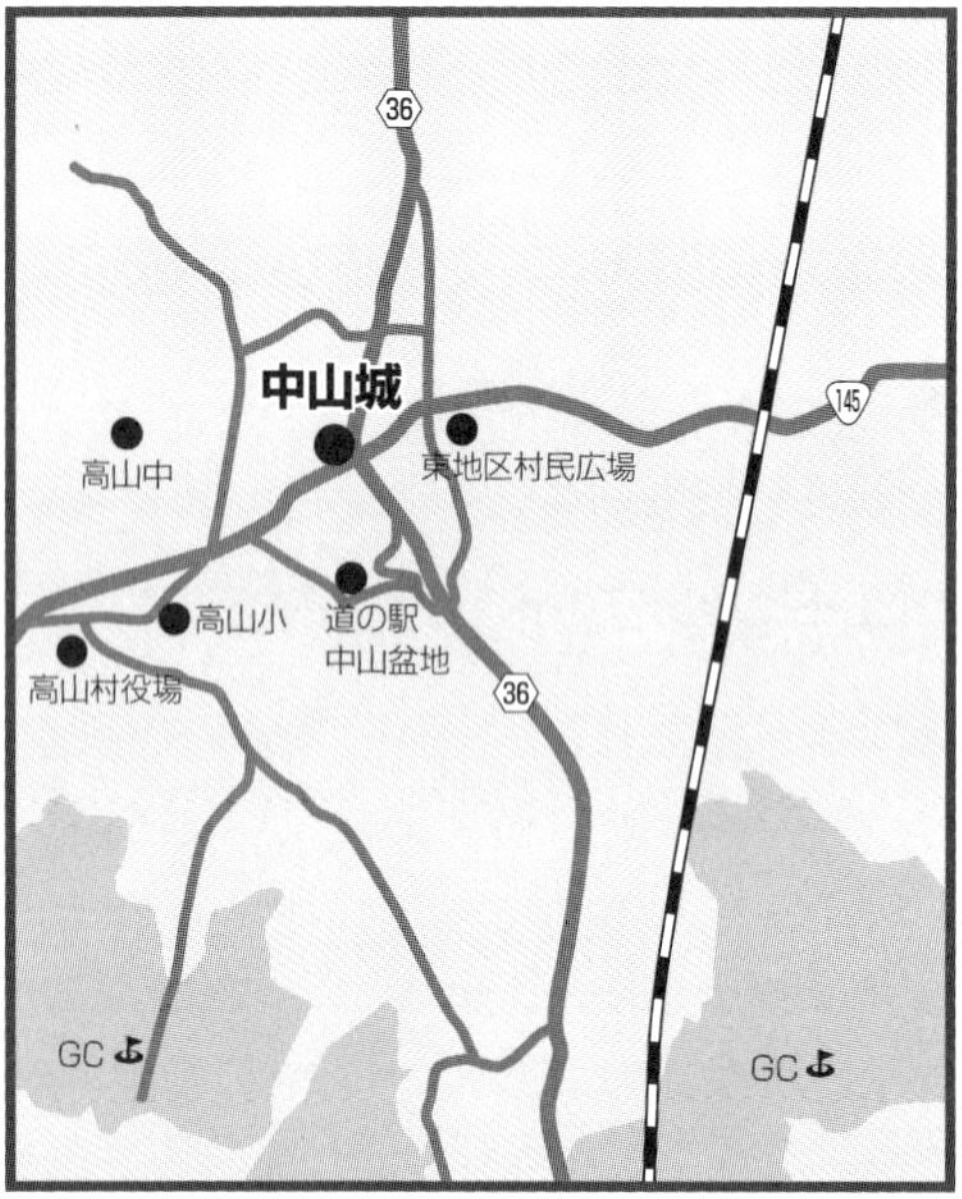


　こうしたことをふまえると、齋藤氏の指摘する三地域にこの北へのルートも加えて考えると、中山城の重要性がさらに増し

本丸周囲の堀跡

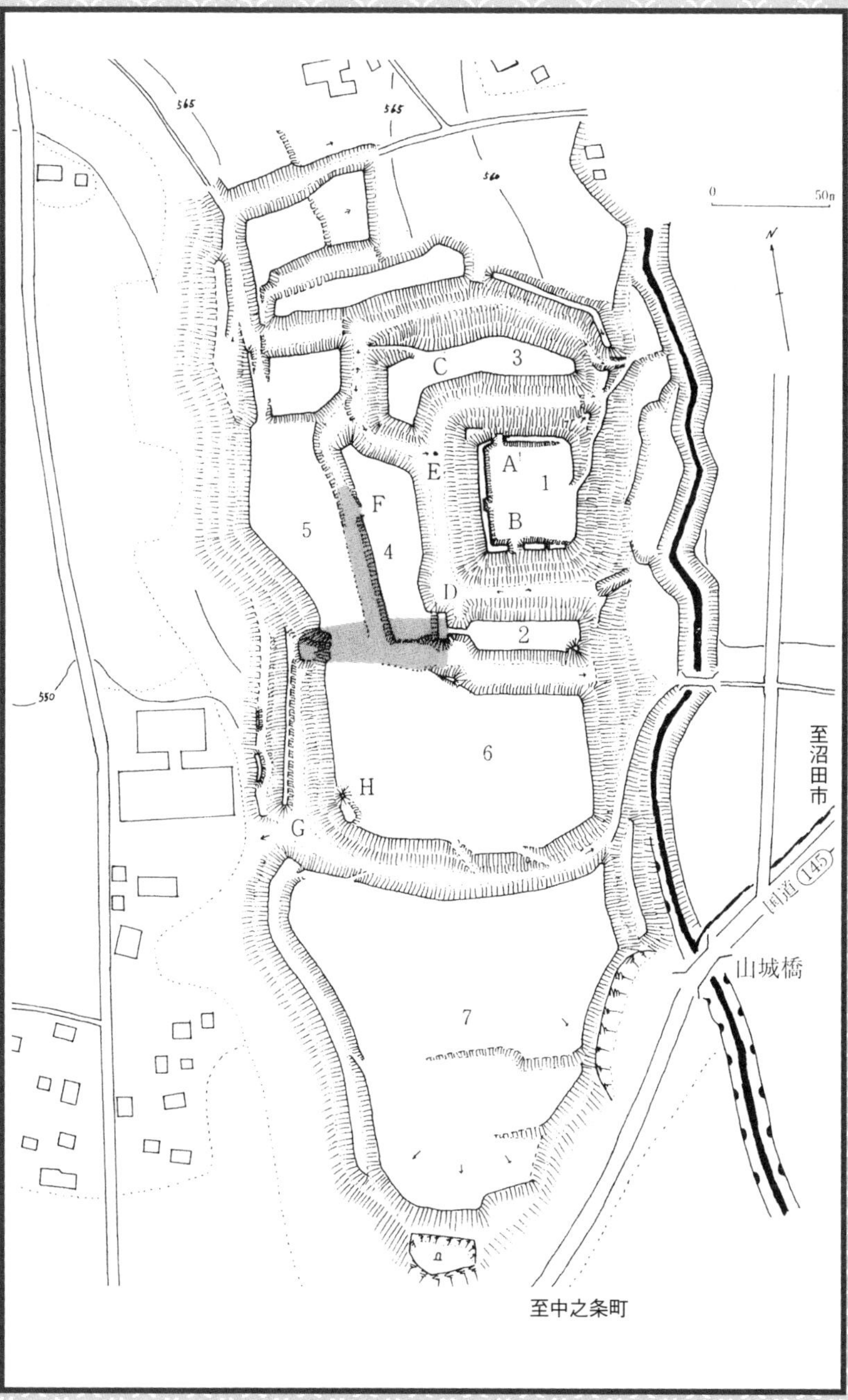


中山城縄張図（齋藤 1987 に加筆）

広大な4～6郭

てくるであろう。真田氏にとっては、沼田と岩櫃の連絡のためには必ず押さえる必要のあった地域になるが、一方の後北条氏にとっても、沼田攻略のためには死守する必要があった城であった。

**特殊な縄張**　齋藤氏は中山城の縄張が、通常、舌状台地先端に主郭を配するのに対し、6・7という広大な曲輪が台地先端にあり、それらを守るように主郭が配置されている点で特殊な縄張と指摘している。そして、こうした広大な曲輪が配された要因として、この城に与えられた領国境界維持という役割に関連させ、動員された軍勢の安全な駐屯地が必要であったことをあげている。

後北条氏は天正十一年には在地領主の尻高《しったか》氏に対して、中山城で働くように指示をし、さらに赤見山城守に、利根川西岸の地衆を含み、中山地衆を主とした五七人を預け、地侍衆を組織した。この地衆の筆頭の赤見山城守は沼田一族

## 一緒にたずねよう●平形家住宅門屋

江戸時代の三国街道は中山道の高崎駅から中山峠を越えて、中山宿を通り越後に至る街道である。中山宿は本宿《ほんしゅく》と新田《しんでん》宿に分かれているが、平形家住宅門屋は新田宿本陣の長屋門として、江戸時代末期に建てられ明治六年以後に郵便局として使われた。

平成十年に国登録有形文化財に指定されている。中山城からは東に約六〇〇メートルと近く、中山城自体がこうした街道を抑えるための城郭であったことが実感できる文化財となっている。

〔所在地〕吾妻郡高山村中山103ー1

という側面があり、北条氏はこれを足掛かりに地域の取りまとめを図ったと飯森氏は指摘している（飯森二〇一一）。その後、後北条氏の沼田城攻めは白井城から利根川東岸を使って攻めるルートに変わったこともあり、中山城は沼田城攻めの前線から一時期後退していったとされる。

（秋本 太郎）

### 関連する見学地

■尻高城（高山村）

### ●参考文献


飯森康広 ■二〇一一「中山城」『関東の名城を歩く 北関東編』吉川弘文館

齋藤慎一 ■一九八七「上野国中山城の一考察—中世城郭研究への一提言」（同二〇〇二『中世東国の領域と城館』吉川弘文館に再録）

山崎 一 ■一九七九「中山城」『群馬県古城塁址の研究補遺編 下巻』群馬県文化事業振興会

# 羽《は》根《ね》尾《お》城《じょう》

■所在地／長野原町羽根尾　■文化財指定／長野原町指定史跡
■城主／羽尾氏・湯本氏　■分類／山城
■交通アクセス／JR吾妻線「羽根尾駅」下車徒歩二〇分・関越自動車道「渋川伊香保IC」から一時間三〇分

## 上信地域をつなぐ城

**紛争と武田氏の進出**　羽尾氏が居住する西吾妻地域は、群馬県北西部に位置するため、天文年間（一五三二～一五五五）に起こった後北条氏の上野国進出をめぐる争いとの関係は薄かった。したがって、この時期に羽尾氏の動向を示す史料も見られない。永禄三年（一五六〇）、長尾景虎（のち上杉謙信）が上野国に侵攻すると、吾妻地域でも戦乱が活発化する。景虎は沼田城を落とすと、東吾妻地域に侵攻し、斎藤氏が拠る岩下（東吾妻町）や飽間氏が拠る川戸（同町）を攻略した。斎藤氏はこれにより、上杉方に与した。

翌年三月、景虎は上野国の武士を従えて、小田原城を攻めた。この際、斎藤氏は岩下衆として付近の家臣とともに参陣した。一方、羽尾氏は遠く長野氏を筆頭とする箕輪衆に属して、斎藤氏とは距離を置く存在であった。また、羽尾氏と比肩する勢力であった鎌原氏は上杉氏に与せず、武田方であったと見られる。

同年十一月、上野国へ侵攻した武田勢は、兵を分けて鎌原氏の援兵として、西吾妻へ侵攻した。鎌原氏と羽尾氏の間で領地をめぐる紛争があり、これに武田勢が加勢したと考えられる。古森（長野原町）の富士浅間神社近くに「城平」という地名があり、神社境内が城域と見られる。この紛争に関連した城であろうか。

本郭

武田勢の羽尾領侵攻に、斎藤氏も関与した。永禄五年初め、武田信玄は検使を派遣して、斎藤氏と鎌原氏の領土分割を行った。こうした経過から考えて、この戦乱で羽尾幸全は羽根尾を追われたのだろう。鎌原氏には、赤川と吾妻川が合流する地点から、吾妻川が下流で熊川と合流する地点までの吾妻川南岸地域が与えられた。現在の古森・与喜屋(長野原町)周辺である。しかし、斎藤氏はそれを手放さなかったため、鎌原氏との間に新たな紛争が起こった。鎌原氏は在所を追われるほどの脅威を感じていた。しかも、斎藤氏は再び上杉方へ帰属し、武田氏と対立することとなった。

翌六年末、斎藤氏は岩下城を武田氏に落とされ、一族弥三郎が人質を出して来属した。鎌原氏は岩下城攻略に功績があり、在番として戦後処理に当たった。

ところで、斎藤氏の滅亡により、羽尾領が武田氏に没収されたが、本領である草津に加えて、羽尾領立石・長野原（長野原町）を与えられたのは、湯本善太夫であった。湯本氏は斎藤氏の羽尾領侵攻に同調したのだろうが、斎藤氏が上杉方へ帰参した際、武田方に残ったのだろう。

以後、湯本氏は羽尾領に多くの領地を与えられ、鎌原氏に比肩する地元勢力として活躍するようになった。また、羽尾幸全の弟である海野兄弟は、真田氏配下として岩櫃城代となり、のち沼田城代にもなったという。羽尾氏出身とはいえ、別家を継いだため、羽尾氏を再興することは叶わなかったのだろう。

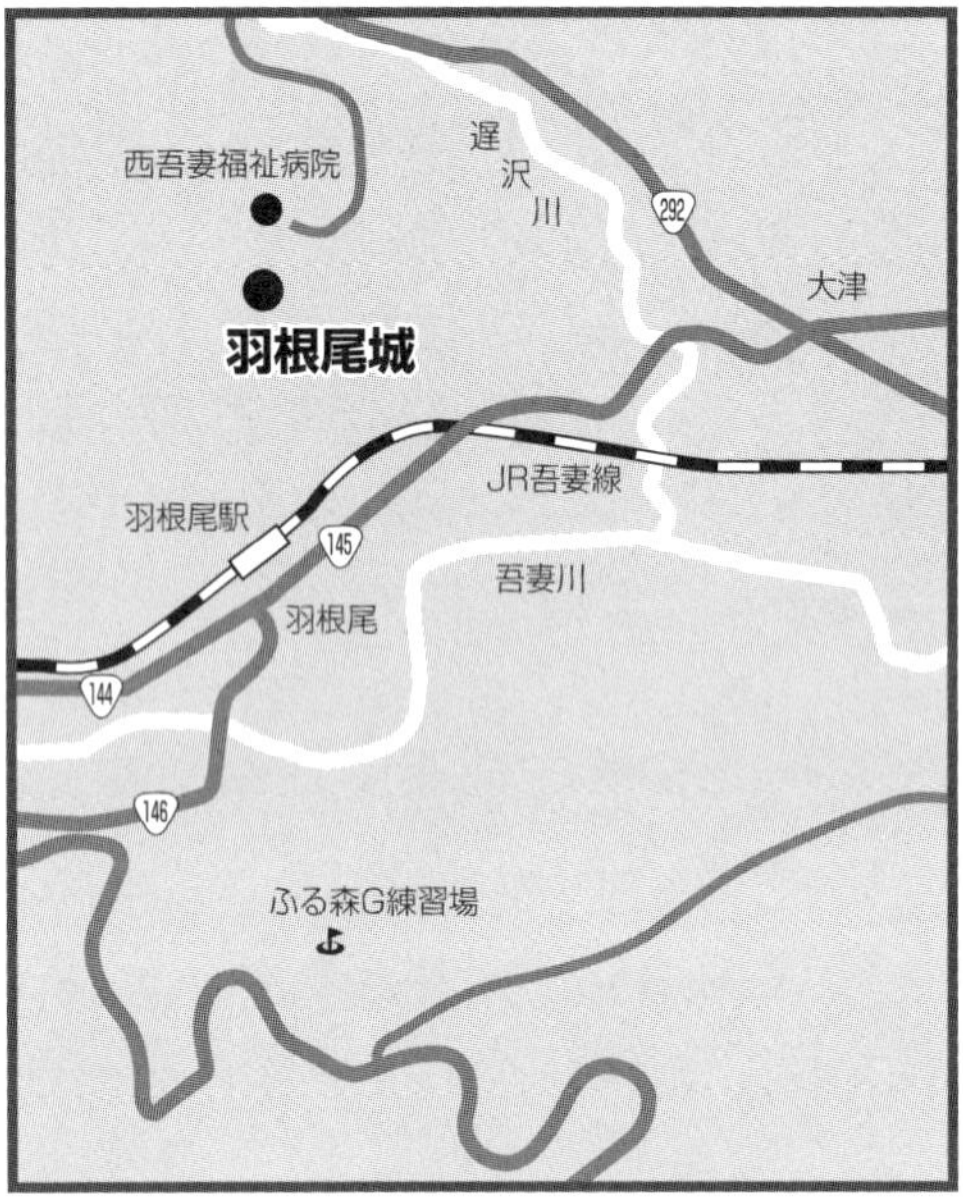


**湯本氏の羽根尾城普請**　天正十年（一五八二）三月、武田氏が滅亡し、六月には信長が本能寺で討たれた。上野国へ攻め込んだ後北条軍のうち、一部の兵は北上し、白井・祖母島・川島（渋川市）へ進んだ。これに対して、真田昌幸は湯本氏に吾妻城（岩櫃城）在城を命じた。
真田氏はこの一連の争いで、徐々に戦国大名化を果たしていった。吾妻での領国を守ったのは、湯本氏の功績が大きかったに違いない。同年十月、湯本氏は羽根尾城在城を命ぜられ、追って城普請を許される状況となった。併せて、鎌原氏を初めとする西吾妻周辺の地衆十三人を配下に置き、知行分配の権限まで与えられた。天正十二年には、上杉景勝を後ろ盾に羽尾源六

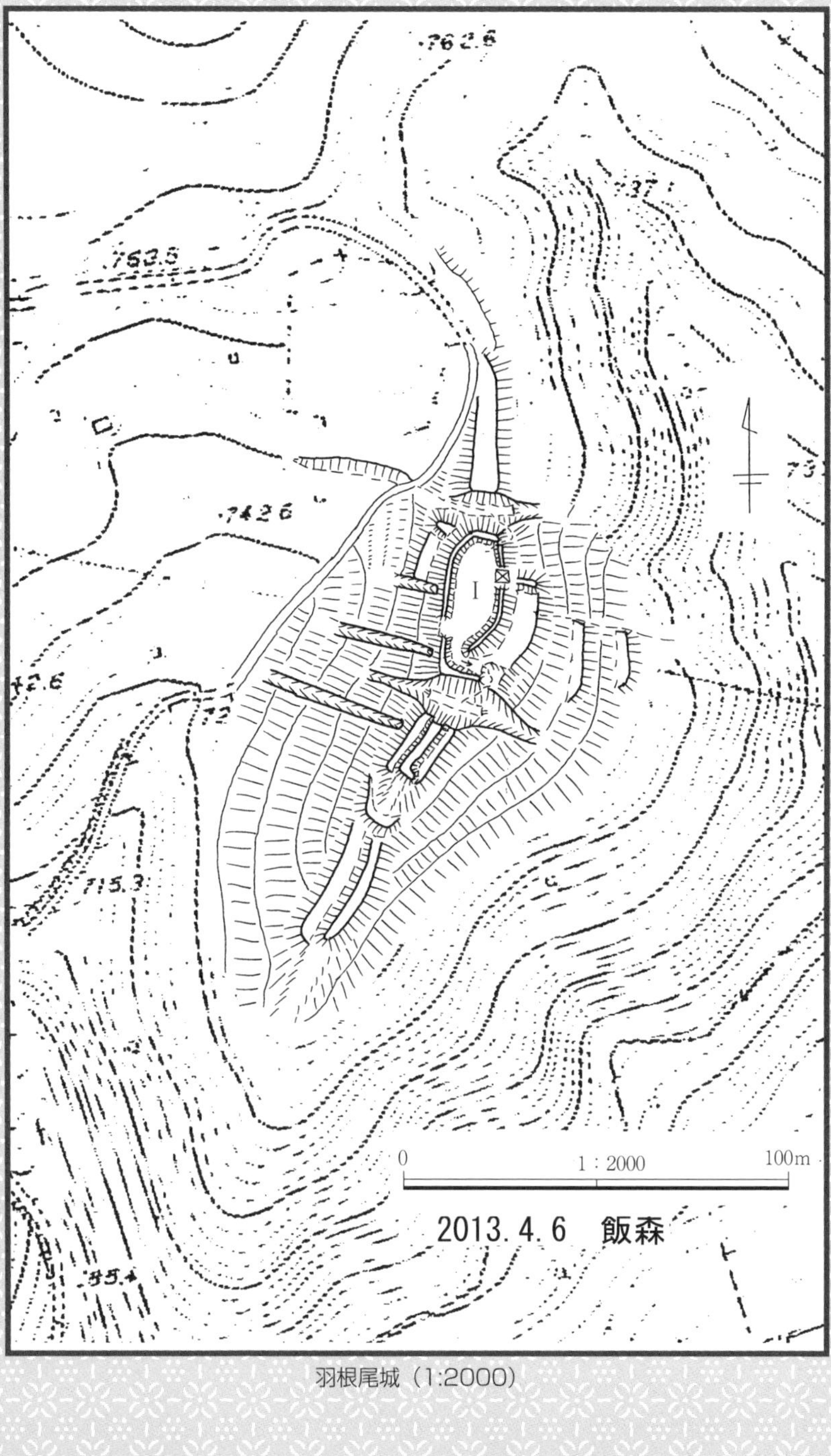


羽根尾城（1:2000）

郎が旧領復活を目指して、丸岩城（長野原町）を攻略した。しかし、こうした動きも一時的なもので、以後も湯本氏は戦に応じて、吾妻城へ移りながら、後北条方との戦闘に当たった。天正十八年には、沼田城主真田信幸の配下にあって、同心三一人を従える勢力として近世化を迎えた。羽根尾城の廃城時期は不明だが、岩櫃城の廃城が慶長十九年（一六一四）に大阪の陣を意識したためというので、おそらく同じ頃であろう。

**竪堀を取り入れた城**　羽根尾は交通の要衝であり、西方は真田氏の本拠へ向かう鳥居峠方面の街道と、吾妻川を渡り南方は浅間山の東麓を東信地域（現在の軽井沢方面）へと向かう街道が合流していた。

羽根尾集落の北側背後に山岳部が迫り、南方へ突き出したヤセ尾根の突端に羽根尾城が築かれている。本郭（縄張図Ⅰ）の位置する頂部の標高は七五六メートルで、麓との比高差は約八〇メートルに及ぶ。本郭は南北に長く、全体を土塁がめぐる。南端に出入り口が開いていて、土塁を堀切に沿って東へ延ばすことでL字形となる。南北の堀切は深く、竪堀となっている。西側斜面には堀

羽根尾城本郭

## 一緒にたずねよう●赤岩集落

重要伝統的建造物群保存地区。養蚕に適した出梁り造りが特徴。なかでも湯本家は文化三年（一八〇六）頃の建築で、三階は養蚕の拡大のため、明治三十年（一八九七）に増築。蘭学者・高野長英をかくまったと言い、二階の部屋は「長英の間」と呼ばれている。戦国時代に活躍した湯本善太夫家でもある。

〔所在地〕吾妻郡中之条町大字赤岩225

切の北側に二条、南側に一条の竪堀が設けられ、この城の特徴となっている。本郭の南側には、削平地が三段ほど設けられる。土塁や堀切はなく、本郭に比べると概して単純である。

史料的には湯本氏によって普請が加えられた可能性があるが、拠点的な城として整備されたとは考えにくい。南麓には「おやしき」という地名もあり、併せて城下も整備されたのであろう。羽根尾城は境目というより、むしろ西吾妻の中核的な位置にある。街道の要所でもあるため、政治的な役割の強い城であったのだろう。

（飯森　康広）

### 関連する見学地

■海野長門守の墓（長野原町羽根尾）

### ●参考文献

山崎　一　■一九七八『群馬県古城塁址の研究』下巻　群馬県文化事業振興会

# 箕輪城《みのわじょう》

■所在地／高崎市箕郷町西明屋・東明屋
■文化財指定／国指定史跡
■城主／長野氏・武田氏・織田氏・後北条氏・徳川氏　■分類／平山城
■交通アクセス／高崎駅から群馬バス「箕郷行き」で約三〇分「箕郷本町」下車、徒歩約二〇分。高崎駅から群馬バス「伊香保温泉行き」で約三〇分「城山入口」下車、徒歩約一〇分　■駐車場あり

## 各戦国大名の重臣が配置された要衝

**北関東要の城**　戦国時代の西上野を代表する拠点城郭で、関東管領山内上杉氏側で活躍した上州一揆を代表する長野氏の本拠であった。築城年は明確ではないが、大永四年（一五二四）、もしくは大永七年に長野方業《まさなり》が居城していたことが知られている。この方業は今まで方斎とされていたが、山田邦明氏によって方業と読むことが明らかにされた（山田二〇〇二）。従来、諸系図類によって、長野業尚《なりひさ》が築城し、憲《のり》業《なり》、業政《なりまさ》、業盛《なりもり》と長野氏が四代にわたって箕輪城を本拠にしていたとされていたが、近年、方業が注目されるようになった結果、方業＝業政説（飯森二〇一一）や方業が厩橋長野氏から養子で箕輪長野氏に養子に入ったという説（黒田二〇一一）などが出されるようになり、その研究が活発化している。いずれにしても文献史学の成果では、長野氏が少なくとも十六世紀前半には居城し、その後の永禄九年（一五六六）の武田信玄によって落とされるまでの間、この城を拠点に活躍したことが明らかになっている。

天文二十一年（一五五二）、北条氏康が山内上杉氏を平井城（藤岡市）から追い出すと上野は後北条氏領国になったが、永禄三年（一五六〇）、長尾景虎が関東に越山することになった。この時に景虎の元に集結した軍勢を記帳した「関東幕注文」には長野氏の箕輪衆は、

本丸南堀

利根川西岸を中心に一九人の武将が記され、その勢力範囲がうかがえる史料となっている。
　この後、上野は武田・後北条・上杉の三つ巴の争いの渦中へと入り、特に西上野では、武田氏が毎年のように侵攻することとなった。長野氏はこの戦いの中で、永禄九年まで箕輪城を拠点にして最後まで守り通したことで名高い。なお、武田氏との具体的な武将同士の戦いは後の時代に記された『箕輪軍記』などの軍記物に詳しいが、同時代史料には、むしろ武田勢が箕輪の村に放火や刈田をしたという記述が目立ち、城以外での部分での被害も相当なものであったと推測される。そして、最終的に箕輪城は落城し、武田信玄の城となる。
　信玄はまず、真田幸綱・信綱に箕輪城の普請（改修）と知行割を命じて整備を行った。その後、浅利信種や内藤昌秀などの重臣級を配置し続け、武田氏の西上野支配の拠点城郭としての役割を担うこととなった。

武田氏が天正十年（一五八二）に織田信長に滅ぼされると、上野には信長重臣の滝川一益が入り、一益はまず箕輪城に入城した。これにより、永禄九年以来一六年ぶりに城主が変わることになったが、一益は一カ月にも満たず、すぐに厩橋城へ移る。そして、同年六月二日、本能寺の変で織田信長が明智光秀によって殺害されると、その余波は関東にも及び、後北条氏と滝川氏で神流川の戦いとなった。この戦いで滝川氏は敗れ、上野の大部分は後北条氏の領国となり、箕輪城には北条氏邦が鉢形城の城主を兼任する形で配置された。

北条氏邦は、榛名神社に箕輪城の安泰を祈念したり、箕輪在城中に病気になり医師に処方された薬によって全快するなど、箕輪から書状を出したことがわかる史料などもあり、箕輪城において上野の領国支配を進めていたことがうかがえる。そして、天正十五年（一五八七）には、後北条領国全域にわたる対豊臣戦に備えた各地の城郭の改修・整備の一環で、箕輪城でもそうした普請が行われている。

天正十八年、豊臣秀吉は、後北条氏討伐を決意し、上野方面には前田利家・上杉景勝・真田昌幸の連合軍がまず松井田城を攻め降伏させた。この結果を受け、上野の各城郭は相次いで開城することとなるが、箕輪城も同様で、在城

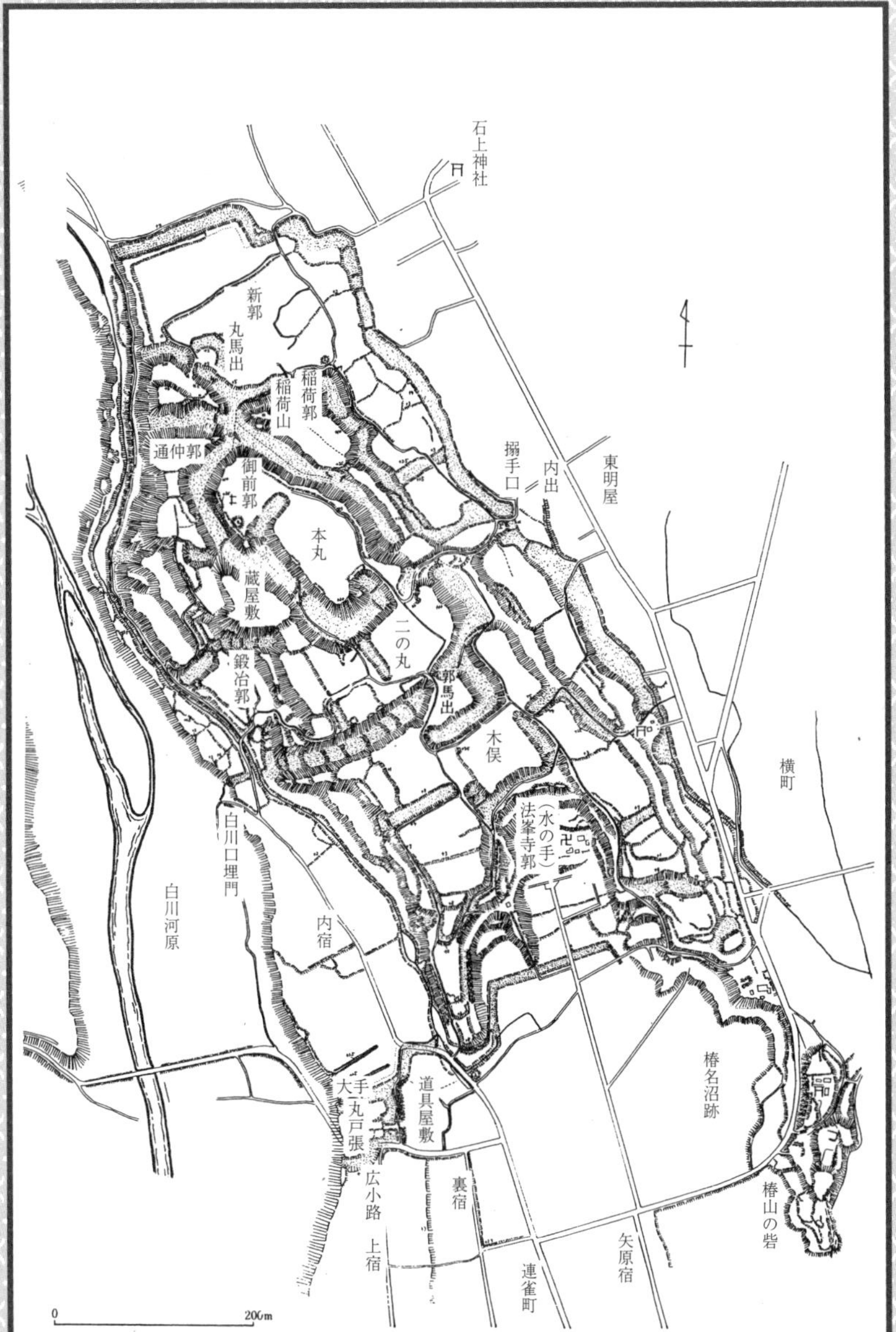


箕輪城縄張図（山崎一 1979「日本城郭大系」第４巻　新人物往来社に加筆）

していた埣和信濃守は豊臣方に通じた保科正直に追い出され、前田利勝が城を請け取っている。小田原城が七月六日に開城し、後北条氏が滅亡すると、関東には徳川家康が配置され、箕輪城には家康家臣の中で最大石高になる一二万石で井伊直政が封じられた。

この時点で、関東地方では家康の江戸城に次ぐ石高であり、北関東最大の要の城と位置付けられたのである。なお、直政の箕輪配置にあたっては、豊臣秀吉が城の改修と知行改めも併せて直接命じており、直政と秀吉の関係性がうかがえる。直政は家康重臣として、天正十九年の陸奥国九戸一揆征討や翌年の江戸城普請などにはじまり、全国各地で活躍したが、文禄五年(一五九六)に検地の定書を発令するなど、領内の統治を着実に進めていたのであろう。しかしながら、慶長三年(一五九八)に箕輪配置を命じた秀吉が死去したこともあってか、その年に城を和田(高崎)の地に移し、箕輪城を廃城とした。戦国時代、幾多の攻防が繰り返され、さらに各戦国大名の重臣級が配置され続けた北関東の要衝の城としての役割は閉じたのである。

**明らかになった箕輪城**　箕輪城跡では平成十年度から史跡整備に向けた発掘調査が開始され、本丸・二の丸・三の丸・郭馬出・御前曲輪などの城主要部を中心に行われ、多くの成果が得られている。出土した遺物は、十五世紀後半、もしくは末からまとまり始め、築城はこの時期になる可能性が高い。特に、箕輪城付近に陣が置かれた文明九年(一四七七)における古河公方と上杉氏との戦いである広馬場の陣は築城の契機になったのではないかと指摘したことがある(秋本二〇〇八)。

その他、出土遺物で特筆できるのは、中国製などの貿易陶磁が二一七点を超え、県内の城館跡では群を抜く出土量である。さらに、後北条氏の拠点城郭でしか出土していない手づくねかわらけが出土し、北条氏邦との関係性がうかがえ、井伊直政との関連が考えられる十六世紀末の楽茶碗の出土など、各城主との結びつきが考えられるような遺物も出土している。

発掘調査により、城の縄張の変遷が明らかになり、虎口や堀の規模が明確になったのが、主な成果になっている。

本丸を中心に堀の前後関係が確認され、一期（長野氏から武田氏時代頃）で現在の本丸南側と北側に堀が掘られ、二期（後北条氏時代頃）で一期の特に南側の堀を埋め、さらに現在残る巨大な本丸堀を掘削した。三期（井伊直政時代頃）で本丸北側にあった堀を埋め、さらに本丸と御前曲輪間の堀を掘るという大きな縄張の変遷が確認された。この結果、今見える縄張が最終時期の縄張に最も近いことが明らかになった。長野氏の居城として難攻不落であったと名高いが、その時期の縄張は現在の縄張とは異なっているのである。

箕輪城跡では高さ四・一メートルの三の丸の石垣をはじめ、虎韜《ことう》門から三の丸へ至る大手筋に石垣が集中しているが、これらの石垣に加えて、さらに城を特徴づける遺構は本丸周囲をめぐる堀に代表される巨大な堀である。こうした堀が城中心部に各曲輪を区画しながら配置されている。特に城を南北に分断する大堀切は現状で幅二〇メートル、深さ七・五メートルの規模であるが、発掘調査によって、七・五メートル以上埋まっていることが明らかになり、当時の深さは一五メートルを超

三の丸の石垣

えるような巨大な堀であることが明らかになっている。本丸・御前曲輪間の堀も現状の二倍程度が当時の堀の深さであることが発掘調査で確認され、こうした成果などを元にすると現在幅四〇メートル、深さ一〇メートルの本丸南側の堀の深さは当時二〇メートル程度と推測され、戦国時代の城郭としては全国的にも屈指の規模を誇る堀が掘られていることが明らかになっている。城跡の基盤層は榛名山の約四万年前の火砕流の土であり、この土は全般的に軟質であることや、御前曲輪の深さ二〇メートルの井戸の深さからうかがえる地下水の湧水点が深いことなどが、こうした巨大な堀が掘られる前提条件としてあるが、それとともに各戦国大名を代表する重臣が配置される城に見合う形に城が普請された結果といえるだろう。

　発掘調査ではこうした石垣や堀の調査が行われてきたが、最も多く調査されたのは平坦な曲輪部分である。しかしながら、この曲輪部分については、基本的に、廃城後に行われた耕作によって、礎石が抜き取られるなど残りが悪く、建物の配置が明確にならなかった箇所が多い。一方で、礎石回りは石垣で固められ、廃城後にその石垣が虎口に崩されパックされることになったため、虎口の残りが極めて良かった。特に、郭馬出西虎口や本丸西虎口、御前曲輪西虎口では礎石が全て残っており、その配置から規模や上部構造までが明らかにすることができた。こうした堀の規模と虎口の残りの良さが箕輪城の特徴として位置付けられ、これらを生かしていく方向で整備事業が開始されている。

　平成二十五年度には搦手口付近に大型バス等も駐車可能で水洗トイレ等も完備した駐車場が整備されたが、ここに駐車し、搦手口から郭馬出・二の丸などの城中枢部には徒歩で三〜十分程度でアプローチが可能である。本丸・御前曲輪に向かい、その周囲を巡る堀にも下りその中を歩くだけで、この城の巨大さが体感できるで

## 一緒にたずねよう●白岩長谷寺

鎌倉幕府が関与して成立したといわれる坂東三十三所の第十五番にあたる。上野ではこの白岩長谷寺と水澤寺のみが選定されている。この二寺を結ぶルートは広馬場の陣において、山内上杉氏軍が白井→水澤→白岩→広馬場と進軍したように戦国期には信仰の道とともに軍事的にも重要な道になっている。箕輪城はこのルート上に築城されているように、白岩長谷寺とも関連が深い。武田信玄の箕輪城攻めで寺は炎上し、天正八年（一五八〇）に箕輪城主の内藤昌月などが再建した。県指定重要文化財の十一面観音立像のほか南北朝から天正十年銘の宝塔が三基残っている。

〔所在地〕高崎市白岩町４４８

あろう。また、大手筋の石垣やそれとは逆に土づくりになっている城の南部にまで足を伸ばせば、この城のもつ様々な特徴がみえてくるであろう。平山城に分類される城で、山城探訪で味わうことになる急坂を登るようなところは虎韜門方面から登るルートを除くと少なく、そうした城に慣れていない方にもおすすめの城である。

（秋本　太郎）

### ●参考文献


秋本太郎他■二〇〇八『史跡箕輪城跡Ⅷ』高崎市教育委員会
飯森康広■二〇一一「長野方業は業政か？」『群馬歴史散歩』第二一九号群馬歴史散歩の会
黒田基樹■二〇一一「戦国期上野長野氏の動向」（同二〇一三『戦国期山内上杉氏の研究』岩田書院に再録）
山田邦明■二〇〇二『戦国のコミュニケーション』吉川弘文館

# 鷹留城《たかとめじょう》

■所在地／高崎市下室田町字城山　■文化財指定／高崎市指定史跡　■分類／山城
■城主／長野尚業、憲業、業氏、業通、業固
■交通アクセス／高崎駅から群馬バス「本郷経由室田行き」で約三〇分、「下室田小学校前」下車、徒歩約二〇分　駐車場なし

## 長野氏の城造りが最もわかる城

**長野氏の城郭**　長野業尚が鷹留城の麓の長年寺を開いたのが明応元年（一四九二）、または文亀元年（一五〇一）で、この前後に鷹留城は築城されたと考えられている。近年になり、鷹留城の南六〇〇メートルの松山城について、その南山麓に接して方一〇〇メートルほどの堀之内と呼ばれる方形居館跡とセットで、鷹留城以前に長野氏の拠点として築かれたことが指摘されている（久保田二〇一一）。松山城は従来、後北条氏の城郭として知られていた（山崎一九七八）が、この松山城に比較して堀の規模や城域等も鷹留城がはるかにしのぎ、こうした考えもうなずけよう。

業尚の築城後、憲業、業氏、さらに業氏には業通・業固らの子が系図等で確認される。箕輪長野氏、厩橋長野氏らと共にこの室田長野氏は鷹留城を拠点に活躍した。箕輪城落城後は鷹留城の史料は確認されず、廃城になったと考えられる。

**城の存続時期**　平成十一年に鷹留城北側の腰曲輪部分を中心に広域農道の建設が計画され、その事前の発掘調査が実施された（榛名町誌刊行委員会二〇一〇）。調査の結果、堀が三条や建物跡とされる遺構が検出されている。出土した遺物はかわらけや内耳土器などが少量出土したが、これらの遺物は、十五世紀後半から十六世紀中葉に位置付けられ、城の存続時期が考古学

本丸

的にもつかめてきている。

　鷹留城と並んで、長野氏の拠点になったのは、箕輪城、厩橋城であるが、箕輪城では永禄九年（一五六六）の落城後、武田・織田・後北条・徳川氏の城として使われ、現在の縄張は最後の徳川氏の時期のものであることが発掘調査で明らかになっている。また、厩橋城も長野氏の後に上杉氏が入城し、天正十八年（一五九〇）には、家康家臣の平岩親吉が城主となり、さらに前橋城と名をかえ幕末まで存続している。このように両城ともに、様々な大名が城主になり、その度に改修がなされて、いまの縄張になっている。一方、この鷹留城は長野氏滅亡後廃城となった可能性が高く、長野氏の城造りが非常によくわかる貴重な城跡である。

**大型の堀が随所に残る**　全体的に、非常に残りが良い城である。箕輪城の堀の規模には及ばないものの、本丸周囲の堀をはじめとして、県内の城郭の中では大型になる堀が随所に残っている。大手は、本丸・二郭などがのる尾根から西へ伸びる尾根の付け根付近といわれる。この部分では、竪堀が尾根から二重におりてきて、厳重なつくりとなっている。ここからさらに西側にのびる尾根上にも平坦な曲輪や堀切が一部で残っており、城域として使われていたのだろう。大手付近から東側の尾根上に上ると比較的広い

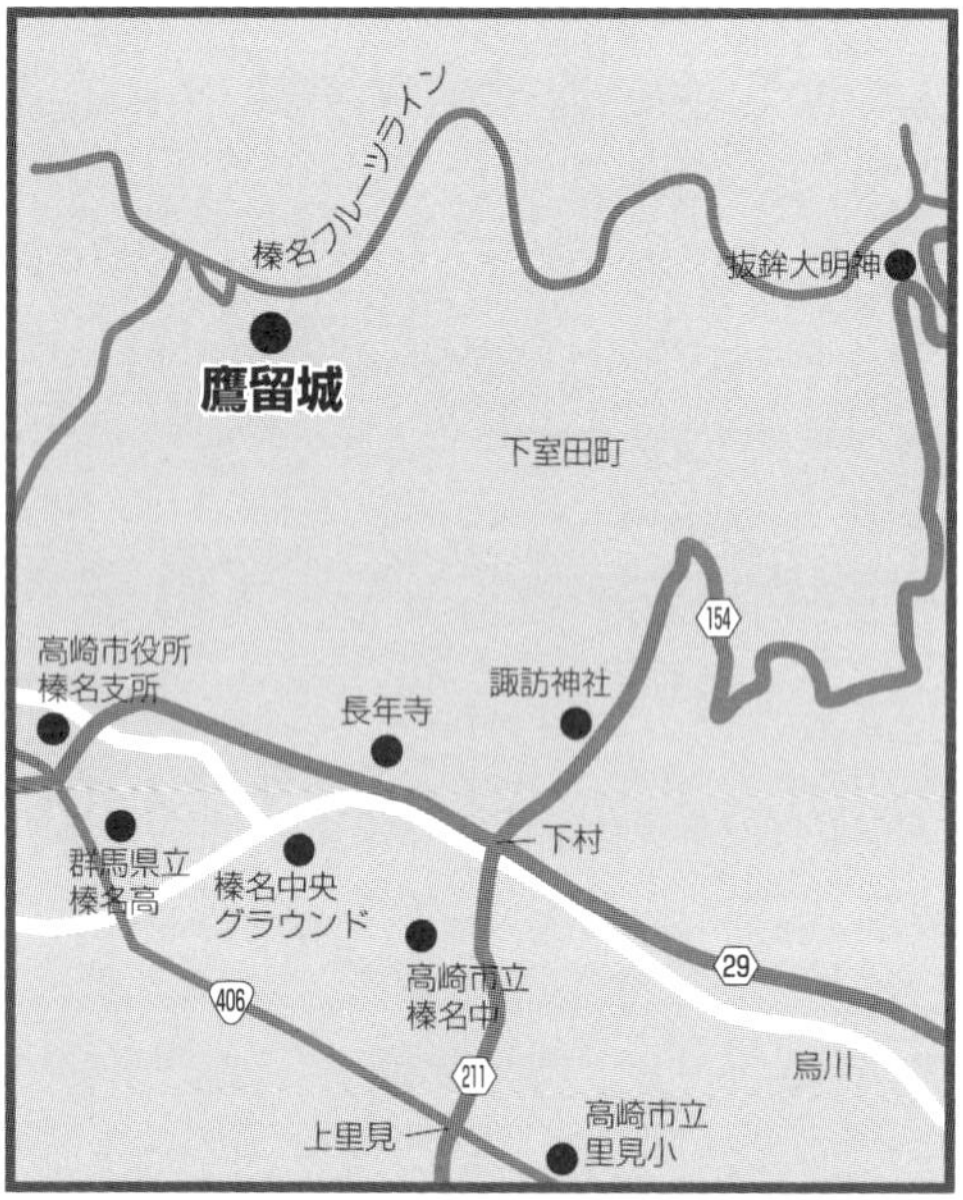

本丸・二郭間の堀

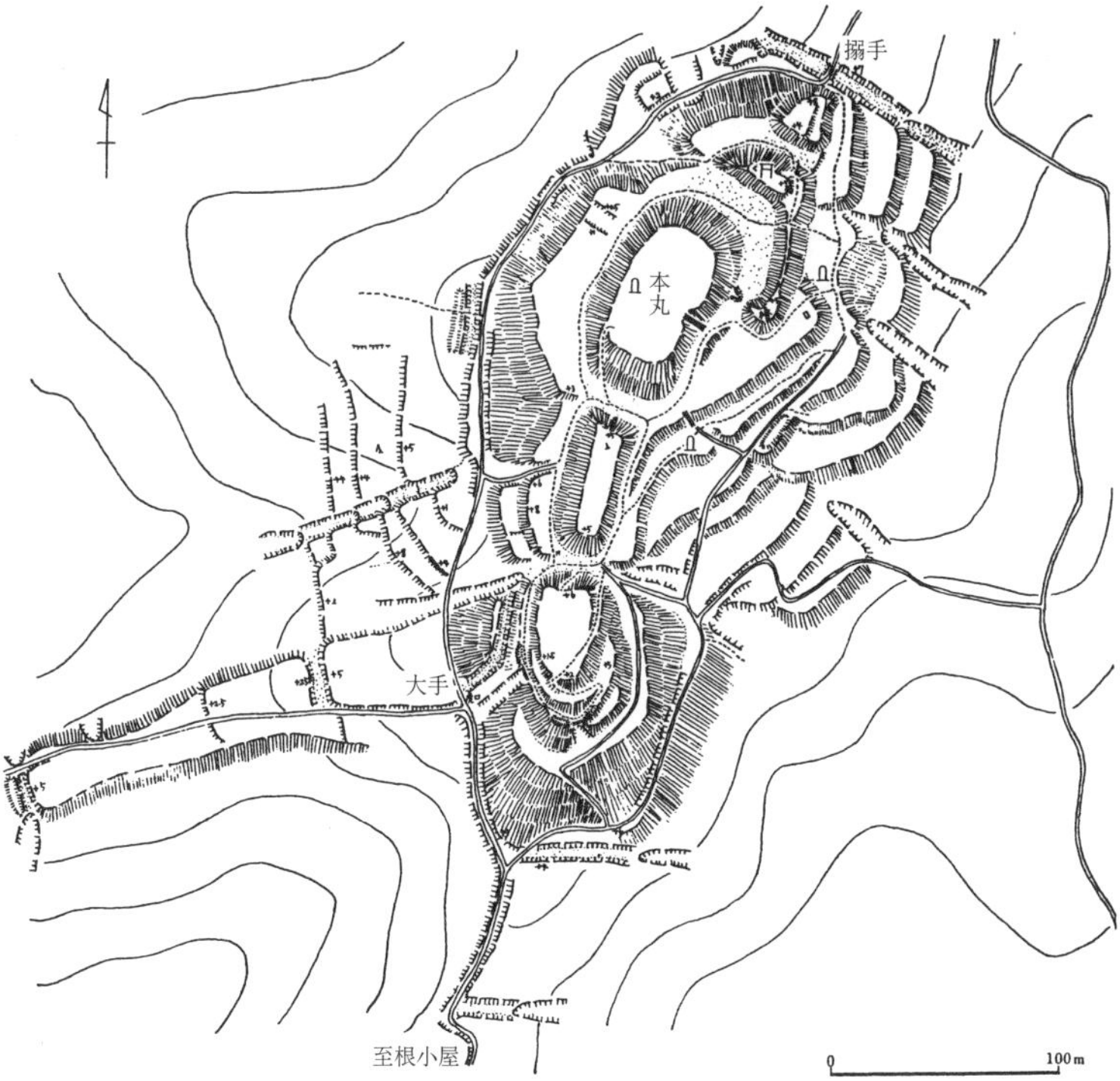


鷹留城縄張図（山崎一 1979「日本城郭大系」第４巻　新人物往来社より）

発掘調査で確認された堀跡（写真提供：高崎市教育委員会）

平坦地が広がっている。この曲輪は本丸から南に二つ目の曲輪になり、この曲輪の北が二郭ともいうべき南北に細長い曲輪があり、さらにその北側は城内で最も大きな曲輪である本丸になる。本丸の南北はやはり城内で最も規模の大きい堀で区切られ、また、東西には腰曲輪が巡っている。特に本丸東側斜面には幾段にも及ぶ平坦面が残っている。これらの曲輪群は、城の南へと続く尾根とともに、城の東側及び南側の谷部の地名である根小屋へと至り、それらとの関連が想定される曲輪群ともいえる。一方、城の北側を区切る堀を渡る場所は搦手とされ、ここから北には城の遺構は確認されない。

（秋本　太郎）

## 一緒にたずねよう●長年寺

鷹留城から南へ約一キロメートル離れた麓に位置し、鷹留城主が開いた寺である。永禄年間の武田信玄の箕輪城攻めでは、この寺も大きな影響を受け、当時住職であった受連が残した記録（『長年寺住持受連覚書』）の写しには、七カ年にも及ぶ武田との戦いで、衣類をはぎ取られることが三度、人馬などが奪われることは数限りなく、餓死寸前になることが二年、門前の二百余人の僧はことごとく離散し、自分一人がこの地を退かず寺を守ったと記され（峰岸一九九三）、当時の戦いの生々しさを今に伝える貴重な史料となっている。寺には鷹留城主であった長野一族を供養するための五輪塔が残されている。

〔所在地〕高崎市下室田町1451

### 関連する見学地

■榛名神社（高崎市榛名山町）／松山城（高崎市下室田町）

### ●参考文献


久保田順一　■二〇一一「戦国の騒乱と榛名地域」『榛名町誌通史編上巻原始古代・中世』

榛名町誌刊行委員会　■二〇一〇「44鷹留城」『榛名町誌資料編1原始古代』

峰岸純夫　■一九九三「戦国時代の制札とその機能」（同二〇〇一『中世　災害・戦乱の社会史』吉川弘文館に再録）

山崎　一　■一九七八「松山城」『群馬県古城塁址の研究　下巻』群馬県文化事業振興会

# 和田城《わだじょう》

■所在地／高崎市高松町　■文化財指定／なし
■城主／和田氏・武田氏　■分類／平城
■交通アクセス／高崎駅下車、徒歩二〇分・関越道「高崎IC」下車三〇分　駐車場　最寄りの有料駐車場を利用

## 上杉・後北条・武田氏攻防の地

**高崎藩の発展**　江戸時代の高崎は、中山道と三国街道の分岐点に立地する地理特性を生かし、物資集散を基軸とした商業の街として栄えた。その始まりは小田原合戦の後、徳川家康家臣の井伊直政が豊臣秀吉の命により上野国箕輪に一二万石で配されたが、その八年後秀吉の死を契機に、徳川家康の命で箕輪から和田城跡地に移城し、高崎藩を立藩することに始まる。その後、七代藩主の安藤重博が一六六七（寛文七）～一六九二（元禄五）年に、大手門や子の門を施工し、三重の堀を構えた輪郭・梯郭複合式の平城の構造となる。

このため、現在確認できる城郭遺構はおおむね江戸時代のもので、和田城を知るには中世後期に描かれた『和田城ならびに興禅寺境内古地図』に「和田ノ城」とみえ、城域・宿や寺院の配置が想定できるのに加え、限定的に行われている発掘調査の成果に頼らざるを得ない。

**築城説**　築城時期を正確に記した史料はない。しかし、江戸時代に著された文献には、正長《しょうちょう》元年（一四二八）に和田義信が築城（『和田記』）したという記述や、義信嫡男の信忠が応永二五年（一四一八）に築城したとする（『上毛伝記雑記』）。和田という地名がみられる史料は、永正元年（一五〇四）に「和田の常楽寺」とある

移築された乾櫓（近世）

（『両界口伝抄奥書』）。また、江戸時代に高崎藩士の川野辺寛《かわのべかん》が記した『高崎志』をみると、「（前略）和田城の城は僅かに今の榎郭本丸西丸の間にあり、（後略）」と記す。このため、和田城は、烏川左岸の崖線上に面した連郭式の城郭で、後の拡張で囲郭式となった可能性が指摘される。

**上杉氏の関東出陣と武田氏の西上野進攻**　永禄三年（一五六〇）の長尾景虎（上杉謙信）が関東へ出陣した際に記された『関東幕注文』をみると、箕輪衆に属した和田八郎の名がみえる。和田八郎とは上野国和田郷の領主で、和田城主であった和田兵衛大夫業繁である。このため、西上野の旗頭であった箕輪城主長野氏の同心で、山内上杉方に従っていたことがわかる。その後、永禄四年（一五六一）末には甲斐武田氏が西上野へ進攻すると、永禄五年（一五六二）六月からさほど下らない時期に、武田氏へ従属したという。これを契機に永禄六年（一五六三）

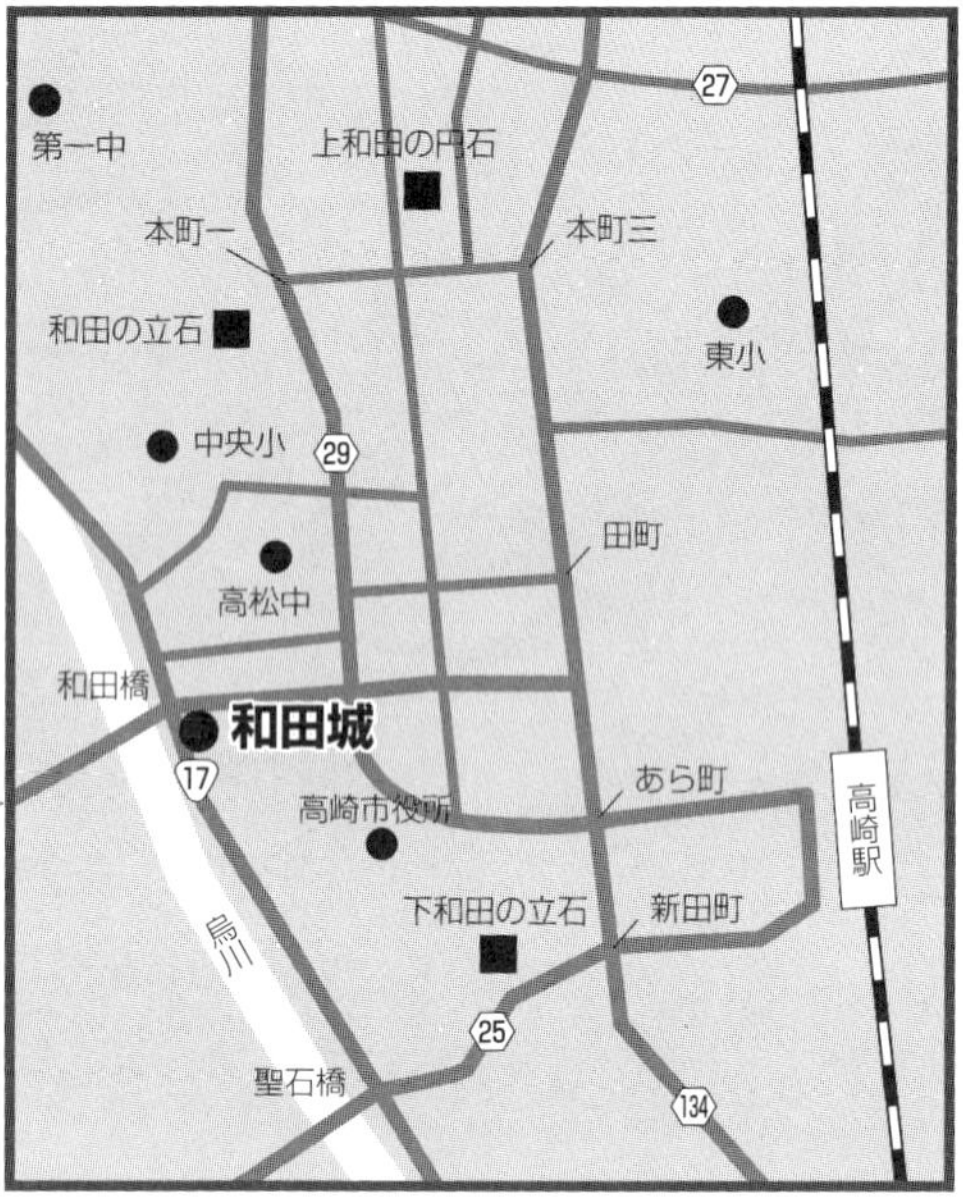


閏十二月から、上杉謙信による和田城攻撃が四度にわたり始まる。第一回の攻撃は、謙信が東関東方面を攻めた後に厩橋（前橋市）へ戻り、武田信玄の箕輪城攻めに対する措置として、急遽和田へ攻め込んだ。永禄六年（一五六三）五月には、業繁の弟である和田喜兵衛を用いた謀略による攻めを行ったが、策略が発覚し失敗している。同年八月には和田城で籠城戦となっている。永禄七年（一五六四）には、上野国衆、宇都宮・佐竹や足利衆を率いて和田城を攻めたが、いずれの攻撃も撃退されている。上杉氏による和田城攻撃のさなか、武田信玄は和田城支援として本国である甲斐より金丸若狭守らをこの城へ入城させ、鉄砲の配備や地域の武士を在城衆として配置し、城の普請も行わせている。「武田氏が念入りに普請し、城が堅固となったため、落城することができない。」と記された上杉謙信の書状が残る（『三州寺社古文書』）。

　武田氏滅亡後、天正十年（一五八二）には、織田信長家臣の滝川一益が治め、直後に起こった本能寺の変をきっかけとする神流川合戦を経て、後北条氏に属した。天正十八年（一五九〇）、豊臣秀吉による小田原合戦の際、当主である和田信業《のぶなり》は小田原城に籠城していたが、この城は北国勢に攻められ開城し廃城となった。

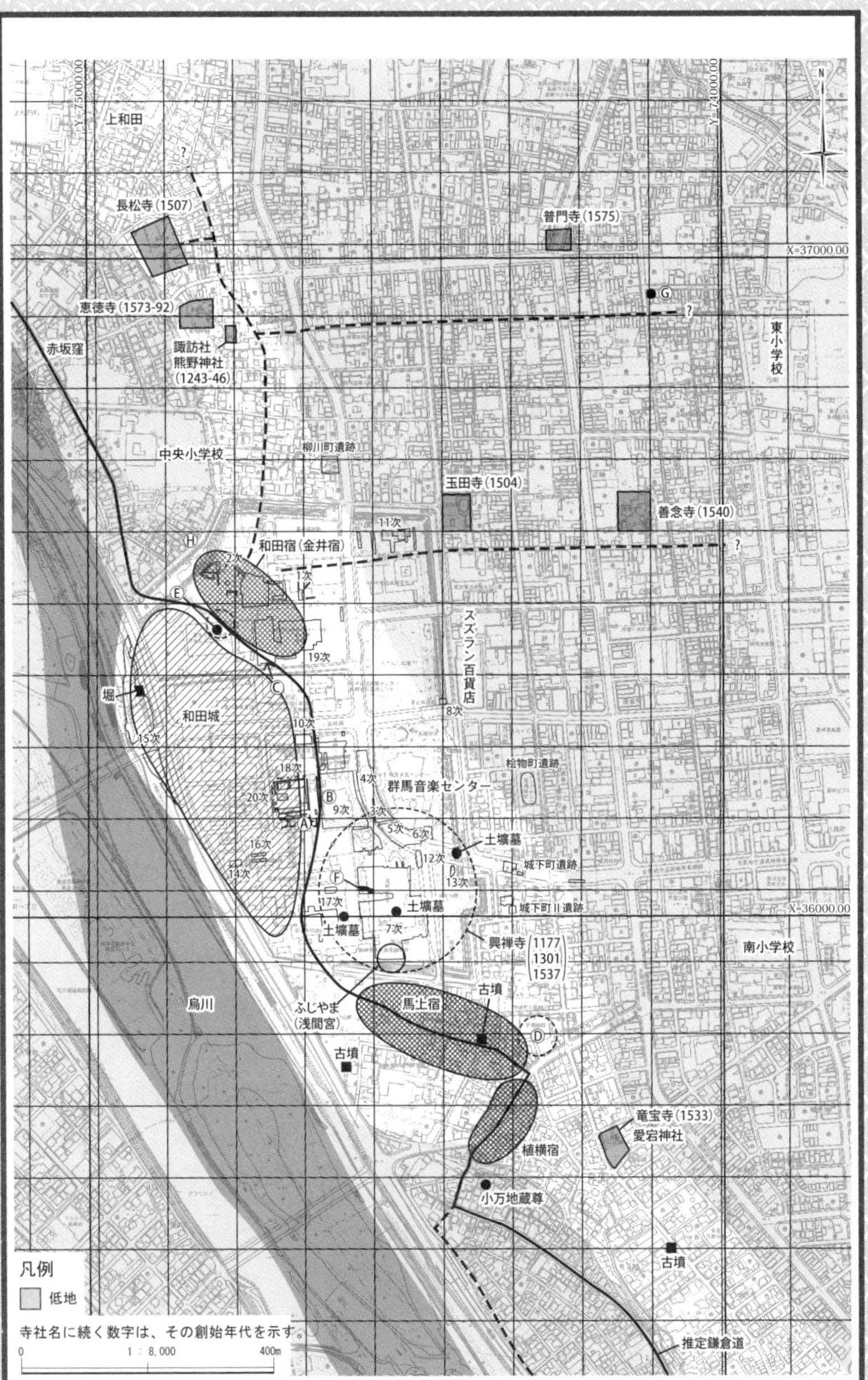

和田城推定地と周辺の土地利用（清水 2013）

**発掘調査で解明したこと**　和田城の廃城後、近世高崎城の普請や近代の陸軍衛戍地化で大規模な土木工事が行われ、現在の地表面上に中世の痕跡はない。このため、和田城の理解には、必然的に考古学的手法による発掘調査に頼らざるを得ない。推定地周辺の本格的な考古学的調査は昭和六十年（一九八五）を嚆矢とし、平成二十六年（二〇一四）まで二三地点を数える。このなかの、十五次調査で重要な発見があった。調査地は城の西端域にあたり、「和田城櫓台跡」・和田城二ノ郭と想定する場所であった。和田城は、高崎城築城以前の『和田城ならびに興禅寺境内古地図』に「和田ノ城」とある。

検出された遺構は、「櫓台」跡周辺で盛土（厚さ約一㍍《メートル》）下の三面からなる。最下層では竪穴遺構・土坑や掘立柱建物を検出し、出土品から十六世紀を主体とした時期を設定（最新時期で大窯三期後半）する。出土品の内容は、中国産染付皿・碗の出土量・火縄銃の弾や鮑《あわび》・アカニシ等貝類があり、その内容から和田城の中核部と想定するのが穏当で、その廃城時期に重なる。その上層で確認された畠跡は、廃城から高崎城築城までの期間（八年間）に耕地化した可能性が指摘され、最上層の盛り土は「和田城櫓台跡」や郭内の平坦部を形成する。盛り土構築に際しては河床礫を用いた「石列」を認め、その中に石塔（宝篋印塔（永享三（一四一三）年紀年銘）・五輪塔）や茶臼・粉挽き臼や石鉢など生活用具の転用を含む。ちなみに宝篋印塔は基部や塔身、五輪塔は地輪と長方体の部材を選択する。石列は、南北六㍍《メートル》間隔で四列あり、一・五〜三㍍《メートル》の間隔で東西軸に区画する。石列を伴う盛土工法は「堤」に見られるが、報告者は古墳墳丘の構築にある石列区画の技法なども考慮し、「盛土技法の一部」としている。当該地が、西に流れる烏川と碓氷川の合流点に面する崖線上に立地し崩れやすい環境も考慮したのであろう。この調査で、中世期の和田城櫓台跡とされた遺構は、近世初頭に行われた城普請に伴う土塁の一部と判明した。

次に、十九次調査の調査対象地は絵図によると、三ノ丸—二ノ丸堀—三ノ丸に相当する。中世期の遺構からみていく。八号溝は、幅三・三二メートル、深さ一・六五メートルの規模をもつ。近世陶磁器を含まず、大窯三期後半の瀬戸美濃内禿《うちはげ》皿が出土し、在地産軟質陶器の年代観からも、十六世紀第Ⅳ四半期までの機能を想定し、中世和田城の廃城時期に重なる。調査報告では、この地点は和田城・和田宿および鎌倉街道が推定される場所ではあるが、溝の規模から城郭の中枢部でなく、大量の鉄滓や羽口、またハレの場で大量に消費されるカワラケが一七二点出土していることを指摘し、城内での相対的な数量比による「場」の想定を課題とする。また、近世期の堀と中世期の地割がほぼ同一で、同様な事例は前述した十五次調査でも認められる。各種絵図においても二ノ丸堀以内と三ノ丸堀との軸線の「ブレ」があり、二ノ丸以西の縄張りが中世の地割を踏襲した可能性が高い。文献史料の『高崎城大意』に「其時は本二の郭にて三の郭なし」とあり、永禄期の和田城は二の丸まで整備されたとし、「井伊氏に命じて箕輪を引、今三の郭に作て箕輪の城を写（移すカ）」と記述があり、これを補強する。

中世和田城に伴う堀を軸とした「拡張・改築」等も考慮する必要があろう。

**甲斐国との関係**　出土品でも貴重な発見があった。それは素焼きの土鍋で、「内耳土器」と呼ばれる。従来の研究成果から、関東地方では、常陸型（茨城・栃木県地域）、上野武蔵型（群馬・埼玉県北部地域）、信濃型（長野・山梨県地域）の三型式に分類される。和田城跡の遺構からも多量の土鍋が出土し、点数的に極めて少ないが「信濃型」の土鍋が出土した。土器の編年からみると、十六世紀後半に位置づけられ、この時代の諸史料をみると、和田氏が甲斐武田氏に従属した後、譜代家臣がこの城に在陣し普請したことがわかっている。また、天正三年（一五七五）、長篠の戦で戦死した和田信繁の家督を継いだ人物は、武田氏譜代家臣である跡部勝資の子として生まれ、婿養子となった和田信業である。このように、甲斐武田氏による西上野進攻を、この土器が物質的に物語る可能性を秘めている。

**指標の石**　和田三石という石がある。現在は三石とも元々の位置とは異なる場所にある。立石は『高崎志』に、「赤坂観音堂の境内にあり、今は大師石呼是也、此石初は赤坂山にあり」とあり、「此の三石は和田氏殊に愛借せし由を土人等が語りしによりて、其儘に捨置れしとなり」と同時に、近世の高崎城築城の際、「用いることを不得」と記す。方石は『高崎志』に、「……今前栽町向雲寺の南畠の中に方なる石屹然として立てる是也、……」で、「畠の中の中央にありと雖、昔より奇異を云伝へたる故に懼れて他に移すことを不得となり、今化石と称する石也」と記す。立石・方石とも他所への移動を禁止するような伝承がある共通点を見いだせる。改めて、これらの石があった場所を見てみよう。方石は、佐野方面からの鎌倉道が北西方向へ軸を変換し、比高差五・二一メートルの坂を登り上げ、さらに北西方向に道のルートを転換し馬上宿を想定する角地にある。また、立石は、赤坂窪から坂を登り上げ、和田宿想定地内から、北方向の長松寺方向へ向かう道と、玉田寺方向へ向かう道の分岐点に立地すると想定される。いずれも交通上のポイントとなる場所であり、「移動不可」ということからも、元来、道の指標もしくは土地利用上の基点となるような性格を指摘しておきたい。

（清水　豊）

## 一緒にたずねよう●和田三石

下和田の方石

和田の立石

上和田の円石

江戸時代に記された『高崎志』には、和田三石として「上和田の円石、和田の立石、下和田の方石」とあり、和田氏に愛された石という。三石がある場所は元々の場所とは異なるが、立石が高崎神社（赤坂町）駐車場内、方石は佐藤病院（若松町）南東の駐車場の一角、円石は光徳寺内（成田町）・善念寺（元紺屋町）にあり、大切に保存されている。

## 関連する見学地

■並榎城跡（高崎市上並榎町）
■下之城跡（高崎市下之城町）

## ●参考文献


高崎市　■二〇〇六　高崎市史資料集1『高崎城絵図-「櫻井一雄家文書」を中心に』
（財）群馬県埋蔵文化財調査事業団　■二〇〇六『高崎城ⅩⅤ遺跡』
高崎市教育委員会　■二〇一一『高崎城遺跡十八』
高崎市教育委員会　■二〇一二『高崎城遺跡十九』
高崎市教育委員会　■二〇一三『高崎城遺跡二十』
高崎市教育委員会　■二〇一四『高崎城遺跡二十二』

# 神保植松城《じんぼうえまつじょう》

■所在地／高崎市吉井町神保　■文化財指定／なし
■城主／神保氏　■分類／平城（崖端城）
■交通アクセス／上信電鉄西吉井駅下車　徒歩四十分・上信越自動車道吉井ＩＣから、車五分　駐車場　なし

## 小領主神保氏の居城

**神邑**　神保という地名は、上野国内十四郡ごとに神社が記された『上野国神名帳』の多胡郡の筆頭にある従二位辛科《からしな》神社の神領であり、平安時代の後期に神邑の意味から神保となったという。神保氏に関る史料は、鎌倉時代の『吾妻鏡』の承久三年（一二二一）にある。この年、後鳥羽上皇らが鎌倉幕府打倒を企図した承久《じょうきゅう》の乱が勃発し、幕府軍側に位置づく武士団のなかに、吉井地区の多胡《ただ》氏・小串《おぐし》氏が見える。このほか、「神保与三、神保太郎、神保与一」が確認でき、与一は宇治川の戦いで討死している。また、南北朝期にあたる観応《かんのう》二年（一三五一）二月二日付の将軍足利尊氏下文（写）をみると、佐々木道誉《どうよ》に対して「上野国名（多）胡庄地頭職」が宛がわれている。これに対し、文和二年（一三五三）十二月十七日付け足利義詮《よしあきら》御判御教書案には、この地域の地頭職を押領している在地領主の一人として神保太郎左衛門尉が記され、不当に知行している行為を止めるよう命じられている。

永禄三年（一五六〇）、関東管領である上杉憲政の依頼を受けた長尾景虎（上杉謙信）は、上杉氏の領国復活を目的として関東へ進出する。その翌年、謙信のもとに参陣した武将の名簿が『関東幕注文』に記載され、白井衆の一員として神保兵痛（庫）助がみえる。その家紋は「立

神保植松城遠望（北から）中央左の鉄塔部が中核にあたる

ニ二引りやう」と記され、同じ白井衆の小島弥四郎が同じ家紋となり、その一族と思われる。

白井衆とは、白井城（渋川市）主であった長尾憲景を中心に、その旗下の武士による構成集団であり、十五世紀後半東国で起きた享徳の乱以降、その戦乱の過程で編成されたものという。このなかには、高山御厨（藤岡市）を本貫地とする高山山城守や小林出羽守も見られる。しかし、永禄四年（一五六一）十一月以降、武田信玄が西上野へ進攻を始めると、そのルートに近い位置を拠点としていた神保氏をはじめ、高山氏や小林氏は白井長尾氏から離れ、甲斐武田氏に従うようになった。

永禄十年（一五六七）八月七日、生島足島神《いくしまたるしま》社へ奉納された起請文《きしようもん》のなかに、長根衆や神保氏がみられる。起請文は小河原右馬助重清と連署となり、神保小次郎昌光と記す。長根は神保の東隣の地域であり、小河原（長根）氏が長根城を拠点としていた。起請文を奉納した前年にあたる永禄九年（一五六六）九月には、武田信玄により箕輪城（高崎市）が落城しており、武田氏の領土が甲斐・信濃および上野半国に及んだ段階で、外様にあたる武将に忠誠を誓う集団を把握している。この内容は、江戸時代に記された『和田記』にもあり、永禄九・十年に「諸将甲府注文差上ル、其人々」のなかに「神保小次郎昌光」とある。

天正元年（一五七三）十月十一日付の史料には、神保民部大夫の跡職について、上杉氏家臣の河田長親が、同属の弥次郎を指名している。また、天正十三年（一五八五）十一月三日付の上杉景勝充行状をみると、矢沢薩摩守に対して西群馬地域五カ所の所領を宛がっており、そのなかに「一長根之事」とある。

さらに、近世の史料となるが、『高野山清浄心院上野国日月供名簿』は、真言宗の本山である高野山が上野国内の信者の祈祷仲介をした清浄心院という寺（塔頭）に残る帳簿である。そのなかに、元和五年（一六一九）七月三日、依頼者は神保九郎衛門とあり、西上州甘室郡一ノ宮境村と記す。この名簿は、高野山の使僧が全国各地をまわり、供養の依頼を受けた人の名を記したものである。一ノ宮境村（富岡市）は、神保植松城からは、十キロメートル西の場所であり、その系譜は不明であるが神保姓が残る。

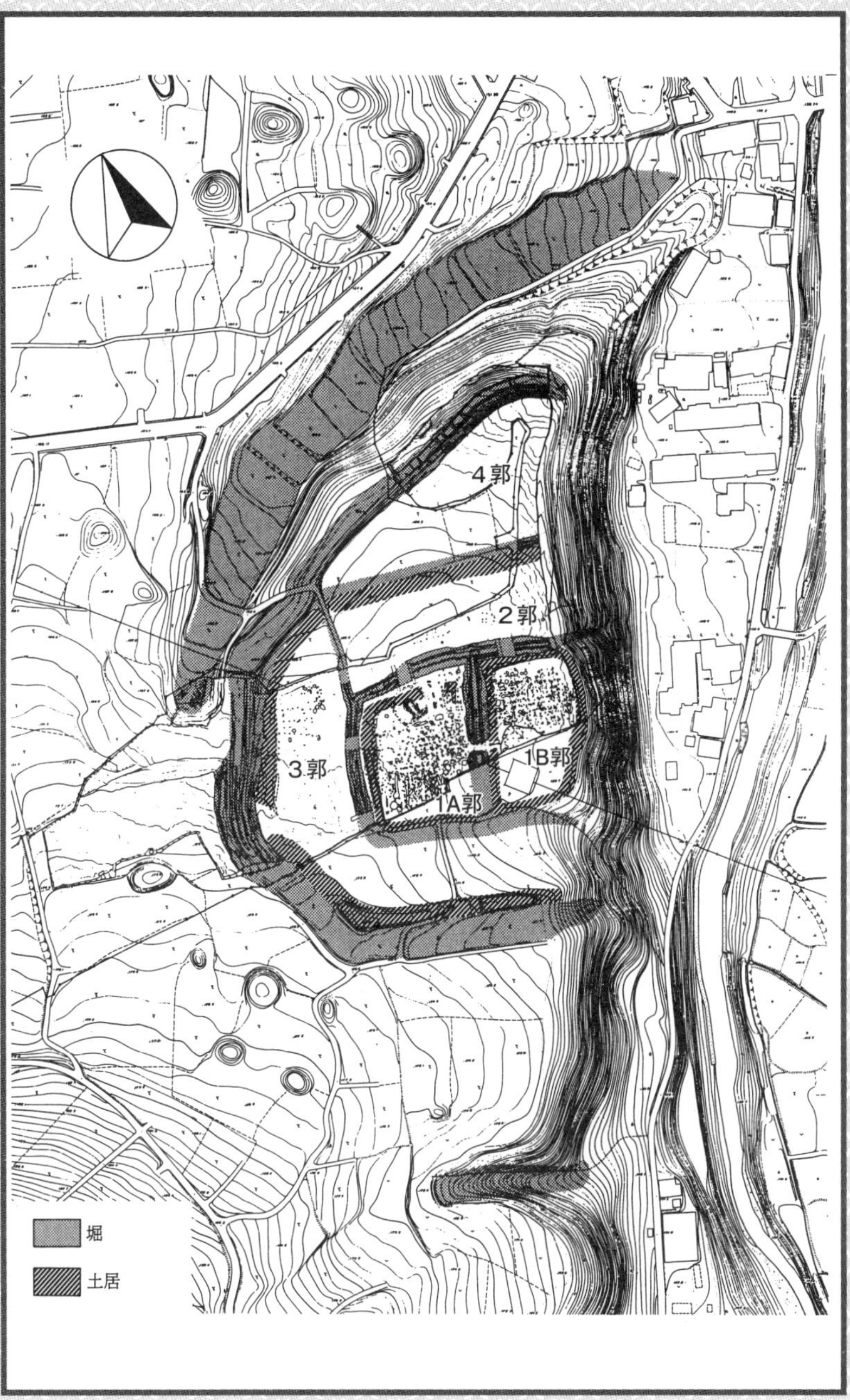


神保植松城の地形図（1：4000）
群馬県埋蔵文化財調査事業団（1997）「神保植松遺跡」より転載

**崖端の城**　標高約二〇七メートルの稲荷山の北東裾にある。北側約三キロメートルには東方向へ鏑川が流れ、その右岸上位河岸段丘上に立地する。この場所は、下位段丘への変換点となり、鏑川へと注ぐ大沢川の左岸にあたる。その崖線に面して城地が選地され、その南、西、北側方向にコの字状の堀を配置している。その城の規模は約二〇〇×一四五メートルの範囲に及ぶ。

大手虎口は西側にあり、木橋をわたり場内に入る。橋台の基部は礎板で補強され、その幅は二メートル以上となろう。そこから三郭、二郭へと入り、二号堀をわたり1A郭（東西四〇メートル、南北五五メートル）に至る。この部分には、七世紀に築造された直径約一二メートルの円墳がある。その埋葬施設である横穴式石室が残り、石室上部の石材を欠失しているが、下部の構築材は残存していた。また、この古墳の周辺には掘立柱建物跡が認められたが、墳丘にあたる部分では未検出のため、城の造成段階には「一定の高まり」として存在していた可能性があろう。また、周辺を含め七〇基を超える群集墳が形成（神保古墳群）されていたが、城内の調査対象地では二基の検出に留まる。このことから、城の造成段階で削平されたものも多く、意図的に活用された古墳跡が残されたものと解釈する。調査者は、物見台のような施設の存在を想定している。この郭の東辺中央に側面に石積みを施した土橋があり、1B郭（東西三五メートル、南北五五メートル）へと続く。このスペースには、東西に長い掘立柱建物跡があり、主殿と考えられている。

発掘調査は、上信越道建設に伴い行われた。城跡の中核部分は、その建設で失われたが、周辺の堀・土塁等、城地全体の約四〇パーセント程度の範囲は残存している。出土品には、正和四（一三一五）年、永徳四年（一三八四）の紀年銘が残る板碑が出土するほか、1A郭に伴う土塁の盛土下より内耳土器が出土した。この年代観は十五世紀後半であり、土塁部分については、

## 一緒にたずねよう●辛科神社

奈良時代、この場所は辛科郷にあたり、社伝によると大宝年間（七〇一～七〇三年）に朝鮮半島からの渡来人により創建されたという。『上野国神名帳』をみると従二位に位置付き、『神道集（十四世紀中頃に成立した説話集）』では、多胡郡二五社の筆頭に登場する。社宝には鎌倉時代の銅製懸仏がある。

〔所在地〕高崎市吉井町神保甲４３５

これ以降の構築を推定できる資料といえる。

（清水　豊）

### 関連する見学地

■長根城跡（吉井町長根）
■神保館跡（吉井町神保：辛科神社）

### ●参考文献

（財）群馬県埋蔵文化財調査事業団■一九九七「神保植松遺跡」
群馬県立博物館■二〇一六『紀要』第37号

# 古城遺跡《こじょういせき》

■所在地／安中市板鼻字古城　■文化財指定／なし
■城主／依田氏　■分類／山城
■交通アクセス／信越線安中駅下車、徒歩三〇分・関越自動車道高崎ＩＣから、車四〇分　駐車場なし

## 中世の交通・文化の拠点

**板鼻・八幡**　この城が立地する板鼻は中世の段階で八幡荘に属し、八幡八幡宮や大聖護国寺《だいしょうごこくじ》（高崎市八幡町）周辺がその中心であった。また、奥州方面へ向かう東山道や、信濃から武蔵経由で鎌倉へ向かう鎌倉街道沿いにあたり、碓氷《うすい》川や烏《からす》川など自然地形にも画された交通の要衝として発達した。

史料をみると、鎌倉時代に源頼朝一行が狩場移動のため、信濃三原から下野那須へ向かう際、「板鼻」の宿を経由している（『曽我物語』）。また、正和三（一三一四）年に成立した『宴曲抄《えんきょくしょう》』には、鎌倉から信濃善光寺までの道筋が表現され、「豊岡かけてみわたせば、ふみとどろかす乱橋の、しどろに違坂（板）鼻」と、烏川・碓氷川の渡河点の様子が記される。また、治承《じしょう》・寿永《じゅえい》の乱の際（寿永二（一一八三）年）、源頼朝が木曽義仲勢を討つため、「上野板橋（鼻）ノ宿マテ」討手を遣わした記録が残る（『神明鏡』）。

さらに、元弘三（一三三三）年、鎌倉幕府を滅ぼすべく新田義貞が挙兵するが、甲斐や信濃から五千余騎の軍勢が「八幡庄《やわたのしょう》」に集結している。これは、平安時代にあった前九年の役の折、源頼義《よりよし》・義家《よしいえ》が八幡宮に戦勝を祈願したという故事に倣ったとする。倒幕後、義貞は足利尊氏と対立し、建武二（一三三五）年頃、新田義貞の守護支配の崩壊を目的として、尊氏は上杉憲《のり》

南面腰郭（この部分以外は、住宅団地となっている）

房《ふさ》を上野国守護職に任じた（『梅松論』）。その翌年の建武三（一三三六）年四月には板鼻が戦場となる。この時、新田義貞が上野守護と国司を兼務し板鼻にいた目代を、足利方に属する佐野義綱らが攻撃した。足利方によって押さえられた上野国は、上杉憲房の子憲顕が守護職に任じられ、八幡荘が守護領の中心となった。

室町時代享徳の乱により関東地方の戦乱が激化する過程で、上杉顕定は板鼻の丘陵上部にあたる地域を本拠とした。顕定は文亀《ぶんき》二（一五〇二）年八月二十八日、板鼻の海竜寺《かいりゅうじ》で亡き母の十三回忌仏事を挙行した。海竜寺の場所は不明だが、板鼻町の小字名に「海竜寺」が残る。海竜寺の開基は、上杉憲房の娘芳山了薫で、顕定の戒名をみると海竜寺殿皓峯可諄大居士とあり、その関係が指摘できよう。

さて、法要の際、関東管領の家臣である依田徳昌軒の屋敷が顕定の宿舎となっており、その場所は板鼻にあった。古城遺跡の場所が徳定屋

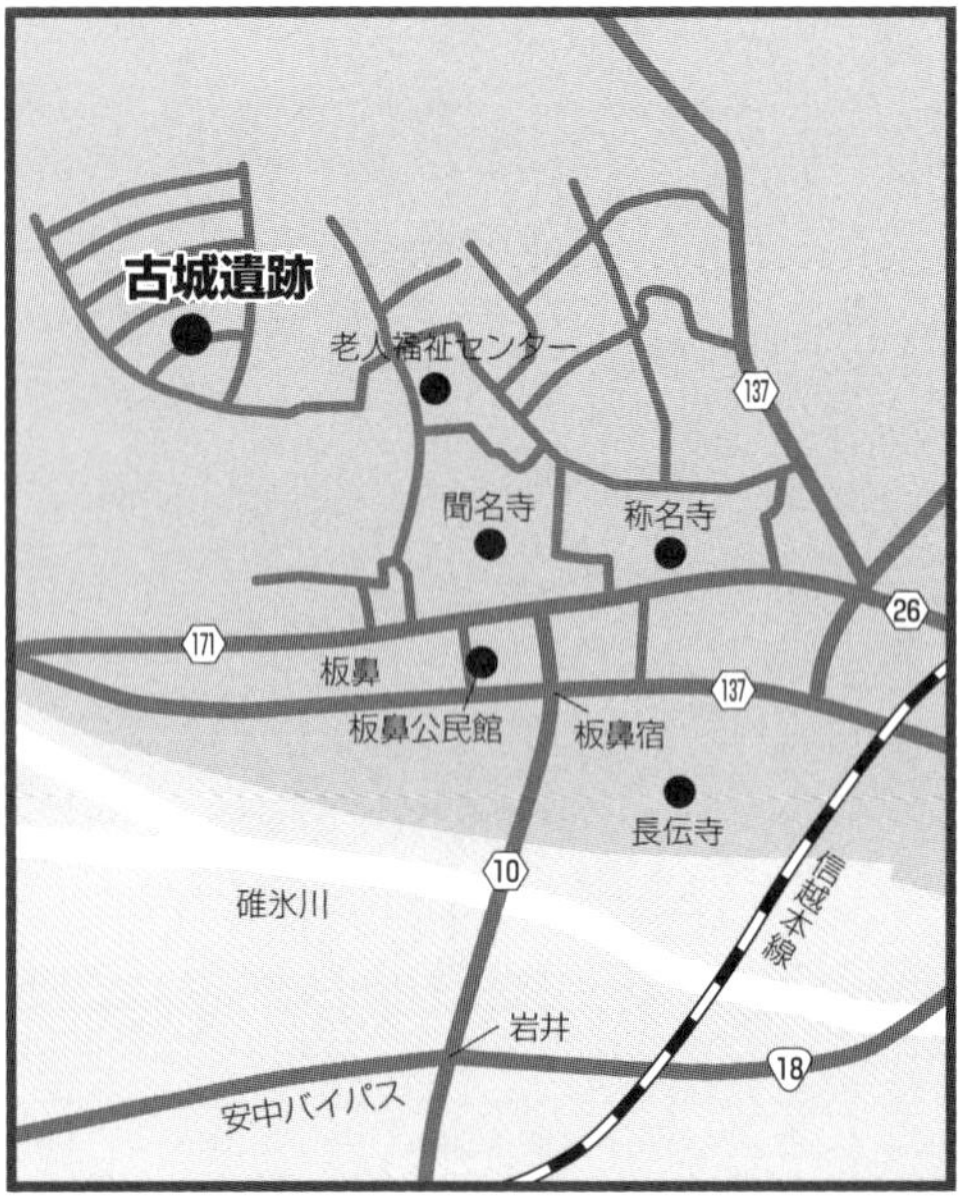


敷と呼ばれることから、依田徳昌軒の屋敷と考えられる。

また、鎌倉建長寺の玉陰英璵《ぎょくいんえいよ》和尚や、円覚寺の誠仲中諄・子明紹俊和尚ら三人が招かれ、仏事奉行は長尾定明、布施奉行は先勝寺の瑞首座・尻高《しったか》左京、法座の幕は上杉氏御判代の力石氏が担当した。この他、鎌倉や上野国内から多数の僧侶が招かれ、管領館に招き能を興行したという。管領館の場所は特定できないが、館（高崎市八幡町）がその場所であると想定できよう。

『東路《あずまじ》のつと』は、連歌師である宗長《そうちょう》が記した紀行文である。永正六年（一五〇九）、上野国を訪れた宗長は、九月九日に浜川の松田加賀守（宗繁）の館（高崎市浜川町）で連歌会を開催した。その後、大戸の浦野三河守（吾妻町）の宿所を経て、草津温泉に着く。その帰り九月二十五日に、関東管領上杉顕定（可諄）の連歌会に参加している。この部分を次に引用すると、そこには「可諄、九月廿五日大守佳例の法楽の連歌、依田中務少輔光幸の宿所にして、菊咲きてあらそふ秋の花もなし　即ち、懐紙を越後の陣へとなむ」とある。ここに登場する「宿所」も、古城遺跡と考えてよい。

顕定は永正四年（一五〇七）、越後国内で起こった下克上を治めるべく越後へ進出するが、永正《えいしょう》七（一五一〇）年、椎屋《しいや》（柏崎市）での戦

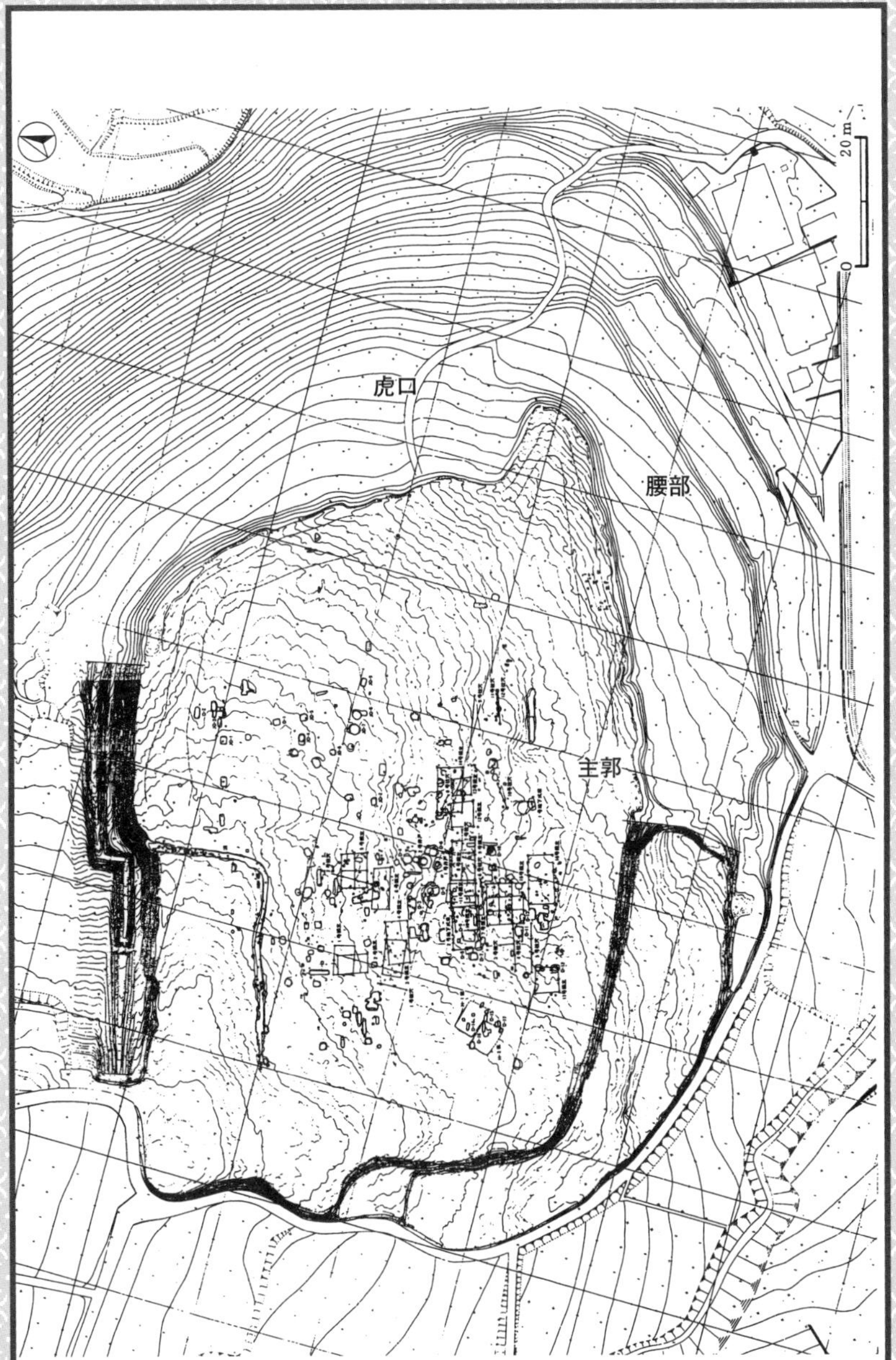


古城遺跡全体図（1：1,200、井上 2003 より抜粋）

いで敗れ、敗走中に上田荘内にある長森原《ながもりはら》（六日町）で落命する。その後、享禄四年（一五三一）に関東管領の職についた上杉憲政が平井城（藤岡市）へ、板鼻から拠点を移すことになる。

この他の文献史料をみると、連歌師である猪《い》苗代兼載《なわしろけんさい》が記した『園塵第三《そののちり》』がある。兼載は明応七年（一四九八）、京都を出発した後、北陸経由で上野国に入った。ここには「管領の亭にて」とあり、板鼻にあった関東管領の館で開催されたと考えられている。このように、板鼻地域は、政治・文化面から重要な場所であった。享徳三年（一四五四）から文明十四年（一四八二）頃まで、鎌倉公方と関東管領による鎌倉府の内乱である、享徳の乱が起きる。そのさなか、文正元年（一五六六）、上杉房顕が五十子の陣（埼玉県本庄市）で没し、養子として顕定が跡を継いだ。その後、文明九年（一四七七）に五十子《いかっこ》の陣が崩壊し、顕定は上野国阿内（前橋市）、倉賀野（高崎市）へと退避を繰り返している。

と同時に、足利成氏は、滝・島名（高崎市）に陣を張り、半年にわたって八千人を越える兵力を駐留させ、顕定に対抗した。この過程で顕定は、板鼻にその本拠を移したと考えられる。

古城の南東に接し、板鼻城がある。この城の築城時期は明確ではない。後閑城主依田光慶が、箕輪城主長野業政の命を受け築城したという説や、永禄八年の箕輪城落城後に武田信玄による築城との学説があり、後者を有力とする。この段階で「古城」は、鷹ノ巣・小田丸とともに出丸として転用されたとする意見もある（山崎一九七二）。また、永禄十年八月付の依田信盛起請文は、武田信玄に対して忠誠を誓ったものであり、この地を拠点としていた。この城は、天正十八年（一五九〇）に起きた小田原合戦の際、北国勢の上杉景勝に攻略され廃城となった。

**発掘調査による全容解明**　城は碓氷川左岸、天神山から南東方向へ延びる丘陵上にある。その標高は一六〇～一七五メートルにある。館の規模は東西約一五〇メートル、南北一二〇メートルあり、北辺を除き幅四〇メートル前後の谷地に画された地形を利用している。発掘調査は、住宅団地造成に伴うもので、城跡想定地全面を対象に実施された。その結果、郭の規模は東西一二五メートル、南北八〇メートルの長方形を基本とし、南東隅には突出部を設け、南面は四つの腰郭を設けていることが判った。郭の造成に際し、西から東方面へと緩やかに傾斜する土地の平坦化を目的として、高い部分を削った土や堀の掘削土を、盛土造成に利用している。また、郭の東辺と南辺には土塁がまわり、その基底部の幅は東辺で約一〇メートル、南辺で約四メートルとなる。虎口は、東辺南寄りにあったことが想定される。北辺では上幅四～四・五メートル、深さ一・四メートル～三メートルの、断面箱薬研形の堀が設けられる。そのほぼ中央に「折れ」がみられ、中央西寄りには幅一メートルほどの土橋がある。この部分には橋脚に関係する穴（ピット）が確認されているという。郭内北西部には、幅〇・七メートル～一・七メートル、深さ六〇センチメートルの溝がL字形にある。この溝に画された部分は東西約五〇メートル、南北約一五メートル（面積七五〇平方メートル）あり、遺構が確認されない空間となっている。その中でも北西隅部の東西一五メートル、南北一二メートルの場所が一段高い場となっており、山崎一氏は矢中下村北館（高崎市）で認められたものに類似することから、祭祀空間と想定する。このほか確認された遺構は、井戸二基・地下式土坑二基のほか、掘立柱の建物跡を一七棟を認めた。報告書では、その重複関係から二時期を想定し、比較的短い時間軸での機能を考えている。建物跡は郭の中央西寄りにまとまることが特徴といえる。

（清水　豊）

## 一緒にたずねよう●板鼻の時宗集団

時宗の開祖である一遍上人《いっぺんしょうにん》は、弘安《こうあん》三年（一二八〇）頃、上野国（群馬県）へ入った。聞名寺《もんみょうじ》は、その弟子にあたる念称がその道場を開いたのが始まりとされ、現在の場所から北の地名に「道場」が残る。このため、中山道板鼻宿を整備する際、今の場所に移転したという。寺には、一遍上人の笈《おい》等の所持品や、室町時代の立像等が残される。

〔所在地〕安中市板鼻2101

### 関連する見学地

■板鼻城（安中市板鼻）
■安中市学習の森ふるさと学習館（安中市上間仁田九五一）

### ●参考文献


安中市教育委員会　■一九八八『古城遺跡』
井上慎也　■二〇〇一「板鼻古城」『安中市史』第四巻　原始古代中世資料編　安中市

# 松井田城《まついだじょう》（諏訪城・小屋城）

所在地／安中市松井田町高梨子
文化財指定／安中市指定史跡（安中郭のみ）
城主／安中氏、小山田氏、後閑氏、津田秀政、大道寺政繁
分類／山城
交通アクセス／上信越自動車道「松井田妙義IC」から、車一〇分・信越線「松井田駅」下車、徒歩五〇分　駐車場／北辺虎口付近に普通自動車五台程度

## 上信の境目となる巨大な城郭

**境目の城**　碓氷峠の熊野神社に所在する銅鐘〈正応五年（一二九二）〉は、松井田一結衆一二人により寄進された。この神社は交通の神でもある紀伊熊野神社を勧請《かんじょう》したもので、鐘を寄進した一結衆は、宿の主《あるじ》ではないかという。また、史料では『曽我物語』（南北朝時代）の中に、源頼朝が浅間原まで巻狩りに出向いた際の経路が記され、「上野国松井田の宿」を経由している。このほか、鎌倉極楽寺の僧といわれる明空《みょうくう》により編纂された『宴曲抄《えんきょくしょう》』〈正安三年（一三〇一）成立〉には、鎌倉から信州善光寺までの経路が記され、「豊岡かけてみわたせば、ふみとどろかす乱橋の、しどろに違坂（板）鼻、誰松井田にとまるらん」とある。いずれも、碓氷峠越えを前にした位置と捉えることができる。

　このような地域に築かれた城の構築年代は不明だが、天文二年（一五三三）に、鶴岡八幡宮造営の勧進に応じた武士のなかに、「諏方（訪）左馬助、安中宮内少輔」などがみえる（『快元《かんげん》僧都記《そうずき》』）。このとき、諏訪氏は松井田を、安中氏は安中・簗瀬・中野谷を拠点としていたという。

　弘治三年（一五六〇）四月、武田信玄は瓶尻《みかじり》で長野業政と戦をはじめ、西上野へ進攻したという。永禄四年（一五六一）の上野出兵の際、松原諏訪宮（長野県佐久郡）へ戦勝祈願の願文

大手門跡に残る石積み

を奉納している、その中に「(前略) 殆ど西牧・高田・諏訪の三城（後略)」と見え、西牧（南牧村)・高田（安中市）と諏訪（安中市松井田）の攻略を約している。信玄の目的は越後上杉氏による関東経営を止めることにあり、西上野において上杉方にあった箕輪城主長野業政を服属させることにあった。この前段で碓氷峠を越えた地域を制圧することが必要となり、永禄四・五年にかけて安中越前守重繁《しげしげ》が諏訪城に在城し交戦している。この過程で、諏訪氏は山内上杉方から離反し武田方に従ったことから、敵となった安中重繁が諏訪城を攻略し、諏訪氏が没落した後、重繁自身が本城に在城するようになったとの指摘がある（黒田一九九七）。

史料による安中氏の初見は、年未詳ながら享徳の乱が始まった直後の享徳四年（一四五五）頃の史料とされる野田持忠副状《そえじょう》（『正木文書』）である。この中で、岩松持国《いわまつもちくに》宛てで、味方の大井播磨守が信州佐久郡より碓氷峠を越え、安中左衛門の知行分内に陣取ると見える。残念ながら陣取った地名についての記載はないが、峠を越えた碓氷郡内とするのが妥当である。また、長享《ちょうきょう》元年（一四八七）、越後国新発田から安中出羽守忠親が松枝小屋城へ入り、曾孫にあたる忠成の時代に野後城へ移り安中市路と改めたという（『和田記』）。

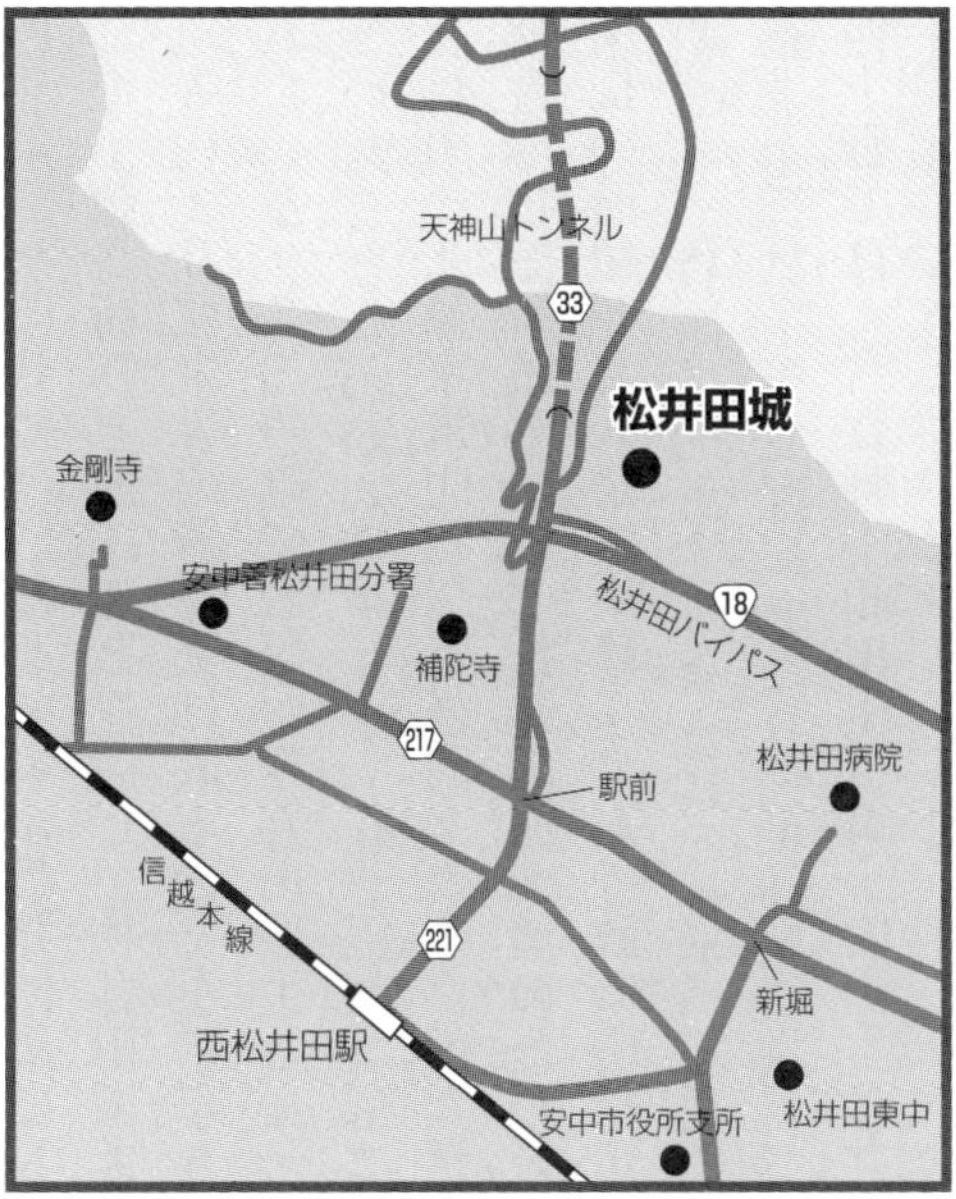


さらに、翌年永禄五年（一五六二）九月、武田氏の西上野進攻により安中城は攻略され、以後、安中氏は武田氏に従属するようになったという。永禄十一年（一五六八）、この段階で松井田城には、武田氏の小山田備中守や小宮山丹後守が城代として入った。永禄十一年（一五六八）の武田家定書には、外郎《ういろう》源七郎が厩橋（前橋市）から松井田新堀へ移ることで、毎年籾百俵を与えるとする。外郎氏は、応永の頃に日本へ来た元人陳宗敬《ちんそうけい》の子孫で、京都で薬販売をしていたが、その一族が小田原に下向し、後北条氏の御用商人となっている。松井田は交通の要衝であり、物資流通はもとより情報収集の役割を担ったとされる（『陳外郎文書』）。

　天正十年（一五八二）三月に武田氏は滅亡し、六月の本能寺の変で織田信長が討たれると、後北条氏が上野へ進攻し、国衆は相次いで服属した。この後、城代である大道寺政繁《まさしげ》が城の整備を行っていく。天正十一年（一五八三）四月付の北条家朱印状には、後北条家が松井田衆に対して小諸へ荷物を運ぶことを命じ、松井田城大道寺代より城米等の荷を受け取ることを指示されている。この段階で政繁が松井田城主となっていたことがわかる。天正十五年（一五八七）五月の「北条家朱印状」（『後閑文書』京都大学総合博物館所蔵）には、松井田城普請のため後閑氏の所領から人足を集め、大道寺政繁の指示のもと、普請に従事するようにとある。また、後北条氏は上野支配にあたり伝馬《てんま》制を整備し、西上野では、倉賀野―和田―板鼻―安中―松井田―坂本に伝馬宿が置かれ、当地の町人衆がその管理に携わった。

天正十八年（一五九〇）の小田原合戦では、大道寺政繁親子一五〇〇騎が松井田城を守った。前田利家・上杉景勝・真田昌幸などが率いる三万人余りの北国勢が碓氷峠を越えて進攻し、三月十五日に峠付近で小競り合いがあり、四月十三日は根小屋を焼き払い、城を包囲した。松井田城では一カ月におよぶ激闘が行われたが、四月二十日に開城降伏し、松井田城は廃城となる。大道寺政繁は、前田軍について忍城《おしじょう》攻めに加わったが、七月五日の小田原開城後、北条氏政らとともに切腹となった。

**巨大な要塞**　城跡は、松井田市街地の北西方向にあり、碓氷川の左岸でその中核部は、標高約四〇〇㍍の丘陵上に立地し、北側には九十九川《つくもがわ》が南東方向へ流下している。城跡の北には、古代の東山道駅路が東西方向に走行するルートが推定され、西の長野県方面から碓氷峠を越え群馬県に入ると、「碓氷の谷」への入り口的な場所にある。このように交通の要衝であり、軍事面的にみても要所を押さえた位置といえよう。

城が立地する丘陵は、南側が峻険な地形で、北側の傾斜はなだらかとなる。その北麓にある高梨子には、「立町・横町」などの地名が残り、推定東山道ルートに面して城下町が整備されて

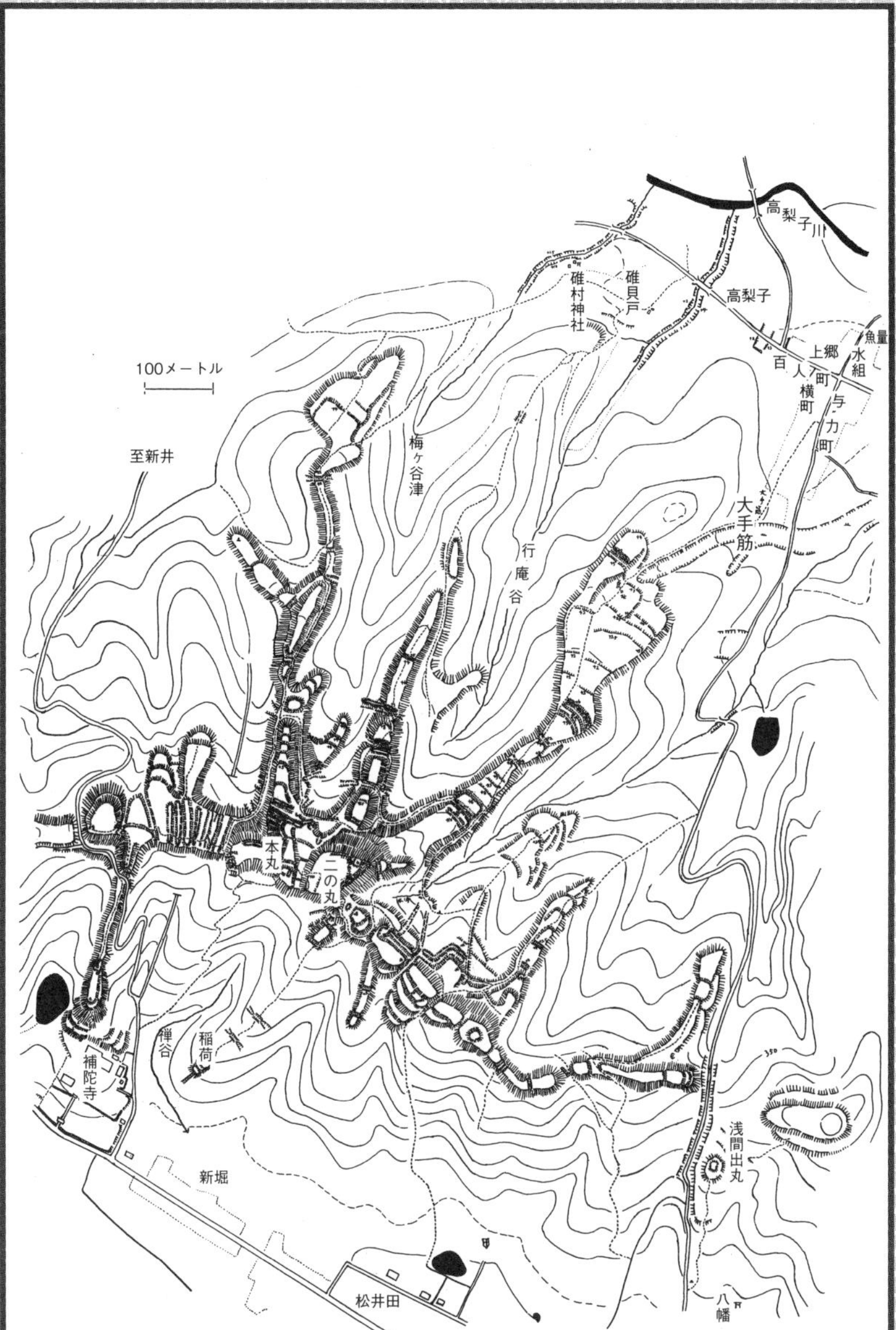


松井田城縄張図（1：12,500）

いたことを物語る。また、城の南側には近世初頭に整備された中山道が通り、江戸から十六番目の宿場として栄えた。中山道の整備は慶長期に位置づけられるが、その前段階で「松井田城の成立と城下町の整備」をその端緒と飯森康広氏は想定する。

城は、南北一三〇〇メートル、東西九〇〇メートルと広大な面積に構築される。本丸に相当する主郭は、東西に伸びる尾根の中央部に配置され、その西側には馬出を挟んで二の郭を置き、堀切を挟んだ東側には、山崎一氏が「安中曲輪」と名称した郭が配される。これらの郭が本城の中核施設であり、ここから北辺の尾根筋には堀切や土塁を構築した縄張りが行われる。その反面、中核部の南面は峻険な地形からか、縄張りがあまり行われていない。このため、斉藤慎一氏は、北を正面に構築されたと想定する。街道筋からみても穏当な位置づけであり、北麓の高梨子《たかなし》には城下町（根古屋）が形成された。

虚空蔵菩薩が祠られる堂（本丸）

松井田城の安中曲輪は、永禄年間に忠成の父である忠政が、武田勢と対戦した郭といわれ、天正十八年（一五八〇）、豊臣方の北国勢に対し、大道寺政繁親子が篭城したのが本城部分であり、天正十五年（一五八七）五月三日付の北

## 一緒にたずねよう●大道寺政繁の墓

補陀寺《ほだじ》（安中市松井田町新堀）は、曹洞宗の寺院で、天文元年（一五三二）の焼失後、松井田城主の大道寺政繁や諏訪越前守により再建された。しかし、天正十八年（一五九〇）小田原攻めの兵火にあい焼失し、現在の地に移ったという。大道寺政繁の墓は、この寺の墓地にある。

〔所在地〕安中市松井田町新堀1186

条家朱印状には、垪和康忠に対し、松井田の地が「上信の境目」であるため、後閑氏の所領から人足を募るよう命じている（『後閑文書』）。この普請は、人足五〇人で十日間の施工を計画していることから、城の改修が行われたことがわかる。

（清水　豊）

### 関連する見学地

■松井田西城跡（安中市松井田町新堀）

### ●参考文献


山崎　一　■一九七八「松井田城」『群馬県古城塁址の研究』群馬県文化事業振興会

斉藤慎一　■一九八七「松井田城」『図説中世城郭辞典』①新人物往来社

飯森康広　■二〇一一「松井田城」『関東の名城を歩く　北関東編』吉川弘文館

# 後閑城《ごかんじょう》

## 武田に従い、滅亡後は後北条へ

**空閑《こかん》地**　後閑は、嘉慶二年（一三八八）二月の史料（『相州文書所収浄智寺文書』）に「後閑郷」とあるのが初見で、古代律令制の土地用語で、所有者がないことや未開墾の地の意味をもつ「空閑地」に由来するという見方がある。

　築城年代は不明ながら、嘉吉《かきつ》・文安《ぶんあん》の頃（十五世紀中頃）に、信濃佐久郡から移ってきた依田忠政《ただまさ》が築城したとされ、天文七年（一五三八）まで依田氏三代の拠点となった（山崎一九七二）。上後閑にある長源寺《ちょうげんじ》には、文明二年（一四七〇）、後閑城主である依田信濃守全棟入道から所領を寄進されたことを記す史料が残り、これを裏付ける。依田氏は、天文七年（一五三八）、光慶の代に鷹巣城（安中市板鼻）へ移ったという。

　その後、北条政時が入るものの、丹生《にゅう》城（富岡市）主、新田景純に攻略され落城（『上州故城塁記』）、景純の死後、その子である信純は後閑氏と名乗るようになった。弘治元年（一五五五）九月、新田伊勢守信純が長源寺に所領を寄進した史料（「長源寺文書」）が残る。

　永禄三年（一五六〇）、長尾景虎が関東へ出陣した際、景虎の陣に参陣した武将を記した『関東幕注文』には、高田氏や安中氏の記載があるが後閑氏や小幡氏は見えない。このため、この時すでに武田方に従っていたと思われる。永禄

■所在地　安中市中後閑字谷津
■文化財指定　安中市指定史跡（本丸のみ）
■城主　依田氏、後閑氏　■分類　山城
■交通アクセス　関越自動車道「松井田妙義ＩＣ」から、車三〇分・信越線「磯部駅」下車、徒歩五〇分　駐車場　公園駐車場を利用

整備された堀切

十年（一五六七）六月には、武田氏により後閑伊勢守信純に対し、本領（甘楽郡丹生郷）に替え、後閑の地が与えられている（『新田文庫後閑文書』）。その軍役は騎馬武者一五騎を含め六〇人とし、旗指物の用意も指示されている。その所領を定めた武田家朱印状には、「安中者并松井田之知行」とあり、後閑と松井田にその所領があったことがわかる。さらに同年、甲斐・信濃・西上野の諸将が、武田信玄への服属を誓った起請文には、伊勢守信純の名が見られ、武田氏の先方衆として活躍したという（『生島足島神社起請文』）。天正二年（一五七四）二月の奥付が残る「御家中座敷之次第」には、「七番ニ後閑」とあり、嫡流である芦田氏とともに、武田氏に従ったとされる（『大井荘由来』）。

武田氏滅亡後は北条氏直に従い、『小田原一手役書立写』を見ると「安中殿・小幡殿」などがあるが後閑氏の記名はない。このため、一定数の軍勢を率いて軍役を勤める一手役ではないことが分かる。後閑信純の死後、後閑氏は弥太郎（刑部少輔）と善次郎（宮内少輔）の二家に別れ、天正七年（一五七九）の史料には上条善次郎とあり、甲斐の名族である上条家の名を継いでいる（『新田文庫後閑文書』）。しかし、武田氏滅亡後、宮内少輔は後閑姓に復し、天正十一年（一五八一）の北条家着到定書には、「両

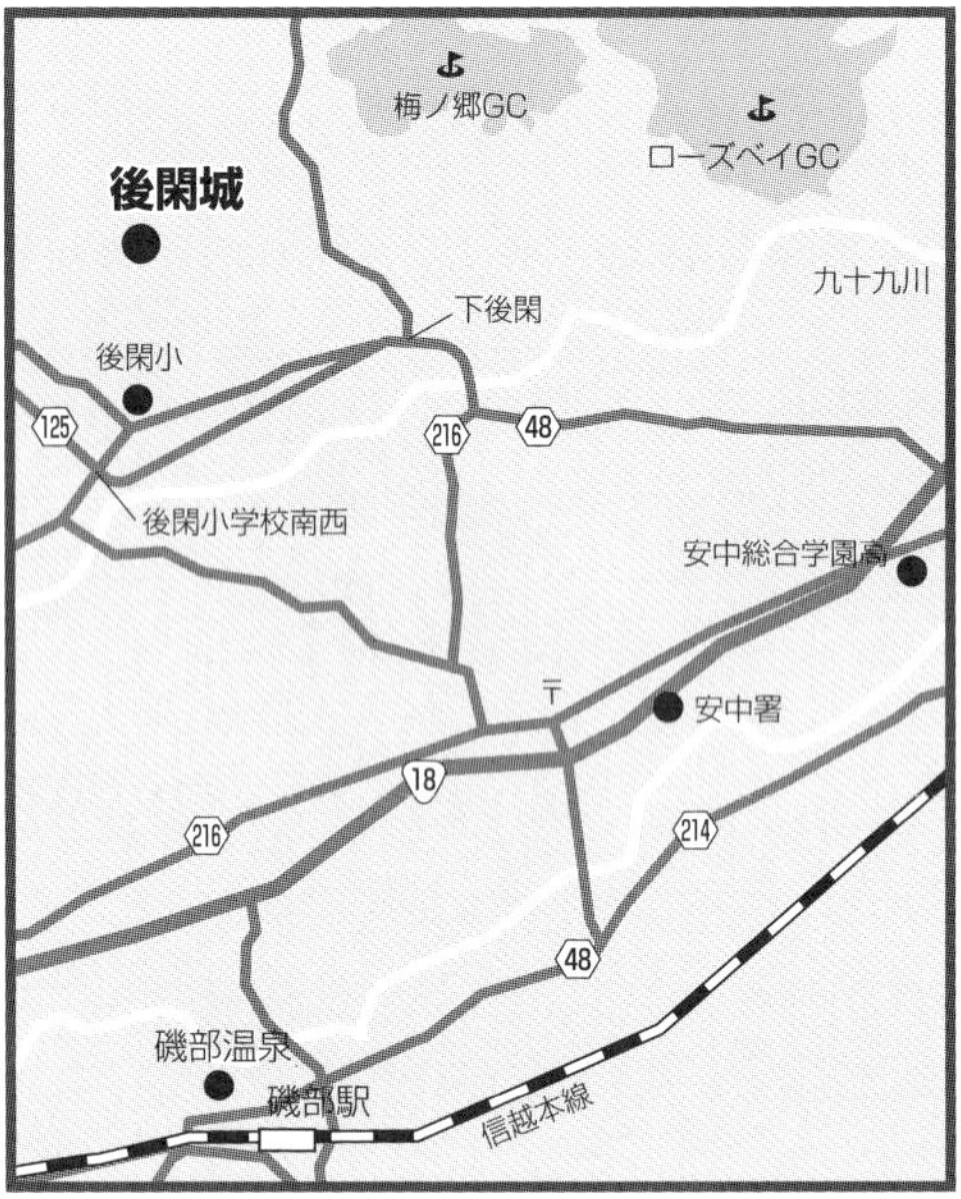


後閑」と記されている（京都大学『後閑文書』）。

その後、後閑氏は天正十八年（一五九〇）の小田原合戦の際、小田原城に篭城しており、この過程で豊臣勢に開城し、廃城となったと想定される。両後閑氏は領主層としては没落するが、慶長六年（一六〇一）まで高崎藩主であった井伊家に仕官したものの中に、後閑善兵衛、後閑新兵衛が見える（信純の子である、宮内少輔・形部少輔の子どもか）。

**交通の要衝**　九十九《つくも》川と後閑川が合流する左岸の丘陵南端部に立地する。低地との比高差は八〇メートルあり、本丸所在地点の標高は二七六メートルとなる。古代に整備された東山道駅路が、この九十九川沿いを通っていた可能性が指摘され、古くから交通の要衝であったことを物語る。平成二（一九九一）～平成四（九三）年、後閑城址公園整備事業（事業自体は、安中市建設部都市施設課）に伴い、安中市教育委員会が発掘調査

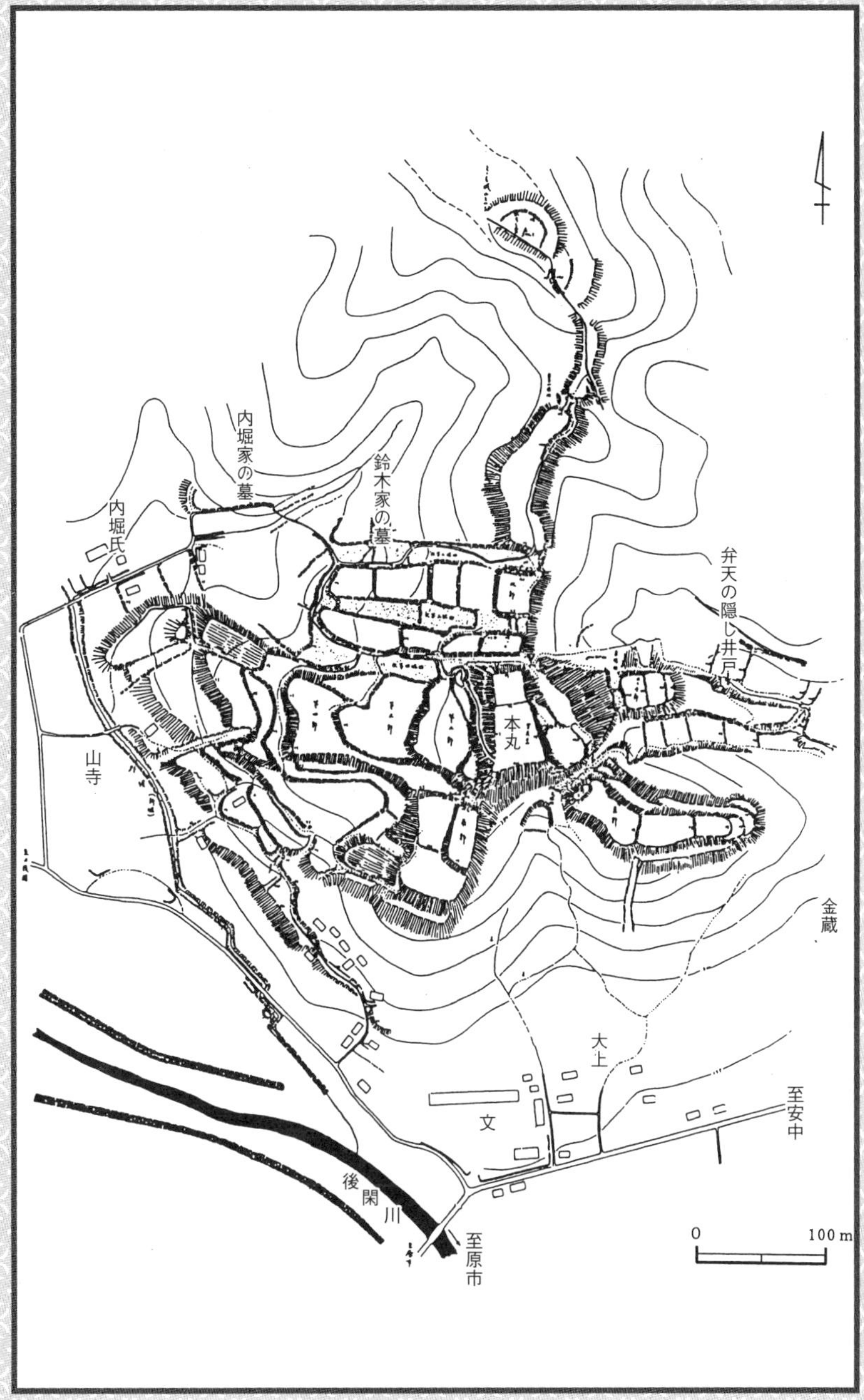

後閑城の縄張図（1：6,000）

を実施した。発掘調査は、城跡のほぼ全域を対象に行われた。その面積は約六万五千平方メートルに及ぶ。調査で確認された遺構は、二の丸櫓台の建物跡のみで、郭内の建物跡等は検出されていない。調査報告書中では、出土品には触れられていないが、国産陶磁器・在地産軟質陶器や砥石が出土している。その時代は十五〜十六世紀の資料群として位置付き、文献史料との対比が可能である。

城の構造は丘陵南端に本郭を設け、そこから延びる尾根筋に多くの郭を階段状に配する梯郭式の山城である。本丸は南北八〇メートル・幅二五メートルの長方形プランで、その北半分が五〇センチメートル程度低い構造となる。二郭は本郭との比高差一九メートルを測り、枝尾根を断ち切るよう設けられた南大堀切に面して櫓台を想定する。東郭は、本郭との比高差七メートルあり、北側が一段低い構造となる。本郭との間には、枡形虎口を認めた。この堀切は、本丸の北側は三本の堀で画され、北郭・西郭ともに郭の斜面を削土または盛土して壁面をつくる「切岸」で構成される。

山崎氏の縄張図と調査成果との相違点も確認できた。一点は、東郭と水の手郭の間に想定された堀切がないことと、二点目は、北第一郭と第三郭をつなぐ土橋が存在しない点である。城跡の南側低地を東西に走る県道長久保—安中線沿いには、「宿路」という小字があり、交通路や宿の存在を示唆している。

（清水　豊）

桜の名所としても有名（後閑城址公園）

## 一緒にたずねよう●後閑城主後閑信純の墓

墓のある長源寺は、安中市上後閑にある曹洞宗の寺院で、嘉吉三年（一四四三）希明清良が開山、依田信濃守政知の開基で、後閑信純が中興したといわれる。現在の堂宇は、文化元年（一八〇四）の焼失後に再建されたもので、境内地には依田政知と後閑氏の墓がある。後者は三基の墓石が残り、中央が後閑信純、左は後閑久純、右は依田忠政の墓とする。

〔所在地〕安中市上後閑2913

## 関連する見学地

■長源寺（安中市上後閑）

### ●参考文献


山崎　一　■一九七二「後閑城」『群馬県古城塁址の研究』群馬県文化事業振興会

安中市教育委員会　■一九九八『後閑城―後閑城址公園整備事業に伴う埋蔵文化財発掘調査報告書』

井上慎也　■二〇〇一「後閑城」『安中市史』第四巻原始古代中世史料編　安中市

# 丹生城《にゅうじょう》

■所在地／富岡市上丹生字中村　■文化財指定／なし
■城主／新田氏・小幡氏　■分類／山城
■交通アクセス／上毛電鉄「富岡駅」から上信ハイヤー丹生線「岡部温故館」バス停下車二〇分・上信越自動車道「下仁田ＩＣ」から車で一〇分　駐車場なし

## 名門武家が築いた大城郭

**新田岩松氏の領有**　康安二年（一三六二）、岩松直国と丹生郷との関係が確認できる。しかし、孫の満純は、応永二十三年（一四一六）に起こった上杉禅秀の乱に荷担して処刑されたため、岩松氏は存亡の危機に陥った。そうした中、満純の弟満長は、鎌倉公方方として小栗征伐で戦功を挙げ、同三十二年上杉憲実から丹生郷を獲得した。満長の所領は、次代持国に受け継がれた。

持国は享徳の乱（一四五五～一四八三）当初、古河公方方の三大将の一人として活躍した。しかし、関東管領方に立場を変え、長享三年（一四五九）の海老瀬口・羽継原合戦の後、古河公方方に復したとして、同族の家純に誅伐された。家純は金山城を築城した人物で、岩松満純の嫡子であり、惣領として返り咲いた。岩松氏系図では家純の孫顕純が、丹生新田氏の初代となっている。

**小幡領へ**　その後、戦国時代後期まで状況はわからなくなる。永禄五年（一五六二）、武田信玄は新田岩松氏が支配してきた丹生に対する支配を、国峰城（甘楽町）の小幡憲重に認めた。この間の事情は不明だが、新田信純（のちの後閑信純）はこの頃、信玄を頼り長野県松本市で給田を与えられ、庇護されていた。信玄は信純

本郭北東角の登り口と説明板

を同じ源氏一族の高家として敬っていた。

信純はいつ丹生から去ったのだろう。もちろん、追われたとみるのが妥当である。永禄五年、信玄が信純の本領を丹生と意識しているのだから、さほど古い話ではないだろう。少し遡った永禄三年、上杉謙信が越山した際には来属していない。謙信が丹生辺りまで進軍した記録はないので、すでに上野国内にいなかったのだろう。とすれば、後北条氏が天文二十一年（一五五二）に平井城から関東管領上杉憲政を追い落とした頃ではないだろうか。小幡氏も北条方となり平井城を攻めている。しかし、信純は一揆衆ではないので、一概に管領方とも見なしがたい。したがって、この頃何らかの紛争がこの地周辺で起こり、信純は在所から立ち退かねばならなかったとしておく。

近年、興味深い遺跡が発掘調査された。別項で扱っている丹生東城である。出土した遺物から十六世紀半ばに築城または改修された可能性が高い。位置的にみると、丹生城の東方に近接しており付城に思える。この頃の紛争に関わる城ではないだろうか。

さて、信玄は永禄十年までに西上野をほぼ手中に収め、所領の再配分を行った。その結果、信純も帰国を果たした。しかし、本領である丹生は小幡氏領であったため、信玄は新たに後閑（安中市）を与え、以後信純は後閑氏を名乗るようになった。その後の丹生城については、小幡氏の支配下として天正十八年（一五九〇）まで使用されたと想像されるが、史料によって確かめることはできない。

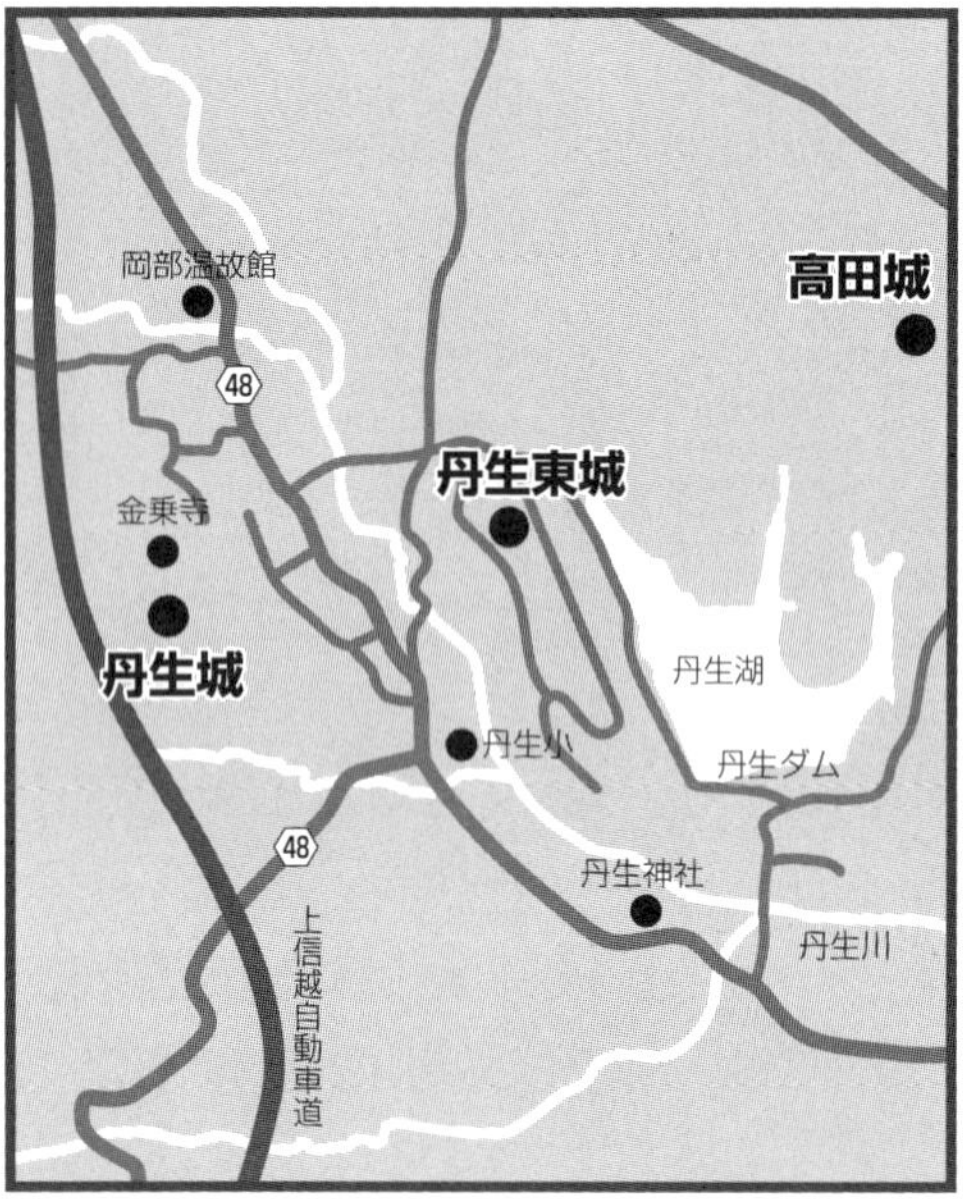


**郭面の大きな城**　城は北西方向から延びる細尾根の先端を利用する。南東部はさらに細長く尾根が延びて削平が施されており、大手筋と思われる。東麓に集落・街道が広がり、当時の景観と大きな違いはないと思われる。城との比高差はあまりなく、五〇メートル程度である。

主郭（縄張図Ⅰ）は尾根の中央に近い郭で、山形をして尾根の三方向をうかがえる位置にある。主郭の北東角に通路を兼ねた張り出しがあり、腰郭や大手筋に攻撃ができる。主郭の回りには幅の広い腰郭が廻り、西側の背後のみ二重の堀切で強く分離されている。本郭をめぐる腰郭が尾根筋を結び防御の要となっている。

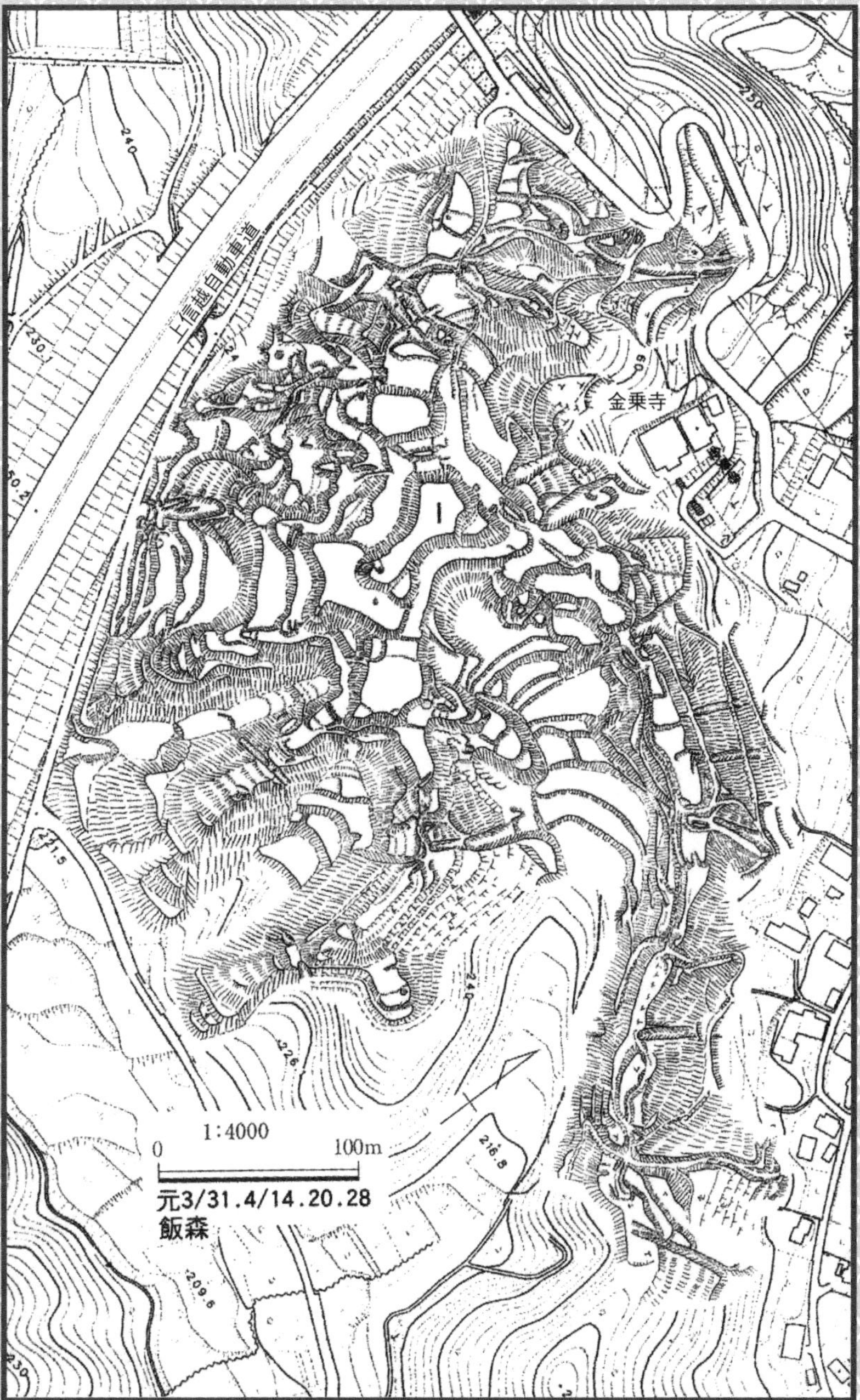


丹生城縄張図（1:4000）

各郭の大きさは比較的均等で広く、普請工事には相当量の労力が払われていようが、出入り口などに工夫は見られない。名門武家が築いた城として、申し分のない規模と言えよう。尾根から派生する樹枝状の尾根も細かく削平が行われる。南東部の谷は深く入り込んで水の手となるため、谷近くまで階段状に小規模な郭が設けられている。

**谷間の調査**　城の西側には、現在上信越自動車道が走っている。その新設工事に先立ち、昭和六十三年に発掘調査が行われた。遺跡は丹生城西遺跡と命名され、城を意識している。調査方法はトレンチによる試掘調査を行い、見つかった遺構を随時調査するものであった。しかし、トレンチの設定は東流する駒寄川沿いの平坦地に力点が置かれ、城の裾部に十分なトレンチ調査が施されなかった。遺構の有無にかかわらず、残念な成果である。調査によれば、遺跡内は駒寄川の氾濫による影響が著しく、人為的な遺構

丹生城本郭南端

は土坑一基、溝一条と報告されている。

（飯森 康広）

### 一緒にたずねよう●茂木《もてぎ》家住宅

国指定重要文化財。宮崎公園内に移築されている。切妻造りの板葺石置屋根の民家。

居住していた茂木家の先祖は、戦国時代大山城の城主であったという。柱材に残された後世の墨書には戦国時代の大永七年（一五二七）の建築と記されていることから、現在残る民家の中では、最古級という。

〔所在地〕富岡市宮崎329

**関連する見学地**

■丹生東城（富岡市上丹生）

# 丹生東城《にゅうひがしじょう》

■所在地／富岡市上丹生字城山　■文化財指定／なし
■城主／新田氏　■分類／平山城
■交通アクセス／上信電鉄「富岡駅」から乗合タクシー丹生線「丹生小学校前」下車徒歩一〇分、上信越自動車道富岡ＩＣから約二〇分　駐車場なし

## 丹生の地に打たれた楔の城

**障子堀の城**　一九七九年、城郭研究家の山崎氏によって初めて紹介された。西約一キロメートルの丹生城の出城と位置づけ、別城一郭の関係にあることを指摘しているが、城主等は不明である（山崎一九七九）。

平成十六年度にほ場整備事業に伴い、山崎氏が本郭とした部分で全面的な発掘調査がなされた（富岡市教委二〇〇九）。また、この調査では、氏が二郭の南に想定していた堀は確認されず、二郭そのものがなかったのが明らかになった。発掘調査の大きな成果点として、本郭を取り巻く堀が障子堀であったことがあげられる。特に、主郭の北から東側の堀では高さ三〇～七〇センチの障子が八カ所設けられていた。この堀が一・三メートル埋まった層から十七世紀前半の墓壙が掘り込まれ、堀自体はそれより古くなる。堀底は南東の東竪堀に向かって低くなっていて、堀にたまった水は障子間で一度たまり、この水が障子からオーバーフローすると次第に南東の東竪堀に向かっていくという構造になっている。

曲輪内では五棟の掘立柱建物が確認されたが、これらの建物では建て替えの痕跡はなく、全て一時期のもので、配置からも重複はしていないため、同時存在の可能性が高い建物群である。特に一～四号建物は南に開いてコの字状に配置され、この城の正面が南側だったと指摘さ

丹生東城跡地

れている。

南側を区画する堀切では、堀を渡るための橋の跡は見つかっていないため、大手筋が判然としないのは課題である。逆に北側の木戸坂の方面は土橋状になり、堀を渡る箇所が明瞭である。掘立柱建物の配置から、南側に正面がある一方で、この木戸坂方面は搦手方面になると推測された。

北西側の一号井戸、及び五一号土坑からは全部で三〇点ほどの墨書されたかわらけが出土している。外面底部に梵字が記され、内面には一部のかわらけで輪宝が描かれ、地鎮に伴うものと推測されている。また、これらのかわらけと共通する形態のものが掘立柱建物の柱穴から出土している。このことから、掘立柱建物はこれら墨書のかわらけと同時期に展開していたことが推測される。

近世の墓壙など近世以降の遺構を除くと、建物の建て替えや堀の掘り直しなどが認められないため、一時期の遺跡である。そのため、問題になるのは墨書かわらけの時期になるが、十六世紀最終末の宮崎城で出土しているかわらけとは形態が異なっていることなどから、十六世紀中葉を中心とする時期と推測された。その結果、障子堀などが掘られた時期も同時期と考えられる。

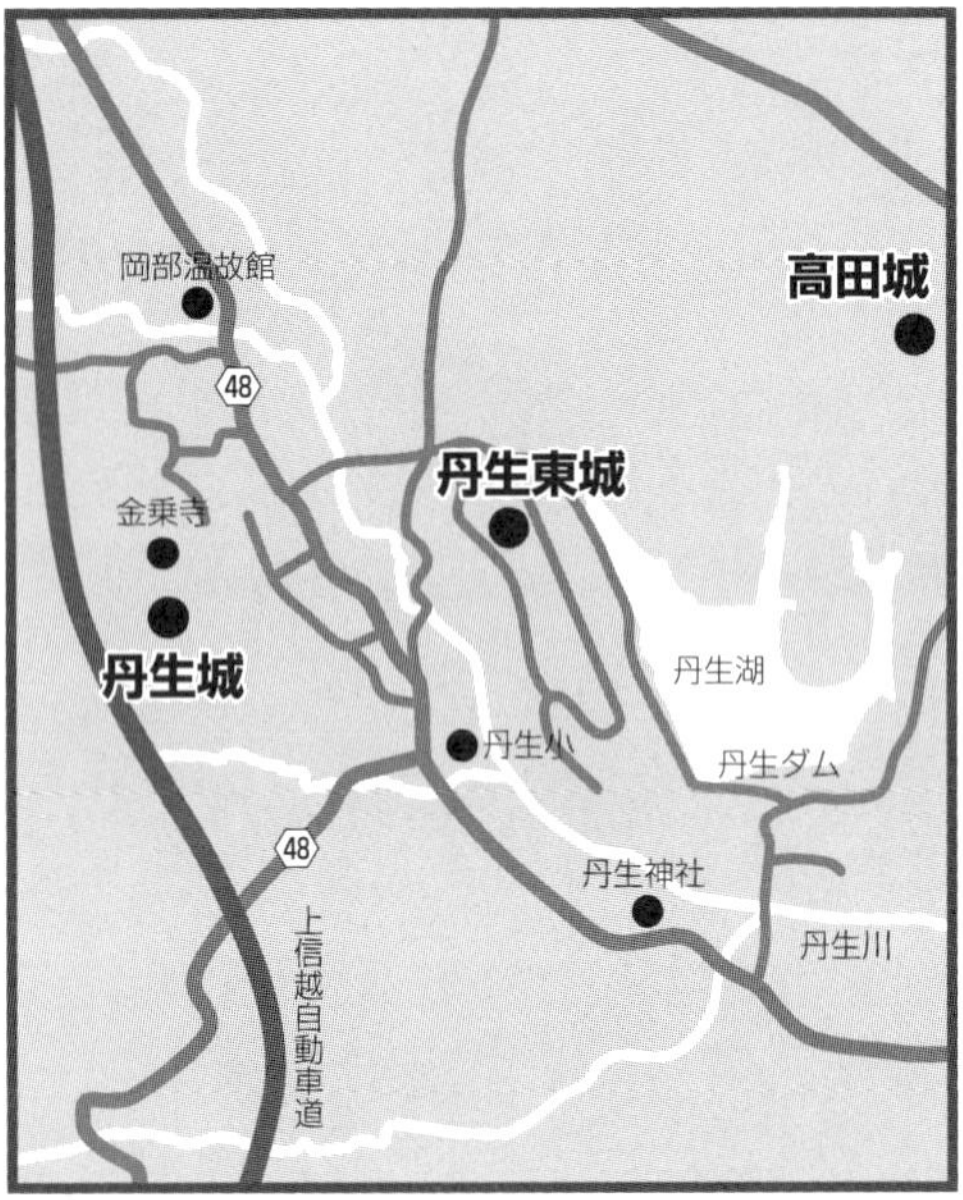


近年、障子堀が確認される例が全国的に増加中である。従来、後北条氏の城として知られる山中城（静岡県三島市）などが典型的な例となって、後北条氏の城の特徴的なものとされてきたが、様々な城で確認されるようになるとともに、時期も十五世紀後半からの例も知られるようになってきた。この地域が後北条氏の勢力下になる時期の一つに天正十年（一五八二）～天正十八年の間があるが、かわらけの年代観からは、この時期のものとは考えられず、それ以前の時代である可能性が高くなったといえよう。

飯森氏は、こうした出土遺物の年代観から、天正年間ではなく、天文二十一年（一五五二）、後北条氏が本県を席巻した際に築城した可能性を指摘している（飯森二〇一二）。上杉方勢力で丹生城を本拠としていた新田岩松（後閑）氏や東約一・二キロメートルの高田城を本拠にしていた高田氏などを後北条氏が追うために楔として打った城と考えたのである。

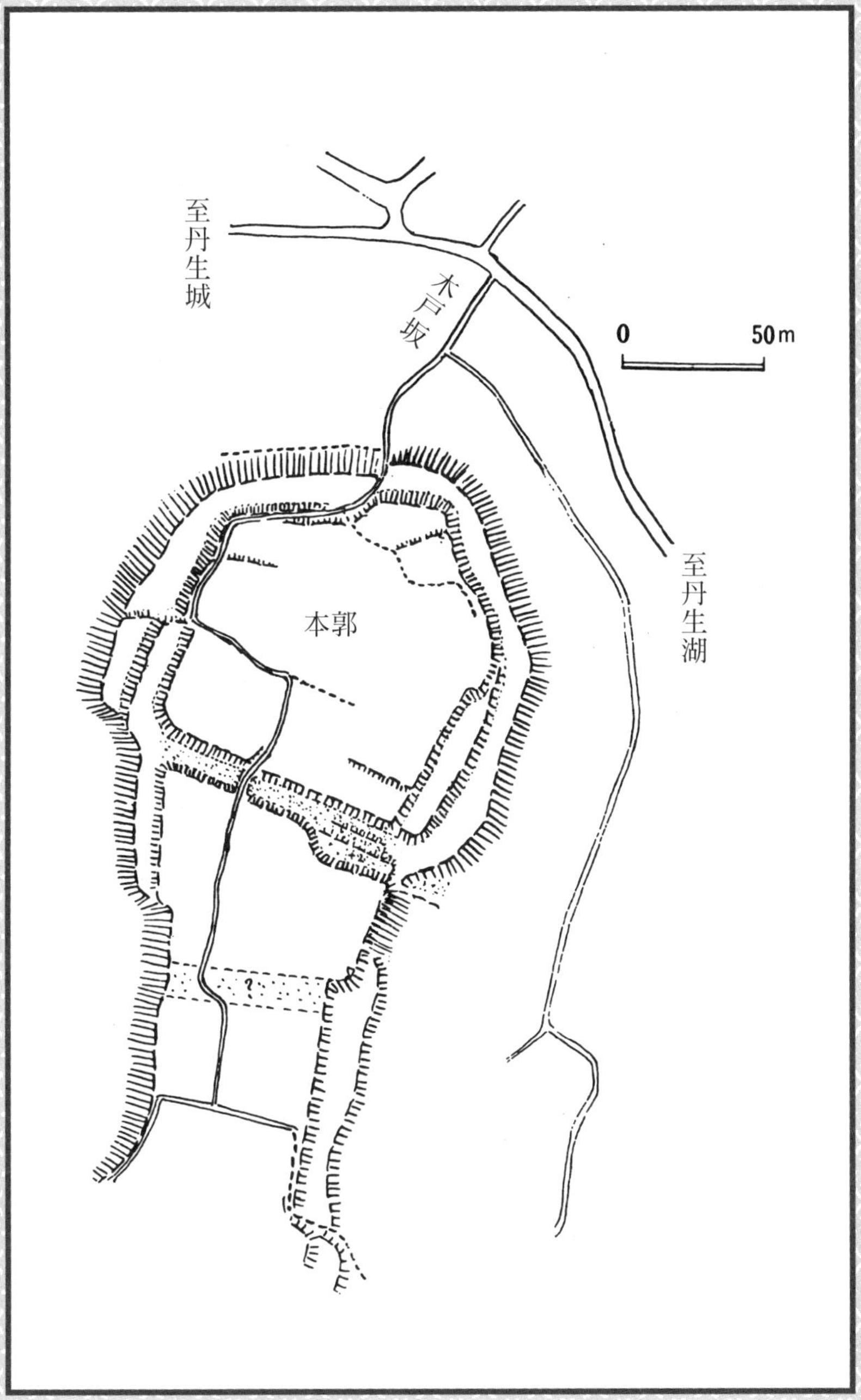


丹生東城縄張図（山崎一 1979 に加筆）

こうした可能性に加え、永禄四年の武田氏の鏑川流域の侵攻なども築城の契機に加えてよいかと思われる。この年、武田勢は高田城（富岡市）の高田氏・国峰城（甘楽町）の小幡氏・高山城（藤岡市）の高山氏など上野西南部の勢力を一気に降参させ、倉賀野城まで迫っている。この時に丹生城の新田岩松氏も追われたとみられ、翌年には小幡憲重が丹生の地を武田信玄から与えられている（黒田一九九二）。こうした攻防も築城の一つの契機だった可能性が考えられる。

ところで、南に約一キロメートルの中山II遺跡においても、ほ場整備に伴う一連の発掘調査で中世の屋敷跡が新たに発見されている（富岡市教委二〇〇九）。この屋敷跡は東西六五メートル×四五メートルで東西を溝によって区画され、内部に掘立柱建物が少なくとも七棟は確認されている。ただし、建物は重複が認められ、何回か立て直されている。また、出土遺物も丹生東城跡に比べ、時間幅があり、おおむね十六世紀全般にわたっている。報告者が指摘しているように同じ台地の北

主郭北側で見つかった障子堀（写真提供：富岡市教委）

## 一緒にたずねよう●富岡市立岡部温故館

江戸時代、地域の特産物の麻や南牧村で産出した砥石《といし》などを取り引きして、この地方屈指の豪商だった岡部家が所有していた美術品や民具資料を収蔵・展示する資料館である。これらの展示資料を見ると、当地方の近世の賑わいをうかがい知ることができる。南牧村の砥石生産などは中世までさかのぼるので、戦国時代にもこの地方はそうした流通の拠点だったに違いない。

〔所在地〕富岡市上丹生2395

端と南端に立地する屋敷と城との関係が課題になってくる。

丹生東城跡は詳細な発掘調査がなされ、発掘調査報告書としての記録として保存されることとなった城である。現在、堀跡などはほぼ確認できないような状況ではあるが、城跡があった台地の高まりは調査時と基本的には変わっていない。この地に立って丹生城などとの距離をつかむことは十分可能である。

（秋本 太郎）

### ●参考文献

飯森康広 ■二〇一二「1城と土木技術から探る上州の戦国社会」『戦国史―上州の150年戦争』上毛新聞社
黒田基樹 ■一九九二「戦国期上野小幡氏に関する基礎的研究」同一九九七『戦国大名と外様国衆』文献出版に再録
富岡市教委 ■二〇〇九『丹生地区遺跡群』
山崎 一 ■一九七九「丹生東城」『群馬県古城塁址の研究補遺編 上巻』群馬県文化事業振興会

# 菅原城《すがわらじょう》

■所在地／富岡市妙義町菅原　■文化財指定／なし
■城主／高田氏　■分類／山城
■交通アクセス／富岡市乗り合いタクシー菅原線「川後石バス停留所」下車二〇分・上信越道「松井田妙義IC」から車で二〇分　駐車場なし

## 歴史に埋もれた城

**伝説の城**　江戸時代に書かれた『上毛古城記』や『上州故城塁記』に、菅原城の記載はない。注目されず、忘れ去られた城であった。それでも、明治時代に入って編まれた『上野国郡村誌』甘楽郡菅原村（富岡市妙義町）で紹介され、伝承を知ることができる。

地元では、永禄年間（一五五八―一五六九）に高田図書という人物が居城とし、武田信玄に攻め落とされたと伝えていた。しかし、図書という人物を高田氏に見つけることはできない。

興味深いのは、『上野国郡村誌』甘楽郡中小坂村（下仁田町）の記事である。高田氏は初め中小坂におり、高田村（富岡市妙義町）へ移り、その後菅原城に入ったという。つまり、高田氏の本城であった。城の北方にある陽雲寺に、高田氏歴代の墓が残ることで裏付けられる。城郭研究家山崎一氏も、高田氏の後期居城とする。ただし、厄介な点は史料上「高田」としか記されていないことで、菅原城を確実に指した例がない。

**落城と再生**　高田氏は鎌倉時代から鎌倉御家人として知られた武士で、菅野荘を抱えていた。『関八州古戦録』では、関東管領上杉憲政の悪政を招いた奸臣とされる菅野大膳亮が高田氏と言われ、イメージが悪い。同じ頃に実在した人

菅原城遠望

物として大和守繁頼がいるが、系図では落ちている。黒田基樹氏は、天文十六年（一五四七）信玄による志賀城（長野県佐久市）攻めで戦死した高田氏の当主が憲頼で、嫡子某も戦死したため、次男の繁頼が家督を継いだと分析する（黒田二〇一一）。永禄三年（一五六〇）上杉謙信が初めて上野国に越山すると、高田小次郎（繁頼）は「箕輪衆」として参陣した（『関東幕注文』）。しかし、翌四年十一月武田信玄が初めて上野国に侵攻する際、西牧城（下仁田町）、諏訪城（安中市松井田町）と並び高田城が攻略目標に掲げられた。同月十八日高田氏は降参し、信玄は二十日に国峰城（甘楽町）へ向かう。この際の高田城は、富岡市妙義町下高田の高田城であったと考えている（飯森二〇一四）。

　永禄五年五月、信玄は再び西上野一帯に攻め入る。周辺で刈り取った麦を、味方である和田城（高崎市）、天引城（甘楽町）、高田城（菅原城）、高山城（藤岡市）へ運び込んだ。信玄の攻略目標は、諏訪城・安中城（安中市）、倉賀野城（高崎市）であった。菅原城は諏訪城攻めに向けた武田氏の戦略的な意図により、新たに取り立てられたのだろう。天引城、高山城は、いずれも高所に選地し、菅原城と状況が似ている。諏訪城および安中城は、永禄五年九月までに信玄方となったため状況が変わり、以後武田氏が菅原

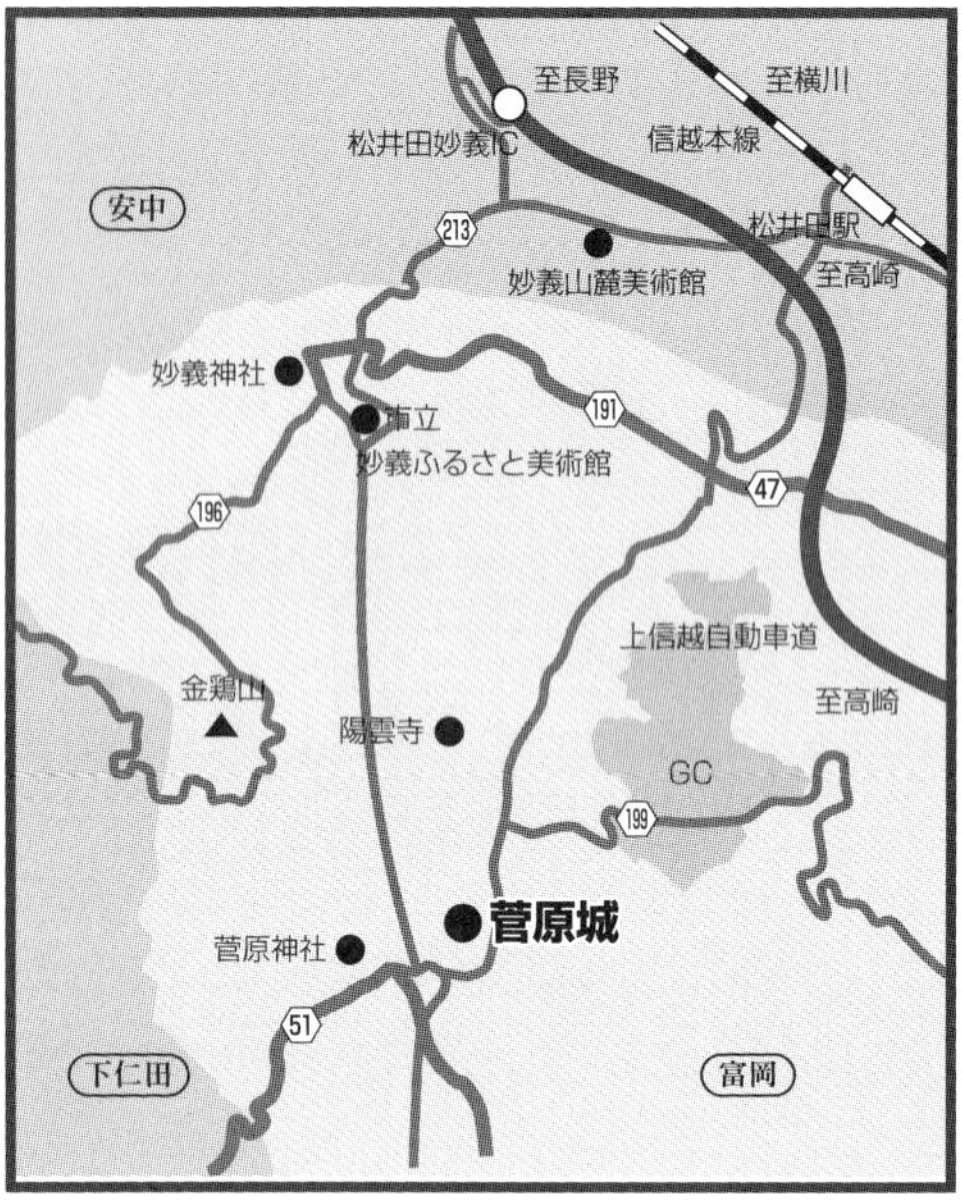


城を利用した史料は見られなくなる。

高田繁頼は武田方として働き、永禄十二年には越相同盟を背景に、上杉方へ懐柔された小幡信尚討伐を命ぜられ戦功を挙げた。系譜によれば、元亀三年（一五七二）繁頼は三方ケ原合戦で負傷し、翌年死去した。その後の高田氏の動向は明らかでないが、天正十八年（一五九〇）小田原合戦の際、西牧城（下仁田町）に北条家足軽衆とともに詰めていたと考えられる。以後、高田氏は没落し菅原城も廃城となったのだろう。

**断崖の城**　妙義山系の一つで標高八五六メートルの金鶏山から、東麓へ細長く延びた尾根の突端に、菅原城が築かれている。尾根は南西に向かって奥まっていく谷間を遮り、それに沿って高田川が北へ流れている。最高所の標高は四五二メートルである。北東麓には住宅の密集する中宿があり、町屋集落と考えられる。現在は東側崖下に主要地方道松井田—下仁田線が通行するが、元々の

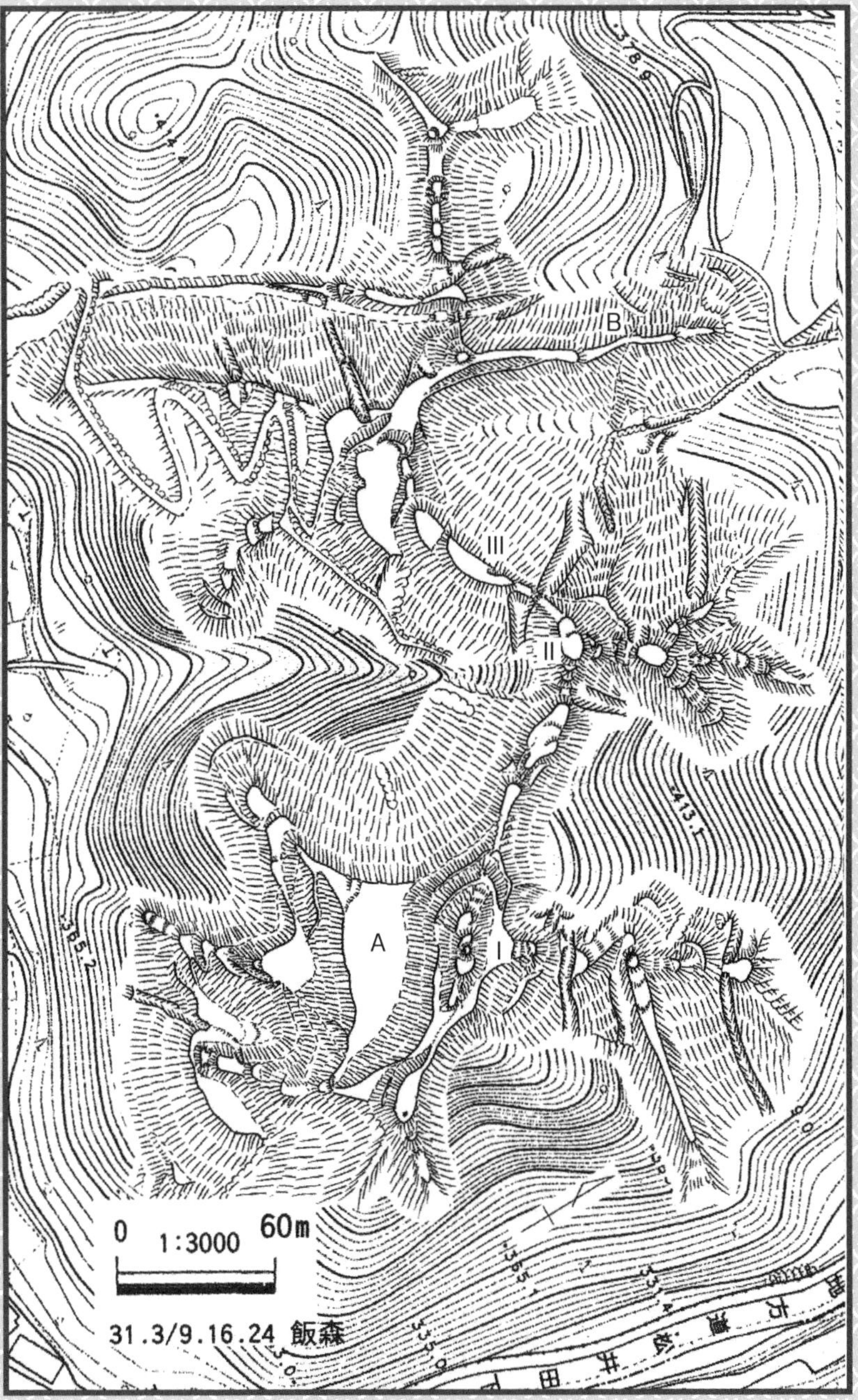


菅原城縄張図（1:3000）

街道は城の西側を通っていた。

　尾根は切り立った急斜面に囲まれた天嶮の地である。山裾との比高差は一〇〇メートル近く、所々に岩塊が突き出している。城は「へ」の字に折れた尾根を三つの郭群に大きく分割する。総延長三〇〇メートルに近い大城郭である。東側突端の約一一〇メートルの直線部が、第Ⅰ郭を中心とする郭群である。次いで「へ」の字に屈曲する部分約二〇メートルが第Ⅱ郭などで、その西側の弓なりの約一五〇メートル部分が、第Ⅲ郭ほかの郭群である。

　第Ⅰ郭は城の最高所である。非常に狭いが腰郭により同心円状に囲い込んでいる。中心部は小さな円形の土壇であり、望楼などが想定される。Ａは最も広い郭で、目立った防御施設はなく、この城の最深部で中心的な空間と思われる。南斜面は以下急斜面となる。北面も急斜面が巡るが、こちらは堀切を二重に設け厳重である。西側も二本の堀切によって第Ⅱ郭と分離されている。

　第Ⅱ郭は東西両側を深い大堀切で分割され、砲台状の郭となっている。北面は細い尾根が三条あり、それぞれに削平面が作られている。山崎一氏はこの斜面に大手を想定しているが、現状は断崖で登山に長けていないと登れず無理がある。ただし、第Ⅰ郭の北東面も併せて、北斜面には執拗に防御線が形成されていることは確かである。

　城の西端は厳重で、二重の堀切が設けられる。内側の堀切は南北とも竪堀となる。南側は長大なもので西側に土盛りを伴って深さを増している。北面の竪堀はやや短く西へ曲がる。その東側には郭面から続く長大な土塁が並走している。この土塁はとても興味深い。途中二度の段差を設けている。西面に広がる谷地形に対する攻撃的な土塁である。B付近には斜路があり、ここが城への登城口（大手）と考える。北方の集落から登城すると、北麓はこの辺り以外険しくて登れない。長大な竪堀は県下では限られた

## 一緒にたずねよう●妙義神社

妙義山麓に鎮座する。国指定重要文化財である本殿・拝殿・弊殿などは、豪華な彫刻で埋め尽くされている。記録によると、天正十八年（一五九〇）の小田原合戦の時、堂社仏閣すべて焼失したという。直後におの宮を再建したのは、高田氏の老母であった。領主の地位を失っても、財力を保ち信仰心に溢れた姿が垣間見える。

〔所在地〕富岡市妙義町妙義6

城にしか使われておらず、周辺では国峰城や松井田城の例がある。この点から菅原城の縄張に、戦国大名勢力の関与がうかがえ、城史から武田氏との関わりが想定される理由である。

（飯森　康広）

### 関連する見学地

■陽雲寺の高田氏関係墓石群／菅原神社（富岡市妙義町）

### ●参考文献


飯森康広　■二〇一四「戦国期の富岡市妙義町菅原城と高田氏の検討」『研究紀要』32　公益財団法人群馬県埋蔵文化財調査事業団

黒田基樹　■二〇一一「天文期の山内上杉氏と武田氏」（同二〇一三『戦国期山内上杉氏の研究』岩田書院に再録）

山崎　一　■一九七八『群馬県古城塁址の研究』下巻　群馬県文化事業振興会

# 国峰《くにみね》城《じょう》

■所在地／甘楽町国峰　■文化財指定／甘楽町指定史跡
■城主／小幡氏　■分類／山城
■交通アクセス／上信電鉄「上州福島駅」から乗合タクシー那須線「枇杷の沢」下車徒歩二〇分・上信越自動車道「富岡IC」から車で二〇分　駐車場なし

## 甘楽谷屈指の大城郭

**小幡氏と情勢変化**　国峰城を居城に、甘楽谷で勢力を持った小幡氏の存在は、室町時代から史料上で確認できる。その頃から、上杉氏家来の小幡三河守系と、上州一揆の小幡右衛門尉系の二家が存在した。国峰城を中心に活躍したのは、右衛門尉系であり、文明三年（一四七一）には上州一揆旗本長野氏と連名で、将軍足利義政から感状を受けるほど、有力な勢力となっていた。

天文十五年（一五四六）、川越で関東管領方が小田原の後北条氏に敗れると、同十七年、小幡憲重は後北条方となり、関東管領上杉憲政の居城平井城（藤岡市）を攻めた。同二十一年、後北条氏が上杉憲政を追うと、小幡氏は後北条方として勢力を温存した。

しかし、永禄三年（一五六〇）、長尾景虎（上杉謙信）が上野国に侵攻して後北条勢を追った際、小幡憲重は武田信玄を頼って国外に逃れていた。国内には、足利衆として上杉勢に参陣した小幡次郎・道佐と、上杉憲政家来の小幡三河守が総社衆として参陣していた（「関東幕注文」）。

この間の事情を、『甲陽軍鑑』が記している。小幡憲重と同図書助はともに、箕輪城主長野業政の娘婿であり、憲重は長野氏と結んだ図書助によって、国峰城を追われたとしている。図書助は神成城主であり、小幡次郎の父という（「高

遠堀からの遠望

山氏系譜」）。黒田基樹氏はこの出来事を、景虎の上野国侵攻に伴い、永禄三年に起こった内紛としている（黒田二〇一一）。

**小幡憲重の国峰城復帰**　永禄四年十一月、武田信玄が西上野に侵攻すると状況が一変する。信玄は西牧城（下仁田町）を落とし、高田城（富岡市）を降参させ、国峰城に入った。この際、小幡憲重は国峰城に復帰したと考えられる。しかも、これを契機に丹生（富岡市）や小林（藤岡市）周辺まで勢力下に置くこととなった。おそらく、武田氏の上野国侵攻に、小幡憲重の功績が大きかったためと推測される。

『甲陽軍鑑』には、永禄三年信玄が南牧に城を築き、小幡憲重を置いたという記事がある。南牧地域に対して、小幡氏は以前から影響力を持っていたため、こうした人選となったにちがいない。憲重は別働隊として、甘楽谷侵攻を準備し、武田氏の侵攻に貢献したことがうかがえる。

**西上野の大勢力へ**　永禄十年、上野国や信濃・甲斐国の家臣が、信玄に対する起請文を掲げ、生島足島《いくしまたるしま》神社に奉納した。中でも小幡氏のものは多く、当主である小幡信実をはじめ、親類五人、家来十二人のほか、南牧衆三人も傘下に置いている。小幡信実の勢力は、甘楽谷から信濃国境まで及んでいた。また、別家として小幡信尚・憲行・具隆が周辺にいたことがわかる。「甲州武田法性院信玄公御代惣人数事」（『甲陽軍鑑』）によれば、小幡氏は単独で千騎を有し、箕輪城の武田家臣内藤昌秀二五〇騎と比べても、格段に多かった。

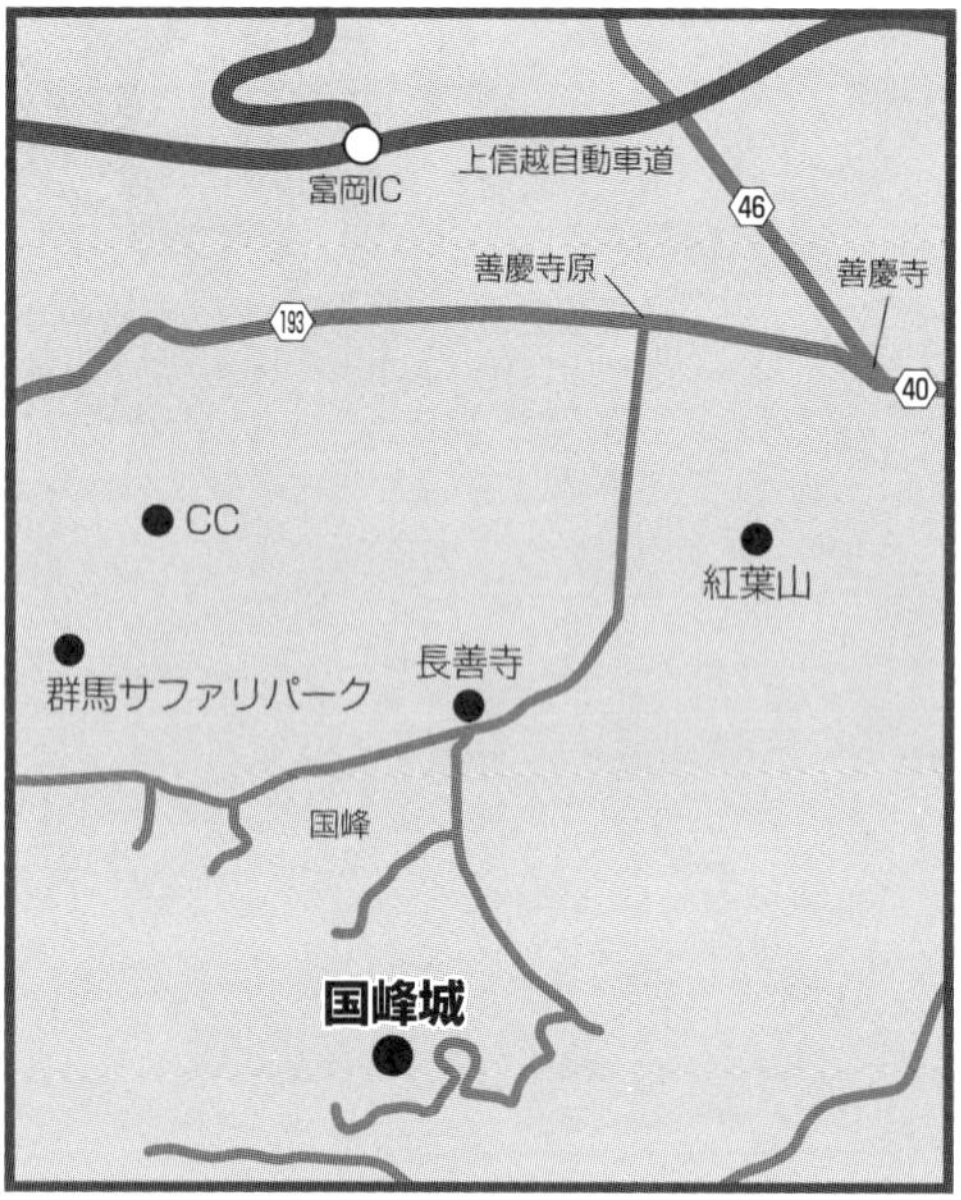


　天正十年（一五八二）三月武田氏が滅び、織田氏も倒れたため、小幡氏は後北条氏に従った。後北条軍で一手役を構成する軍勢であった。豊臣秀吉による小田原攻めが迫ると、当主小幡信定は小田原在城を命じられ参戦した。この際、国峰城は利用されず、代わって宮崎城（富岡市）が戦場となり、一族が籠城したと考えられる。小田原合戦後、国峰城は廃城となった。

**際だった竪堀を持つ縄張**　城域は大きく三つの要素で構成される。一つは山城部である。次いで東麓の緩やかな斜面に、「御殿平」と呼ばれる場所があり、城主の御殿と家臣屋敷と考えら

国峰城縄張図（1:5000）

れている。また、北東の紅葉山西麓から下川までを掘り込んだ遠堀があり、その南側に城下部が広がると考えられる。

山城部は、標高四三四・三メートルの最高所を本郭（縄張図のⅠ）とする。東西に尾根は続くが、本郭はこの尾根の東寄りに位置し、小規模で一辺一〇メートル程度に過ぎない。このため、西側の郭を連続することで一体として使用している。東は急斜面となり、蛇行しながら大手道が続いている。この道を「ハ」の字に挟むように、南北の稜線を長大な竪堀が下り、この城の見所となっている。大手道は南稜線の竪堀下から北へ折れて、御殿平の東下へ向かって斜面を下っていく。本郭の西側は緩やかな尾根が細長く延びるため、大きな堀切で二カ所を分割した上、尾根の交差部を平らな陣地としている。その先の尾根にも堀切がある。西側は城の裏手となるが、こちら方向へ厳重に対処しているので、城は大規模となっている。東側の尾根も要所を掘り切って侵入を防ぎ、物見山の東にある大堀切で城外となる。

御殿平は一辺八〇メートルほどの三角形をした平坦部で、城内で最も広い郭である。おそらく、城主の日常的な生活空間であり、御殿建築などの建物が並んでいたと想像される。

**遠堀から大手ルートへ**　遠堀は、本郭から北東へ約二キロメートル離れた平地部にあった。紅葉山の西麓から下川の間を掘り切り、東西長約三四〇メートルに及ぶ。広い意味でここまでを国峰城と考えることができる。遠堀は昭和五十年に一部が発掘調査され、現在一部を保存整備してある。遠堀の中央に通路があり、発掘調査の結果、木橋と判明した。この通路は、大手筋として南方の恩田集落へ向かっている。

登城路は、この谷間を真っ直ぐ南へ向かい、谷の最深部で西へ折れて、城へ向かったと考えている。進入路は荒廃して不明だが、Aに木戸

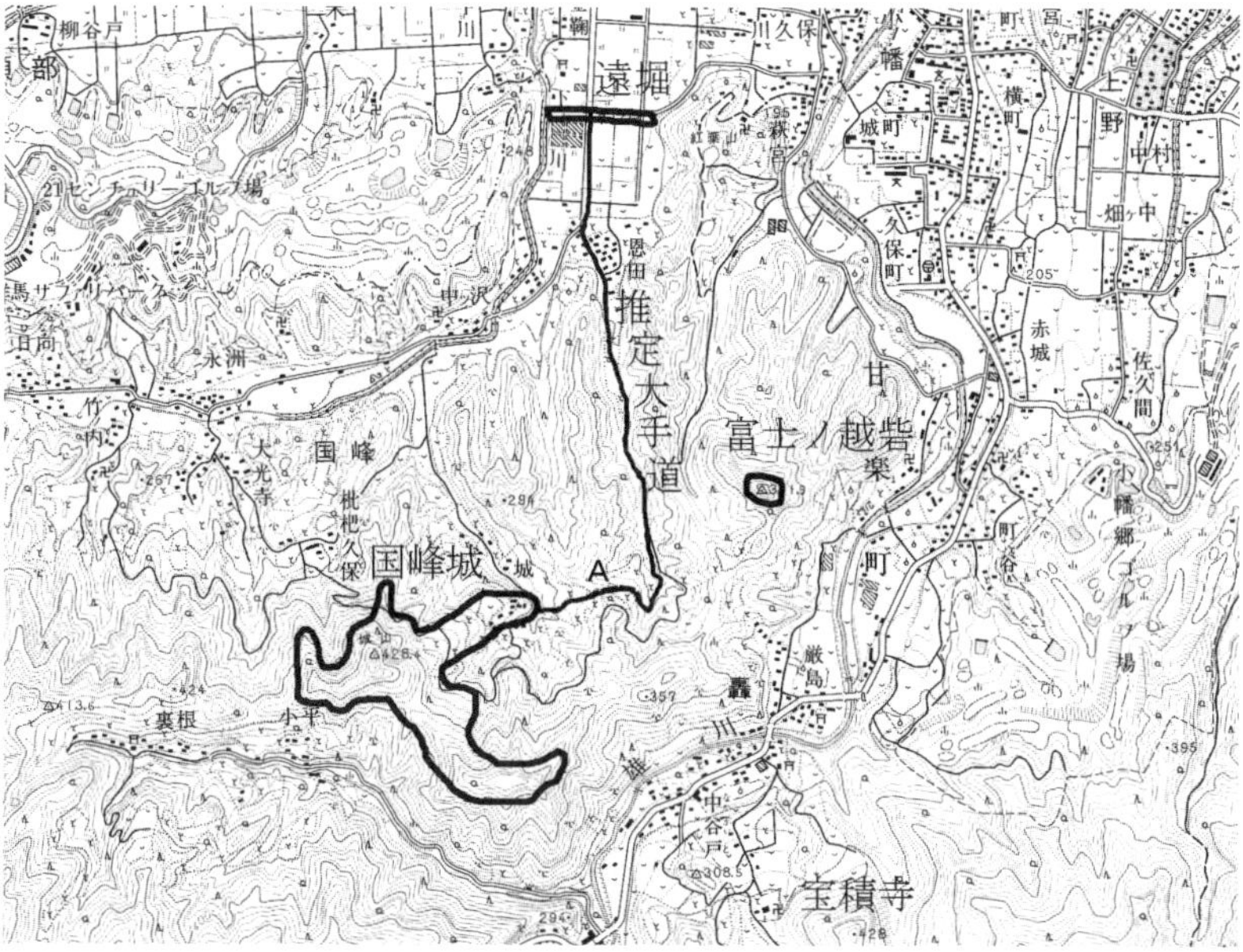


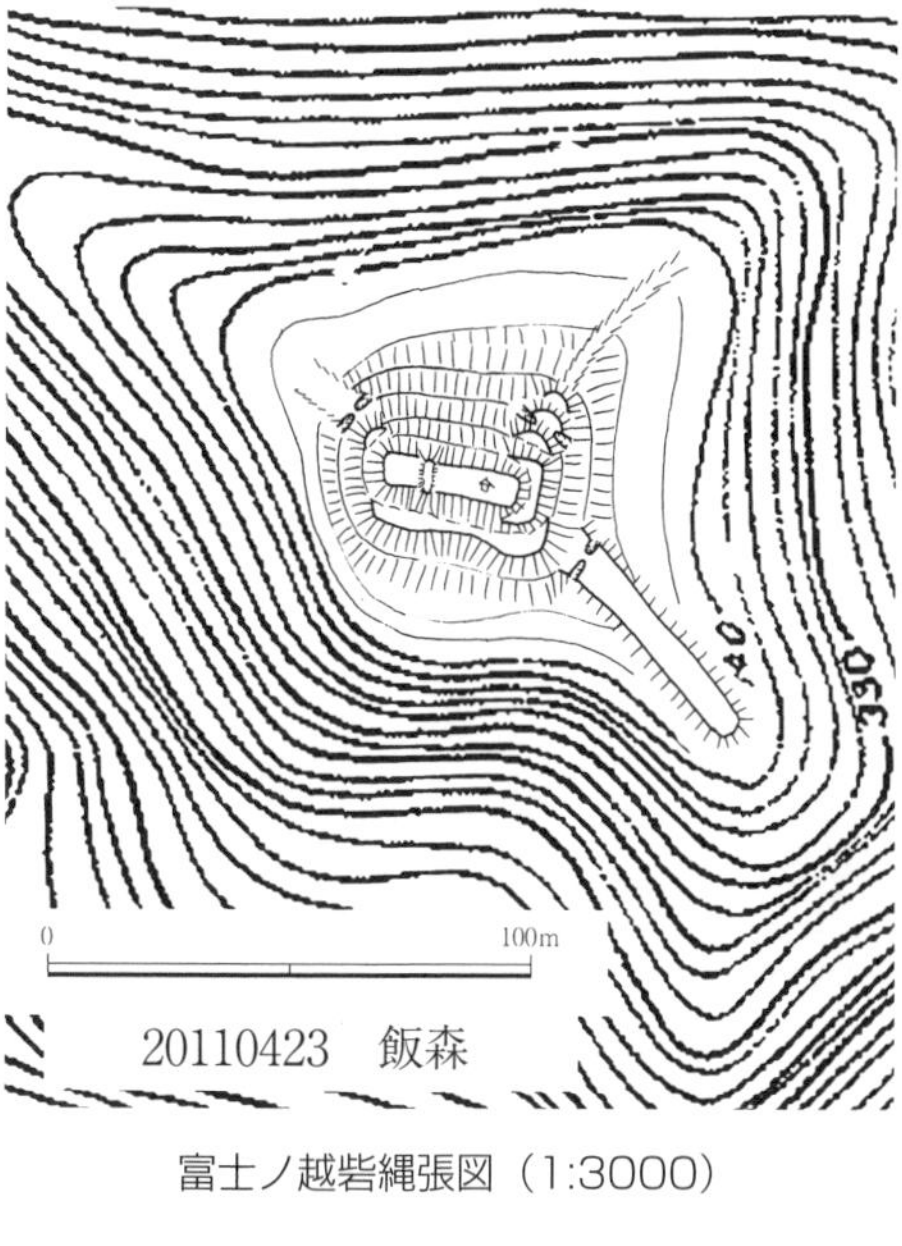


富士ノ越砦縄張図（1:3000）

があったと考えるのが自然である。ここを通ると、そのまま城の大手道に達することができる。

**「富士ノ越砦」** 大手ルートを真っ直ぐ進み、そのまま南の尾根に登って、南麓の雄川流域へ通じる道もあったと想像される。東に尾根を挟んで、大字「轟」字「富士の越」という地名があ

大堀切

る。この尾根の東に「富士ノ越砦」が設けられている。

「富士ノ越砦」は地名から呼んだもので、伝承や記録はない。頂部の標高は三五一・五メートルと周辺では高い。砦の構造は単純で、頂部を長方形に成形して、斜面下の尾根三方向を浅い堀切で切り離している。南側に広い平坦部を設ける。南北の尾根は細長く平らだが、堀や土塁などは造られていない。

（飯森　康広）

御殿平

## 一緒にたずねよう●甘楽町歴史民俗資料館

平成二十七年度「日本遺産」ストーリーの構成文化財に認定された「旧小幡組製糸レンガ造り倉庫」を利用した展示施設である。建物は大正十五年に繭倉庫として建設された。二階では小幡氏に関連した戦国時代の古文書のほか、地元で保存されてきた鎧冑を見ることができる。

〔所在地〕甘楽郡甘楽町小幡852―1

### 関連する見学地

■宝積寺「小幡氏歴代の墓」／楽山園（甘楽町）

### ●参考文献


飯森康広■二〇一一「国峰城」『関東の名城を歩く 北関東編』吉川弘文館

黒田基樹■二〇一一「山内上杉氏領国化の小幡氏」『武田氏研究』（のち同二〇一三『戦国期山内上杉氏の研究』岩田書院に再録）

# 鷹《たか》ノ《の》巣《す》城《じょう》

■所在地／下仁田町吉崎　■文化財指定／なし
■城主／小幡氏　■分類／山城
■交通アクセス／上信電鉄「下仁田駅」下車徒歩二〇分・上信越自動車道下仁田ＩＣから車で一〇分「青岩公園」駐車場を利用

## 甘楽・南牧谷境目の城

**落城の記録**　鷹ノ巣城は関連する史料に乏しく、実態のわかりにくい城である。江戸時代に書かれた記録では、概ね小幡三河守の城で一致している。なかでも『上野国名跡志』は、「小幡三河守、鷹巣城に居り、上杉輝虎に属す。その後信玄、当国西郡を打ち従わし時、落城」という記録を載せている。『甲陽軍鑑』では、武田信玄が落とした上野国内の城として、「松ゐだ」（松井田）・「なんもく」・「たかのす」・「くらがの」・「みのわ」を上げ、鷹ノ巣城の落城を伝えている。

信玄が上野国に侵攻したのは、永禄四年（一五六一）十一月であり、西牧城（下仁田町）を落とし、高田城（富岡市）を降参させ、国峰城（甘楽町）に進んだ。十二月には後北条氏と共に倉賀野城（高崎市）を攻めたが、攻略できなかった。信玄はこの折、高山城（藤岡市）を確保し、上武国境の小林氏を来属させている。

**小幡一族の動き**　小幡氏でこの頃三河守を名乗った人物として、小幡信尚がいる。関東管領上杉憲政の家来であり、国峰城の小幡氏とは別家でつながりはわからない。天文二十一年（一五五二）、上杉憲政が平井城を追われると、小幡信尚も越後行きに同行した。永禄三年上杉景虎（謙信）が上野国に侵攻した際、小幡信尚

堀切

は総社衆として組織された。なお、国峰城には足利衆に組織された小幡次郎がおり、一族小幡道佐も加わっていた。小幡信尚が鷹ノ巣城に入城したとすれば、境目の城として上杉氏によって配置されたとするのが妥当だろう。
　国峰城主小幡憲重も、この頃一族に本領を追われていた。永禄四年、信玄の上野国侵攻に合わせて、国峰城に復帰を果たしたらしい。憲重は復帰直後から小林氏の拠る藤岡地域や、新田（後閑）氏の本領丹生地域（富岡市）まで勢力を伸ばしていく。以後、武田方の有力勢力へと発展し、武田氏の西上野支配の中核を担うこととなった。その背景には、前段となる活躍をうかがうことができる。
　『甲陽軍鑑』には、永禄三年に信玄が南牧に城を築き、小幡憲重を置いたという記事がある。南牧地域に対して、小幡氏は以前から影響力を持っていたため、こうした人選となったにちがいない。地元の市河衆は山小屋へ移動し、本城

（砥沢城か）へ武田の番衆が入ったというので、小幡憲重らも番衆に含まれていよう。武田氏は余地峠を越えて南牧地域に入り、小幡氏の協力を得て、勢力下に置いたのだろう。

鷹ノ巣城は南牧地域から甘楽谷へ向かう入り口に位置する。永禄四年段階で上杉方であった小幡三河守の城と考えると、一族が敵味方に分かれ対峙していたこととなる。鷹ノ巣城はこの時期、境目の城となっていた。永禄四年、鷹ノ巣城は武田軍の侵攻によって落城したのであろうが、小幡信尚は武田家の軍門に下り、以後武田方として存続した。同十一年生島足島神社へ出した起請文では、国峰城主小幡信実とは別に、信玄への忠誠を誓っている。この頃、上武国境近くにいたらしいが詳細は不明である。

翌十二年越相同盟が成立すると、後北条方の平沢氏を介して後北条方に転じた。このため、信玄の命を受けた高田繁頼らによって攻められ没落した。

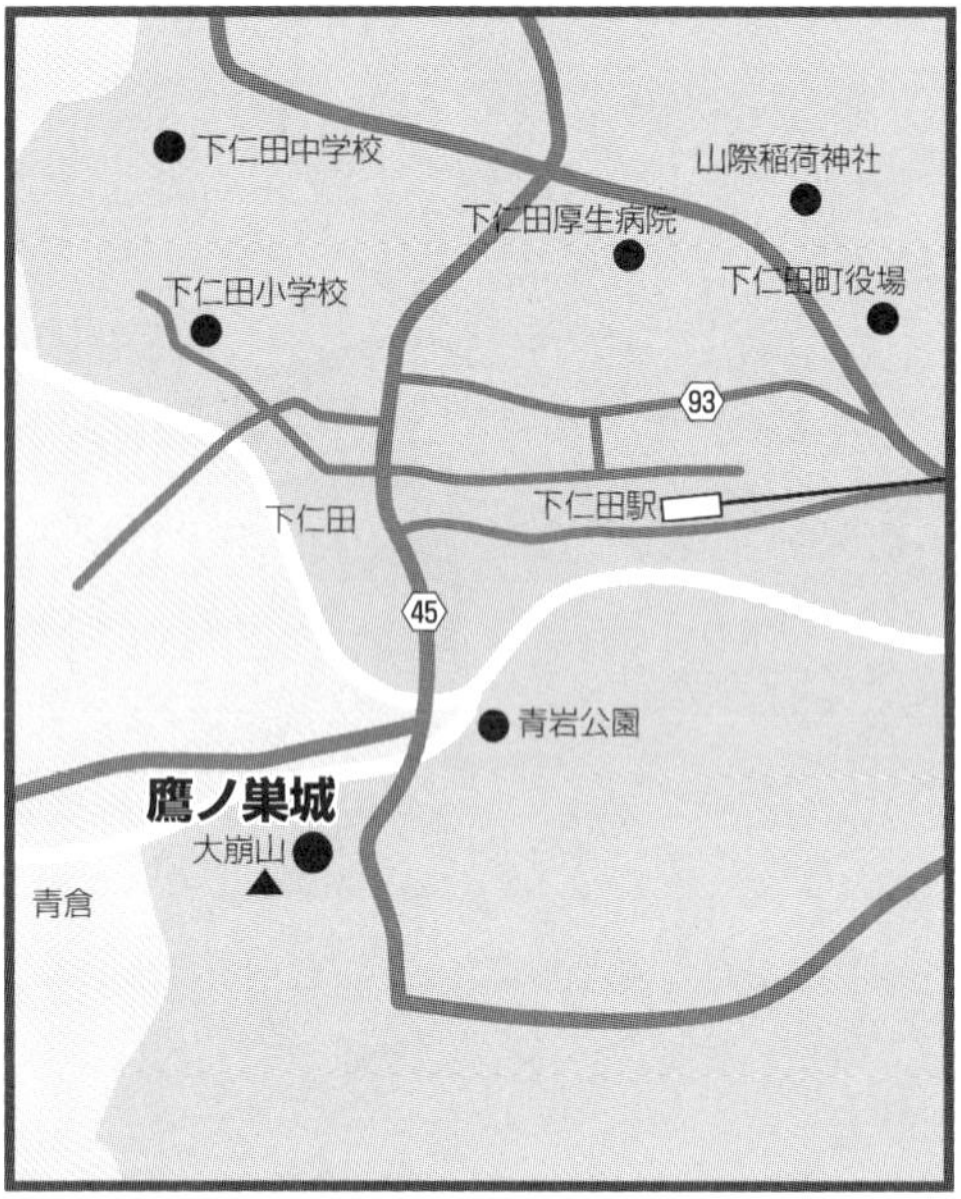


**岩山の堅城と下郭**　鷹ノ巣城は岩肌の露出した大崩《おおぐい》山山頂を利用した山城部と、その東麓の下郭で構成される。比高差は二〇〇メートル近い。山城部は大崩山のほぼ全体に及び、細長いY字形の尾根に広がっている。

第I郭はY字形が分岐する最高所で、標高

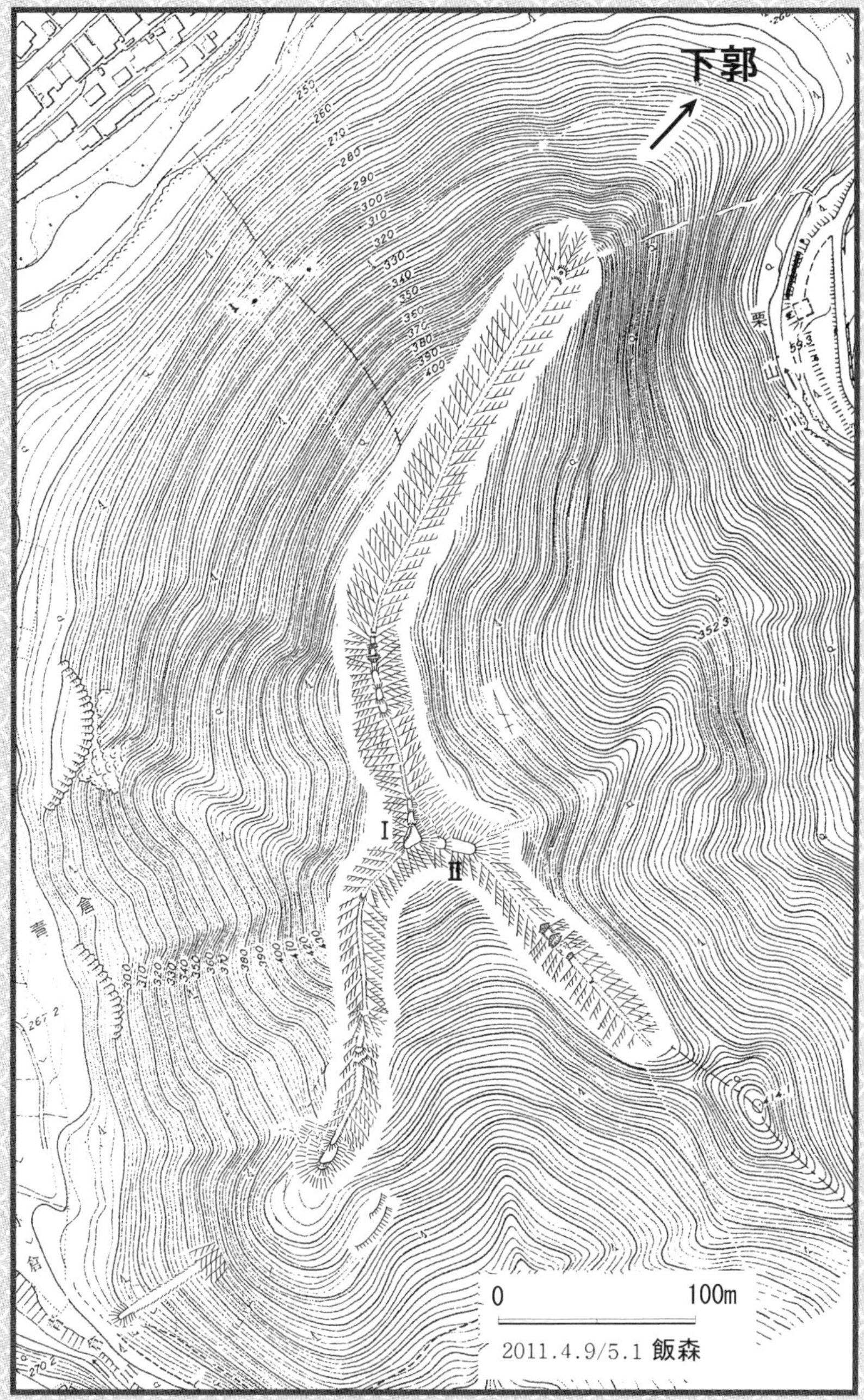


鷹ノ巣城縄張図（1:4000）

四五九メートルである。城域は第Ⅰ郭から北へ延びる尾根が約一〇〇メートル、南西の尾根は約一五〇メートル、南東の尾根は約八〇メートルに及ぶ。第Ⅰ郭は一辺約一〇〇メートルの三角形で、西辺に低い土塁が残る。南東の尾根に一段低く第Ⅱ郭がみられ、そこから南側は急傾斜となり、二本の堀切によって城外となる。

第Ⅰ郭の北側は、約一〇〇メートル付近に二重の堀切があり、その南側に三段程度削平地がある。ここから北側が城外となるが、尾根は北へ向かってさらに約二〇〇メートル続く。突端に小祠があり、以下絶壁となる。眼下に下郭がみえるが、直接の連絡は難しい。山城部の郭配置からみても、連携は図られていない。

第Ⅰ郭から南西の

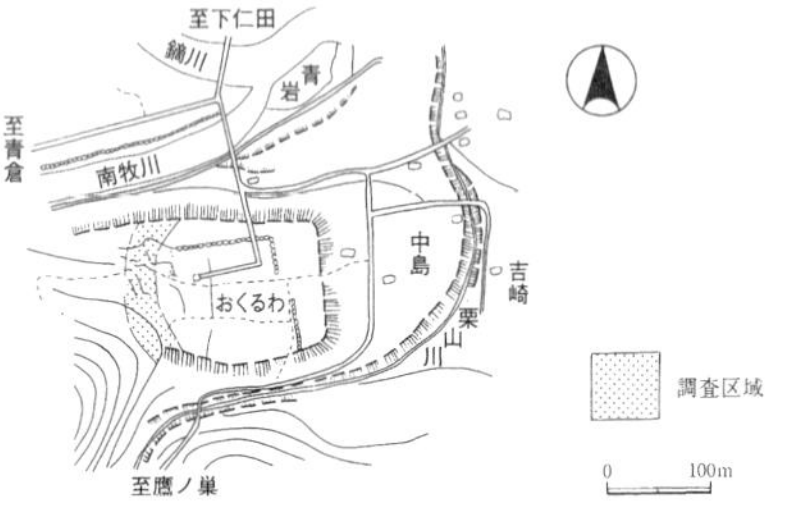


下郭と調査区（報告書より転載）

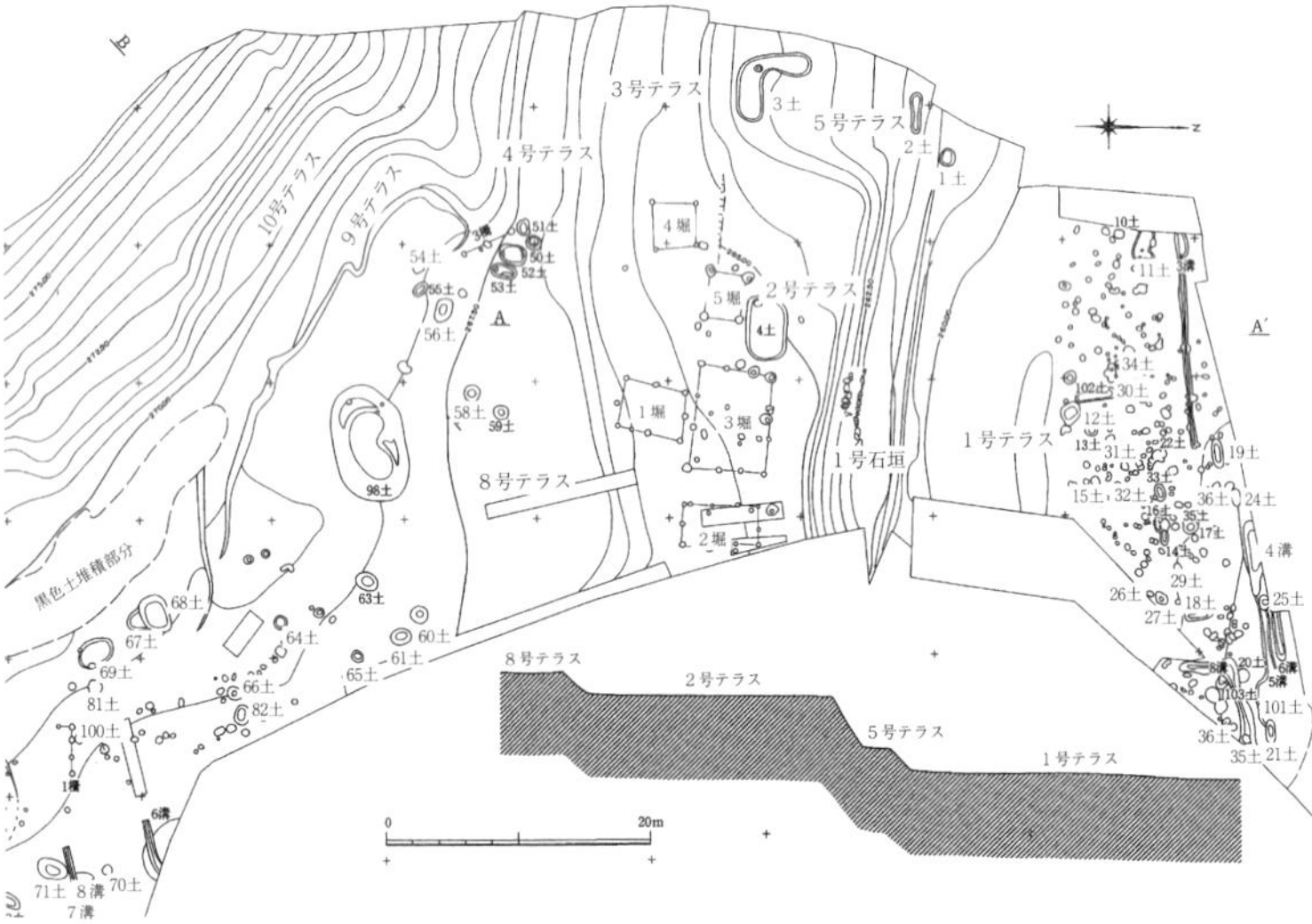


鷹ノ巣城遺跡調査区北側（1:1000）

尾根は、自然地形のまま下っていき、約一五〇メートル離れた中腹に平場がある。途中に堀切などはなく、第Ⅰ郭と連絡が保たれている。西斜面に登城路があり、大手と考えられる。西麓は南牧川との間に広い平坦地があり、こちらにも下郭の存在が想定される。対岸は南牧谷へ向かう街道筋であり、ここで渡河していたのだろう。

### 一緒にたずねよう●青岩公園

南牧川と西牧川の合流点にある公園。下仁田ジオパークのジオサイトの一つ。さまざまな魚や生物が観察できる。六〇〇〇万年前の青い石畳が見どころ。下仁田戦争に関係する史跡でもある。河原から鷹ノ巣城を臨むこともできる。

〔所在地〕下仁田町大字川井151

**発掘調査された東麓の遺構**　平成十年に町道のバイパス工事のため、下郭部分の発掘調査が行われた。下郭は字「おくるわ」という地名で、一辺一〇〇メートルの方形区画で、現在、吉崎公園となっている。発掘調査は大崩山際を横断する形で行われた。その結果、斜面をテラス状に削平した遺構が十カ所発見された。遺構は北斜面に密集していた。2号テラスでは掘立柱建物六棟が並んでいる。5号テラスの3号土坑では完形の土鍋が出土した。最下段の1号テラスでも無数のピットが見つかっている。出土遺物はやや多く、十六世紀代である。城に関連する遺構群であることは、ほぼ間違いないと言えよう。

（飯森　康広）

### ●参考文献

飯森康広　■二〇一三「武田信玄の甘楽谷侵攻と城」『群馬歴史散歩』第二二七号
下仁田町遺跡調査会　■二〇〇〇『鷹ノ巣城遺跡』

# 平井城《ひらいじょう》・平井金山城《ひらいかなやまじょう》

■所在地／藤岡市西平井　■文化財指定／群馬県指定史跡
■城主／山内上杉氏　■分類／平山城・山城
■交通アクセス／JR八高線「群馬藤岡駅」下車、上信観光バス小柏線「矢島商店」下車徒歩一〇分、上信越自動車道藤岡IC一五分　駐車場あり

## 姿を現した関東管領本拠の城

**関東管領の本拠・平井城**　室町時代、関東管領を務め、また、上野国守護でもあった山内上杉氏が天文二十一年（一五五二）、後北条氏に敗れるまで本拠の城だった。築城に関し、『喜連川判鑑』などによる永享十年（一四三八）の説などがある（山崎一九七八）が、築城年が記された同時代史料は知られていない。

関東地方における戦国時代の幕開けとなる享徳の乱（享徳三年（一四五五）～文明十四年（一四八二））や長享の乱（長享元年（一四八七）～永正二年（一五〇五））で、山内上杉氏は五十子（埼玉県本庄市）や鉢形城（埼玉県寄居町）、上戸（埼玉県川越市）などを本拠としていたことが知られ、また、県内でも永正年間前後を中心に板鼻（安中市）が山内氏の本拠であったことが注目されるようになった。その結果、平井が確実な史料で確認できるのは、大永年間（一五二一～二七）ではないかという見解も出されるようになっている（森田二〇〇八）。

平井城本丸での発掘調査で出土した遺物は永享十年まで明確に遡るような資料は出土せず、むしろ、十五世紀後半以降～十六世紀中頃の遺物が出土（田野倉一九九九）し、こうした文献史学の成果と比較的一致している。このように比較的短期間の利用をうかがえる成果がある一方で、掘立柱建物の前後関係などから九期にも

整備された本丸東側の堀と橋

わたる変遷が確認され、頻繁な建物の建て替えがあったことが明らかになっている（田野倉一九九八）。通常二十年程度で建て替えられる掘立柱建物の期間を考えると、城の長期的な使用も想定されるため、出土遺物や文献史学とは異なる成果となり、この城の歴史・性格をさまざまな面から検討する必要がでてきている。

現在確認できる城跡は、山崎氏が作図した縄張図（山崎一九七八）の状況が全体的によく残っている。特に、本丸周辺では発掘調査に基づき復元整備されたこともあり、明瞭に堀・土塁などの規模がわかる。平成七年度から平成九年度に行われた発掘調査では裾に石積みが残っている土塁が確認され、本丸東側では橋脚台が検出された。そのほか掘立柱建物や竪穴状遺構、厠跡などが確認された。土塁は本丸西側のみ幅・高さなどの規模が大きく、東側の堀は幅一二メートル、深さ三メートルと小さい。この東側の堀をわたる木橋が整備されるとともに鮎川への崖に落ちる竪堀で確認された石垣が復元されている。これら本丸とその外を取り囲む二の丸・ささ郭などの中核部の外には三の丸・新郭などの郭が広がっている。そして、これらを囲む堀の外にはさらに總郭とよばれる広大な郭があり、二の丸西方の仙蔵寺付近から始まる庚申堀で囲まれている。庚申堀は常光寺付近から次第に深くなり、最終

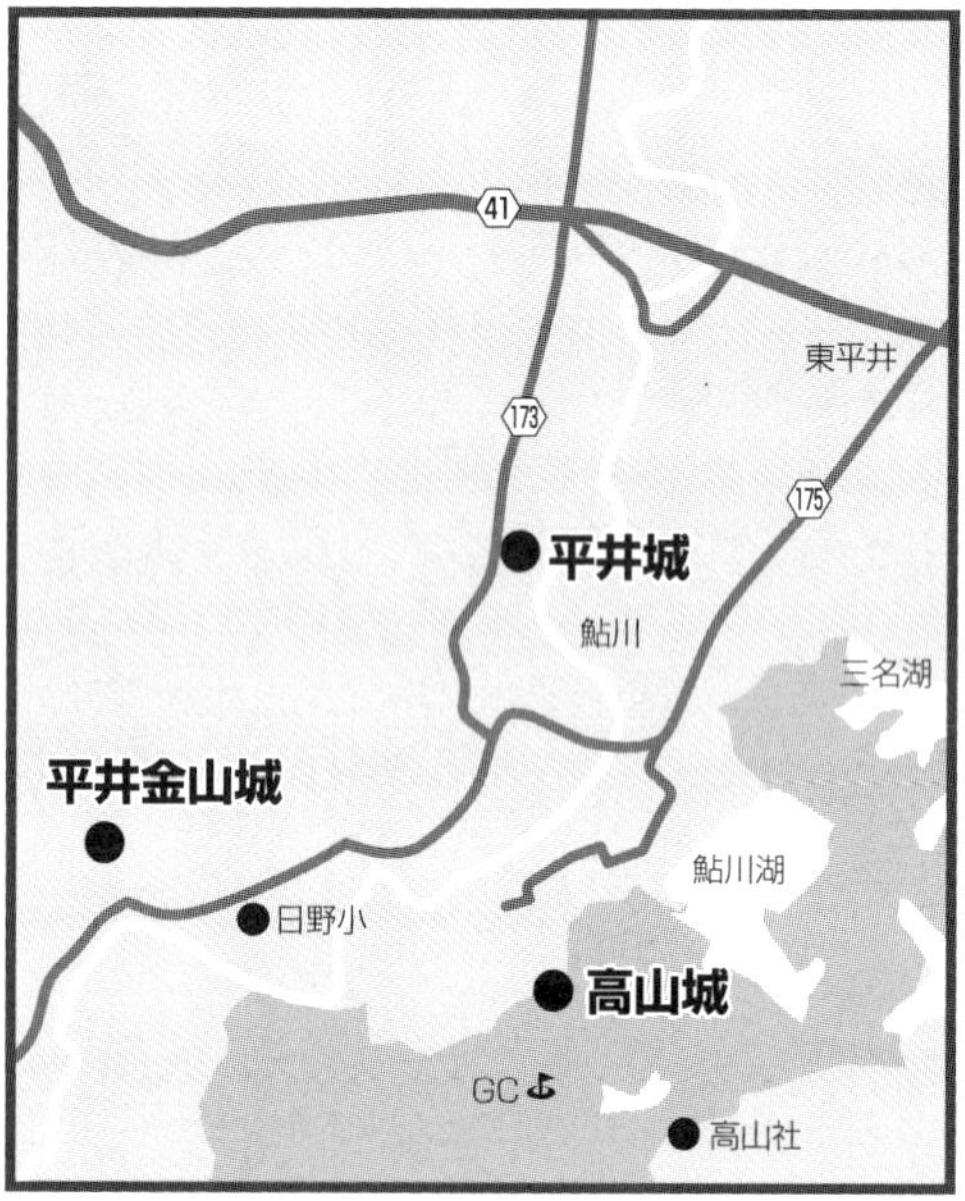


的に鮎川に合流している。庚申堀は発掘調査されていないため、自然河川を利用したのかが不明であるが、この堀の中には仙蔵寺、常光寺、清見寺など平井城とゆかりの深い寺が所在し、總郭という地名がこの堀の中にあることから、外堀的な役割があったのであろう。山崎氏はこの堀よりさらに北千メートルには遠構の堀があるとの指摘もしている（山崎一九七八）。

　なお、近年の発掘調査や地籍図を分析した成果によると、鮎川対岸にあたる平井城の北東一キロメートルの東平井地区にも平井城の城下が広がっていたことが指摘されるようになり（田野倉二〇〇四）、その近辺を通っていた鎌倉街道との関連も注目されている。總郭やさらにその外にあったとされる遠構、そして東平井地区などを合わせて考えると広大な城域と城下が想定される。仮に庚申堀までを城域とした場合でも、東西およそ三五〇メートル、南北七〇〇メートルの規模を誇る。復元整備された本丸周囲の他に、こうした

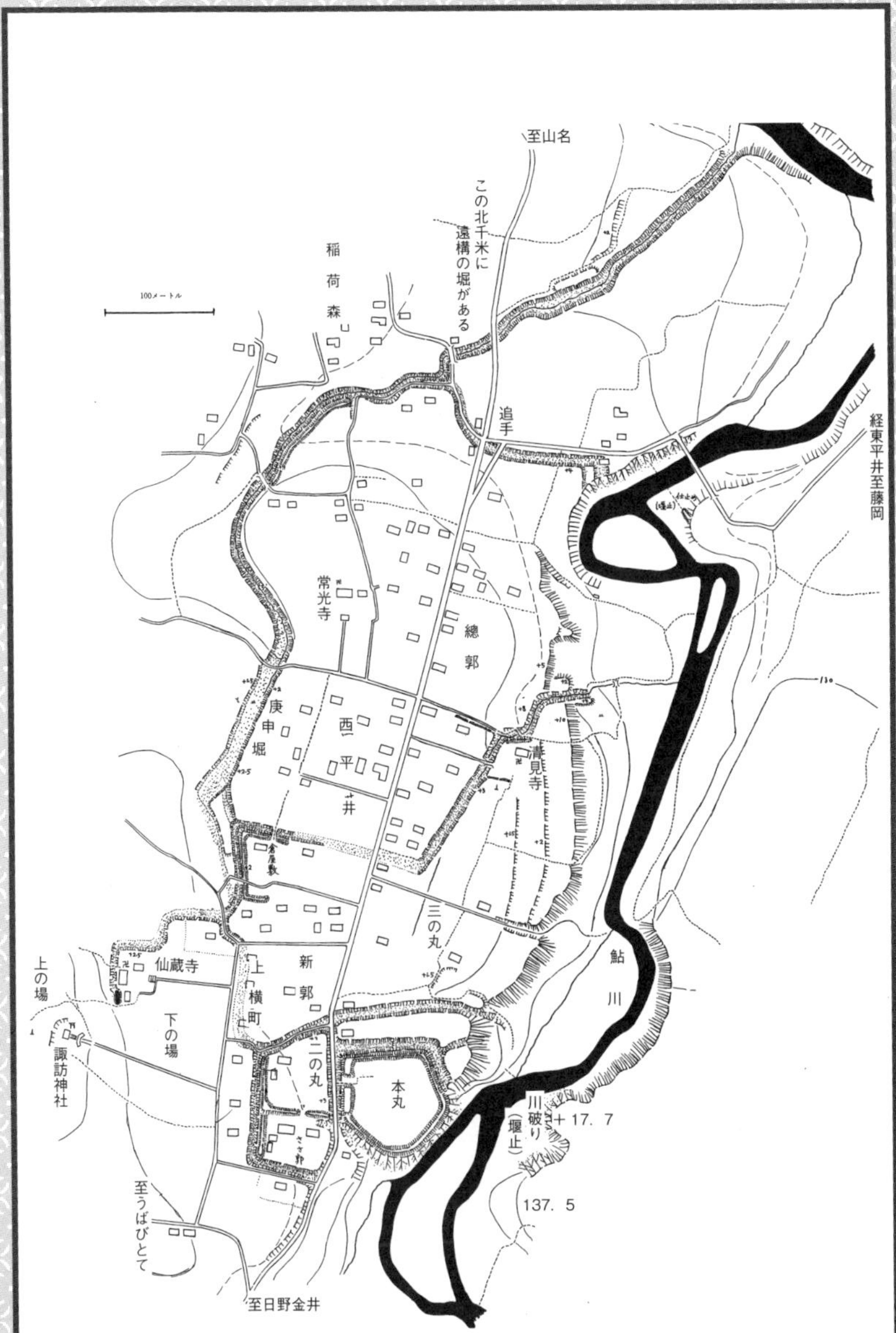


平井城縄張図（山崎一 1978に加除筆）

外郭部分の由緒ある寺を歩くと、当時、上野の政治・経済の中心地の一つとして栄えたであろう、在りし日を思い浮かべることができるであろう。

**詰城・平井金山城**　江戸時代の浅野文庫蔵の『諸国古城絵図』や文化一三年（一八一六）の『上野国西平井旧城』絵図などには平井城と金山城を結ぶ道筋が描かれている。山崎氏はこれらを根拠に金山城を平井城の詰城と考えたのであろう。築城年がわかる史料はないが、山崎氏は永享十年（一四三八）上杉憲実のために長尾忠房が、平井本城と共に築いたものであろうとしている（山崎一九七九）。廃城は平井城と同様に天文二十一年（一五五二）と考えられている。

　主郭は最高所の三二六メートルに立地し、そこから派生する東側と西側と北側の尾根に曲輪を配している。これらの尾根は①東側の尾根、②北側

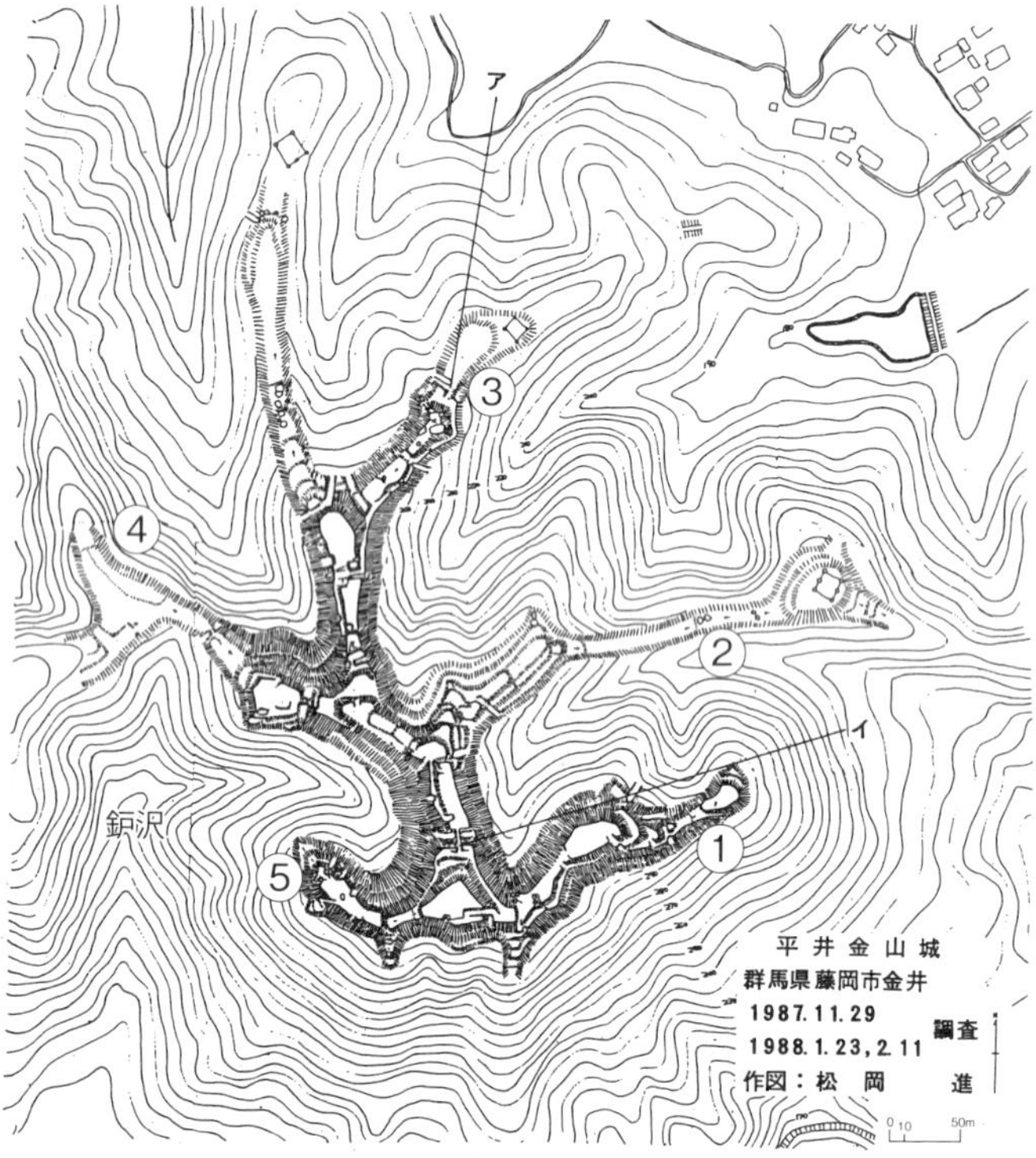

松岡　進1988「戦国期城館遺構の史料的利用をめぐって」『中世城郭研究』第2号に加筆

尾根から派生し東へと延びる尾根、③カロウト岩尾根と呼ばれる北側尾根からさらに北へ分岐する尾根、④北側尾根から井戸曲輪へと延びる尾根、⑤西側尾根に分けられる。このうち、①、②、③の尾根が『諸国古城絵図』などに描かれた平井城と金山城をつなぐ道で、特に、③が大手筋と推測されている（田野倉一九九九）。

　発掘調査は昭和六十二年に実施され、この③の尾根が調査された（古郡二〇〇五）。大手門とされた四本の柱穴が確認された門跡や八個の礎石を伴う櫓門跡（幅三メートル、奥行四・二メートル）などの門跡のほか、最大高一メートル程度の石垣が多くの箇所で検出された。なお、大手門では六回にわたる門の建て替えの状況が確認され、一二〇年前後の使用期間が想定されている。

　出土した遺物は素焼きの皿であるかわらけが主に出土し、十五世紀後半から十六世紀に位置づくものである。

　発掘調査によって、思いもよらぬ石垣が多数確認され、関東管領の詰城として整備された城であることが明らかになった。こうした成果は、調査原因となった開発で消滅した大手門以外の箇所では、検出された石垣が今でも見られ、調査成果を振り返ることができ、当時をしのぶことができよう。ただし、現在の登城ルートは①からのルートと、発掘調査で当時のルートではなく、近世以降に整備されたルートであることが明らかになった鈩《たたら》沢から④の井戸曲輪に至る道が主郭へ至るルートになっている。

　①からのルートでは日野小学校北側付近が登城口になり、そこからは曲輪の平坦地が認められる尾根上に登りきるまで急坂が続く。この尾根上に至ると曲輪群が続き、西側へ登っていくことになるが、さほど大きな堀切はなく主郭に至る。主郭東側の尾根中央部は周囲より低く、この凹んだ箇所を進み主郭に至る。往時には上野国の多くの城が見通せたのであろう。

　主郭から西側に進むと避難小屋が設置された

西側尾根の曲輪に至る。山上での緊急時には十分避難できるスペースとなっている。主郭に戻り北側に進むと城内の中では規模の大きな空堀を土橋で渡り、尾根上の広い曲輪に至ることになる。この曲輪からは北東側と北西側に尾根が分岐する。このうち北東側の尾根が②の尾根に相当するが、この尾根は現在ゴルフ場となっており、その前の状況を表した縄張図がそれ以前を知る唯一の手掛かりになっている。

北西側の尾根に進むと、再び尾根が北と北西に分岐する。北の尾根が③の尾根で、発掘調査された尾根である。現在、この尾根はやや荒れた状況になっているが、発掘時の石垣が一部でみられる状況になっており、当時の城の状況を一番イメージしやすい箇所であろう。尾根先端の大手門部分は消滅しており、再びこの尾根を引き返すことになり、最後に④の尾根に進む。井戸曲輪と呼称される由来となった水場遺構がわかるへこみが残っている。この水場遺構から北西側に下っていくと鞍部に至り、南の釿沢方面に下っていく道がある。この道を下ると市道釿沢猪之田線に至ることができる。この釿沢は中世の木炭窯の可能性が強い窯跡が発掘され、地名などからもこの木炭を製鉄に使用したものと推測され、この沢付近に中世の製鉄関連の遺構が存在したと考えられている。金山自体の地名もこれとの関連が想定され、この城の築城にあたり、こうした要地を抑えることも目的の一つであったのだろう。

（秋本　太郎）

平井金山城大手門の石垣（写真提供：藤岡市教委）

## 一緒にたずねよう●藤岡歴史館

鏑川と鮎川に挟まれた藤岡市の白石に所在する白石古墳群は群馬県を代表する古墳群の一つである。白石稲荷山古墳や七輿山古墳などの群馬県の古墳時代を代表する古墳が点在する中にこの資料館は立地し、古墳群のガイダンス施設の役割を持っている。こうしたことから、これらの古墳から出土した逸品が展示してあるが、それらとともに藤岡市の原始古代から近代までの通史的な展示がなされている。平井城跡から出土した考古資料の展示もなされ、城跡の見学に加えてこうした資料を実際に見ることにより、さらに理解を深めることができるだろう。

〔所在地〕藤岡市白石1291－1

## ●参考文献


田野倉武男■一九九九『F26 平井城跡・金山城跡保存整備事業報告書』藤岡市教育委員会

田野倉武男■一九九八『F26 平井城跡発掘調査報告書』藤岡市教育委員会

田野倉武男■二〇〇四『G2 東日野金井城跡』藤岡市教育委員会

古郡正志■二〇〇五『G1 藤岡市下日野金井窯址群 G4 金山下遺跡・金山下古墳群 G3平井詰城』藤岡市教育委員会

森田真一■二〇〇八「山内上杉氏の拠点について―上野国板鼻を中心として―」（黒田基樹編二〇一四『山内上杉氏』シリーズ・中世関東武士の研究第一二巻戎光祥出版株式会社に再録）

山崎一■一九七八「平井城」『群馬県古城塁址の研究 下巻』群馬県文化事業振興会

山崎一■一九七九「金山城（平井詰城）」『群馬県古城塁址の研究 補遺編上巻』群馬県文化事業振興会

# 高山城《たかやまじょう》（東日野金井城《ひがしひのかないじょう》）

■所在地／藤岡市金井　■文化財指定／なし
■城主／高山氏　■分類／山城
■交通アクセス／JR八高線「群馬藤岡駅」下車、上信観光バス小柏線「金井郵便局前」下車徒歩二〇分・上信越自動車道藤岡IC一五分、駐車場なし

## 障子堀を使った高山氏本拠の城

**発掘された障子堀とその後の論争**　高山氏は系図などによると、平安時代後期に武蔵国秩父郡を根拠にしていた秩父平氏から分かれ、高山城周辺に移り住んだといわれる。室町時代には、関東管領山内上杉氏配下として各地で戦い、天文二十一年（一五五二）の平井城落城後は、後北条氏→上杉氏→武田氏→後北条氏と主を変えた。そして、天正十八年（一五九〇）の後北条氏が豊臣秀吉に滅ぼされるまで、この地域を拠点にし続けた。築城年を記した史料はないが、高山氏の本拠の城として平井城と併存していたと山崎一氏は推測している（山崎一九七八）。

昭和六十二年の発掘調査で、天屋城から南第一堡に至る尾根に並行して見つかった障子堀は、この城に対して、さまざまな議論を呼ぶことになった。この堀は発掘調査外に延び、天屋城から南第一堡→南第二堡→南第三堡から、さらにAまで城の南面に続くと推測された。このラインは後北条氏が関わった山中城や下田城と共通することなどから、天正年間後半の対豊臣秀吉戦の時期に後北条氏の直接的な支配のもとで使用されていたことが推定できると、松岡氏は推測した（松岡一九八八）。

一方、斎藤慎一氏は、永禄十二年の武田家朱印状に武田家が高山定重に対し、武田家の武蔵侵攻として派遣された浅利右馬助と談合して城

東日野金井城遠景

を築き、これに在城するように命じたと記されていることから、この時の築城を、発掘調査で発見された障子堀のラインによるとした（齋藤二〇〇二）。その他、田野倉氏は城の大手が北東側にあり、その方向が鎌倉街道にあることと、松岡氏や斎藤氏の指摘であるように、天文二十一年の平井城落城後から高山氏が没落した天正十八年の間に鎌倉街道の監視と防御を目的として大規模な改修・改変が行われたと推測している（田野倉二〇〇四）。

こうした様々な見解が出されているが、竹井氏は二〇一二年に文書史料を再検討し、少なくとも永禄三年（一五六〇）には後北条氏の城として機能し、永禄三年末頃までに上杉軍の攻撃で落城したことなどを明らかにした。さらに、永禄五年で武田氏の城となっているが、永禄十二年の武田家が高山定重に命じて築いた城は別の城の可能性があるとしている。また、天正十年には後北条氏の城として機能していた可能性はあるが、天正十八年には廃城になっていた可能性が高いことを明らかにした（竹井二〇一二）。

発掘調査で出土したかわらけなどは、その形態から十六世紀中頃が中心の時期と推測される。建物の建替えや堀の掘り直しなどの痕跡は確認されないため、かわらけの示す時期のみ使

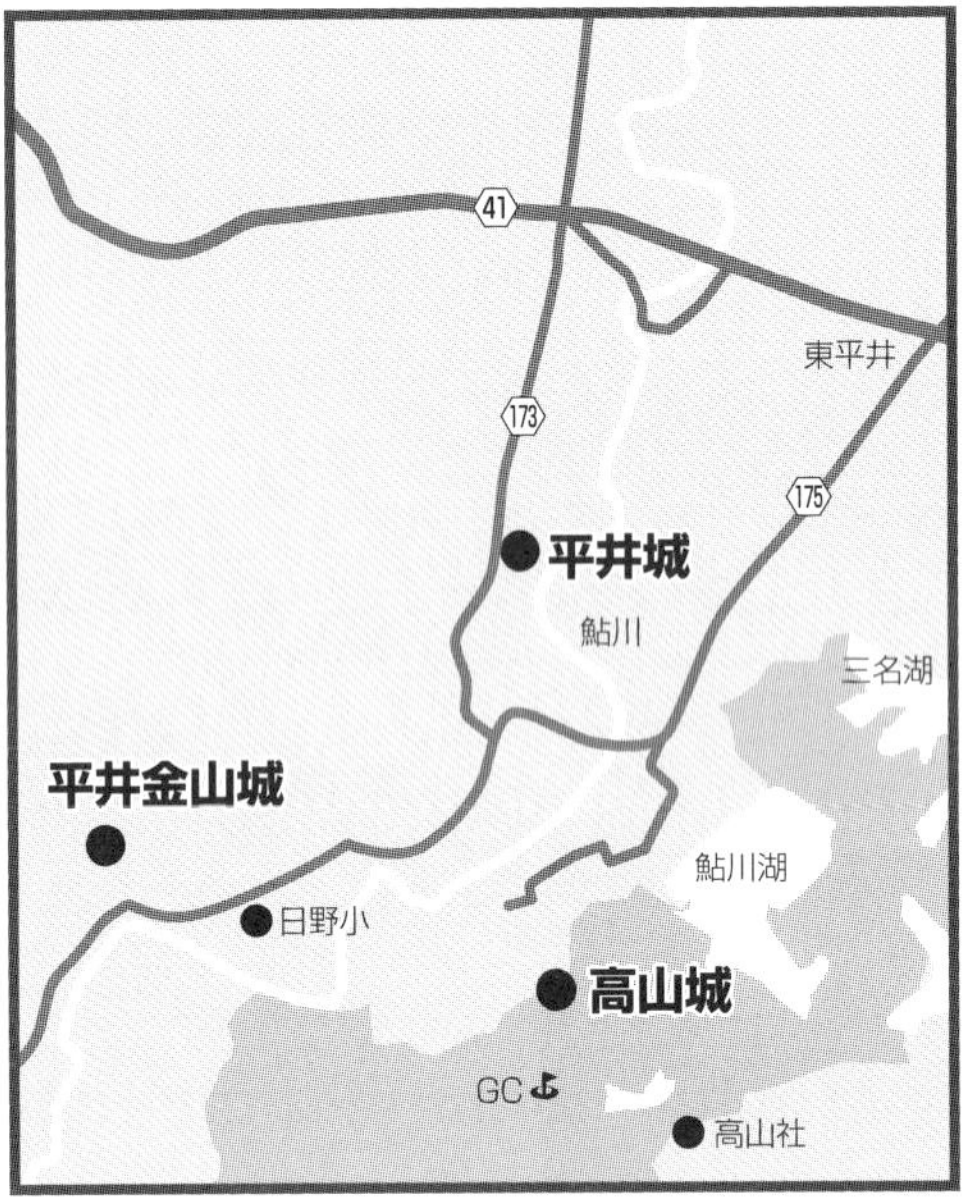


用された城郭と考えられる。今後、こうした出土遺物の検討も含め、様々な面からの検証が必要になるだろう。

**縄張**　城の大手は山麓の北東平地部にあり、現在も二重の堀が残り、郭馬出状の曲輪になっている。これを西側に進むと、広い平坦地が広がっている。この平坦地が鮎川に向かい下がっていく城の最北端部に百間築地の砦と呼ばれる箇所がある。近年の開墾に伴う石垣も多くみられるが、発掘調査により、中世に遡るものも確認されている。この石塁や土塁、堀などで北側からの備えを図っている。

この百間築地の南側の山は要害山である。主郭付近の北から東側に大規模な堀がめぐっている。さらにこの南側の急坂を登り切ると天屋城の尾根に至る。この尾根上には人をはるかに超えるような巨石が点在し、これらをうまく利用した天然の要塞になっている。尾根の東側に最

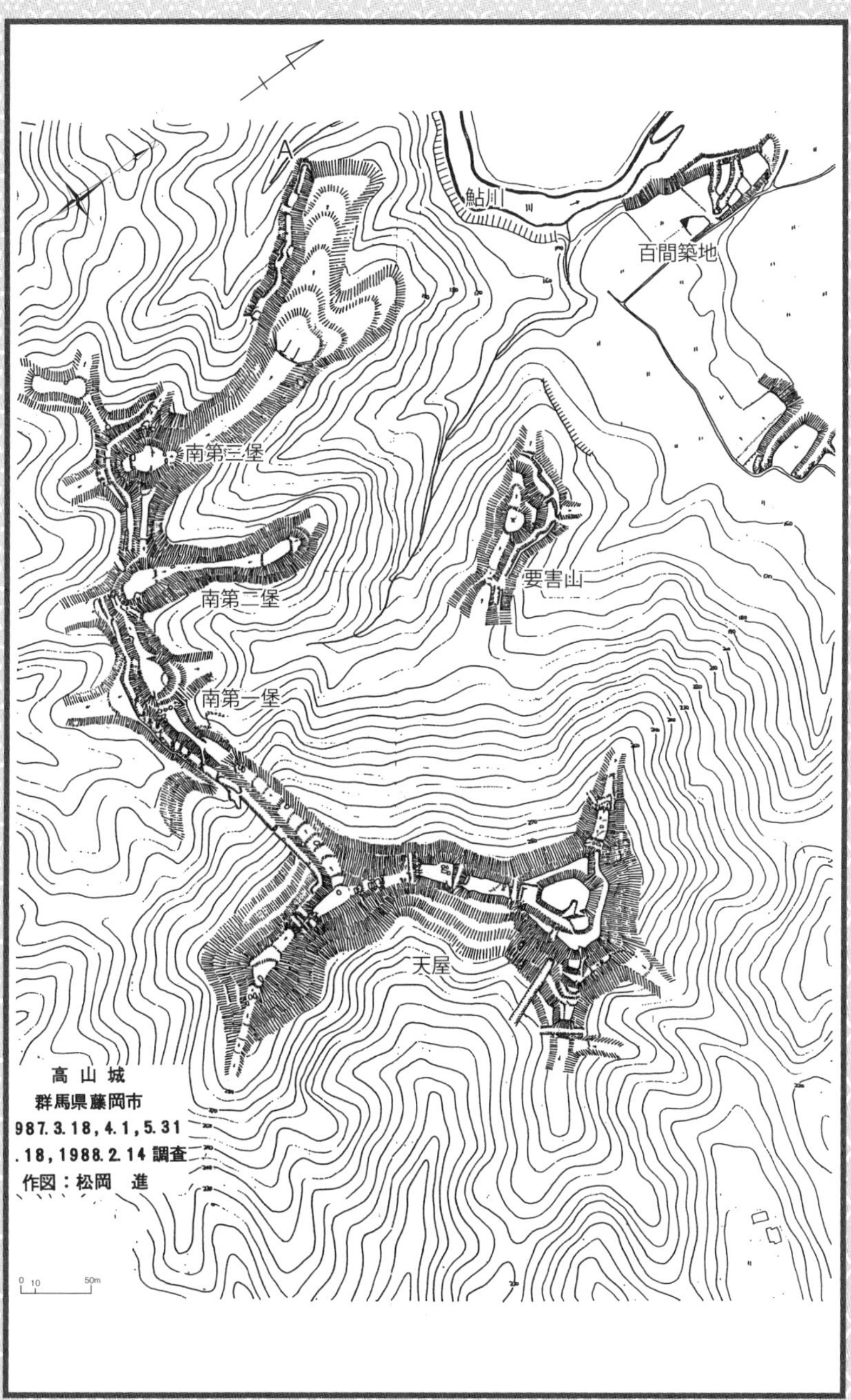


高山城縄張図（松岡 1988 に加除筆）

高所があり、そこが主郭とされ、山城部分では最も広い郭と帯曲輪がある。この主郭から北と南に郭が配置されるが、急峻なこともあり、両方ともすぐに城の外になるようである。ただし、南側先端部は発掘調査で堀を渡る橋を支えるための柱穴が堀底で検出されている。そのため、この尾根の続きにある高山氏館に至る道があったと考えられている。

主郭から南西へ続く尾根上には先述した巨石が点在し、それらと共に比較的小規模な堀切がある。そして、さらに南へ続く尾根に進むと二重に堀切を配置した箇所がある。この堀は山城部分では大規模な堀であり、重要な防御施設であったことがうかがえる。そして、この二重堀切から派生し西側の尾根の南側に竪堀が掘られている。この尾根を降りきった箇所が鞍部となり、現在はゴルフ場になっている。そして、このゴルフ場建設に伴う発掘調査で確認されたのが障子堀である。この調査によって、さまざま

発掘調査で確認された障子堀（写真提供：藤岡市教委）

## 一緒にたずねよう●高山社跡

高山社跡は、二〇〇九年に国史跡に指定され、さらに『富岡製糸場と絹産業遺産群』の構成資産の一つとして、二〇一四年に世界遺産に登録されている。この高山社を明治に創始した高山長五郎の生家で、養蚕法「清温育」の研究と社員への指導を行っていた場所になる。このように明治になっての養蚕の教育場として名高いが、高山家自体は東日野金井城主の高山家の末裔の一つとしても知られている。高山社跡自体は山崎一氏が高山氏館として中世城館跡と紹介している。そして東日野金井城はこの高山氏館の詰の城と位置付けられた城である。

〔所在地〕藤岡市高山237

な議論を呼ぶことになったのである。鞍部部分は残っていないが、さらに西側に続く尾根に並行し、現在でもその堀の痕跡は確認することができる。

（秋本 太郎）

### ●参考文献


齋藤慎一■二〇〇二「武田信玄の境界認識」『定本・武田信玄』高志書院

竹井英文■二〇一二「上野国 高山城の基礎的研究」『中世房総と東国社会 中世東国論④』岩田書院

田野倉武男■二〇〇四『G2 東日野金井城跡』藤岡市教育委員会

松岡 進■一九八八「戦国期城館遺構の史料的利用をめぐって」『中世城郭研究』第二号中世城郭研究会

山崎 一■一九七八「東日野金井城」『群馬県古城塁址の研究下巻』群馬県文化事業振興会

# 三ツ山城

■所在地／藤岡市浄法寺　■文化財指定／なし
■城主／長井氏　■分類／山城
■交通アクセス／日本中央バス奥多野線「保美」バス停下車三〇分・上信越道「藤岡IC」から車で二〇分　駐車場なし

## 上武国境の堅城

**国境争いに揺れる勢力**　天文二十一年（一五五二）、北条氏康は北武蔵の御嶽城（埼玉県神川町）を攻め落とし、平井城（藤岡市）へ迫った。関東管領上杉憲政は、馬廻衆によって平井城を追われ、金山城（太田市）の由良氏や足利城（栃木県足利市）の長尾氏を頼るが城中へ入れず、越後の長尾景虎（上杉謙信）を頼って落ち延びた（『仁王経科註見聞私』）。

永禄三年（一五六〇）、長尾景虎は初めて上野国に侵攻し、北条氏勢力を一掃した。翌年、小田原攻めへ向かう越後勢に、後に三ツ山城主となる平沢左衛門三郎（長井政実）が足利衆として着陣している（『関東幕注文』）。しかし、同年十一月武田信玄が西上野に侵攻し、十二月には北条氏康と共に倉賀野城（高崎市）を攻めた。信玄は翌年、高山城（藤岡市）へ兵糧を入れているので、武田氏勢力は上武国境まで迫っていたのだろう。

しかし、永禄六年に北条方の安保氏が神流川北岸一帯を知行する。安保氏は元御嶽城主であり、天文二十一年後北条氏によって追われた武士である。これにより復権したことになる。この一帯は「河北根本足利領」と呼ばれ、以前は足利長尾氏あるいは上杉氏所領に由来する土地であった。武田氏支配下に与した地元勢力として高山氏や小林氏がいたが、後北条支配下で在

根古屋集落

住していたか不明である。しかし、永禄十年にこの一帯は、ほぼ武田方の勢力下で落着した。
永禄十二年（一五六九）、上杉謙信と北条氏康が同盟を結び（越相同盟）、武田信玄と敵対関係となり、状況は一転する。この一帯は境目として紛争地域となった。同年五月、高山定重は上武国境に砦を築き、在城するように信玄に命ぜられた。この城を「高山氏系譜」では「賀美郡」（埼玉県児玉郡）の城と記す。元亀元年（一五七〇）六月、信玄は後北条方御嶽城を勢力下に置き、そのまま長井政実に御嶽城を守らせた。
翌二年、武田・後北条両氏が再び同盟関係となり、御嶽城は後北条方へ返された。おそらく、長井政実は城を立ち退くこととなったのだろう。天正元年（一五七三）には、知行地五千貫余の替地を「上州」で与える約束を、武田勝頼から得ているので、この頃上野国に配置替えとなったのだろう。いよいよ三ツ山城主となったに違いない。

**知られざる堅城**　実のところ、三ツ山城の動向を示す同時代の史料は知られていない。江戸時代中期に書かれた『上野国志』が詳述する程度である。確実とは言い切れないが、城の状況と合っている。記載によると、三ツ山城は長井政

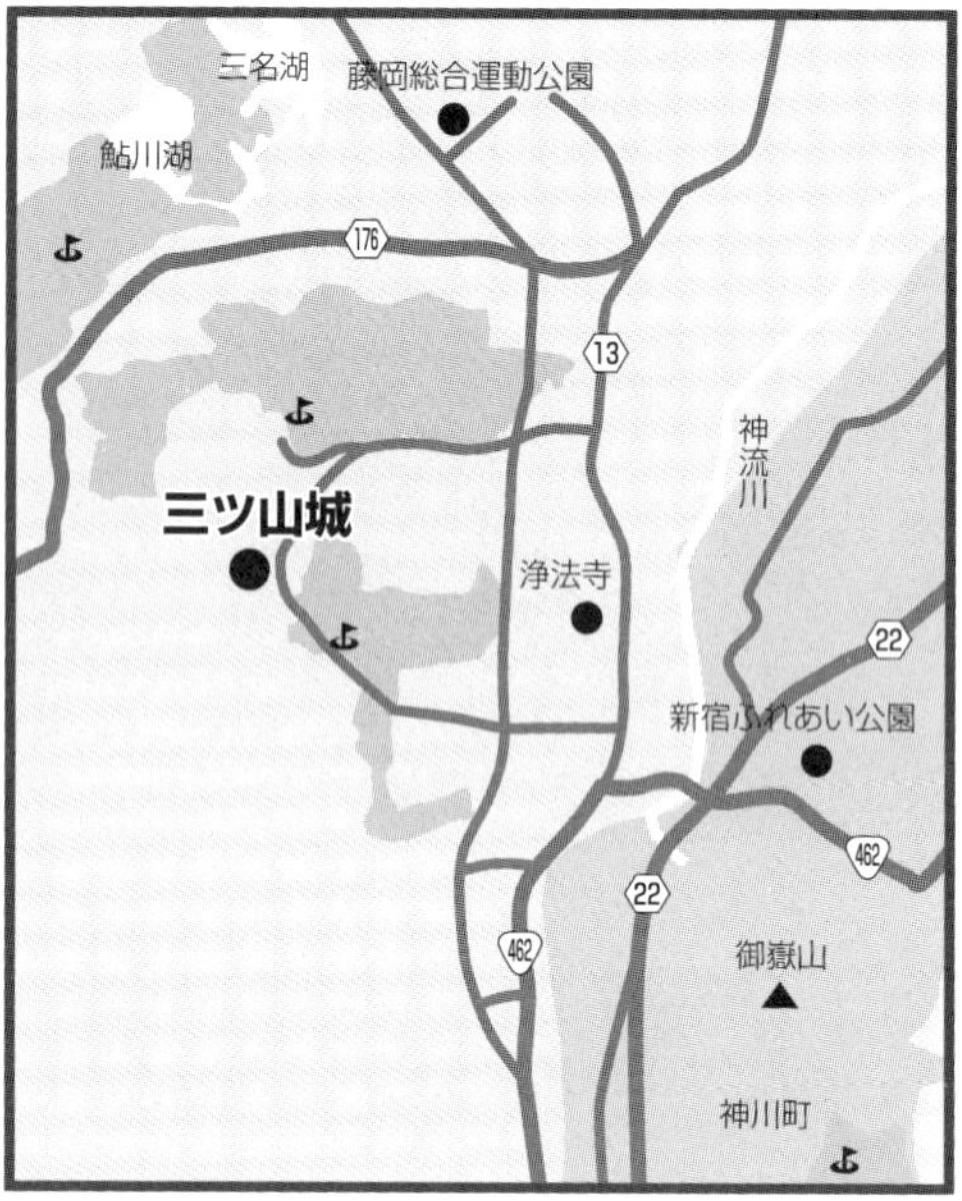


実の城で、政実は上杉氏の家臣であったが、永禄十三年に武田氏に属したとする。状況はほぼ合っている。戦功により三千貫を賜る。武田氏が滅亡すると、周辺は後北条氏勢力下となったため、上杉氏に帰属して越後へ逃れた。

　天正十八年（一五九〇）小田原合戦では、長井氏が藤田信吉とともに、上杉方として多比良城を攻めて降伏させ、戦功により三ツ山城に復帰したと記す。政実の復帰に関しては、史料でも確認できるので事実である（飯塚家文書）。こうして、徳川家の家臣となったが、翌年妻子を江戸へ出さなかったため配流となったといい、同時に三ツ山城も廃城となったと記す。内容を確かめようもないが、廃城時期としては納得できる。境目の城であったため、徳川領国では不要な城となったのだろう。

**谷間を利用した城下**　中核となる集落は、南方の浄法寺地区であり、神流川を挟んで埼玉県と

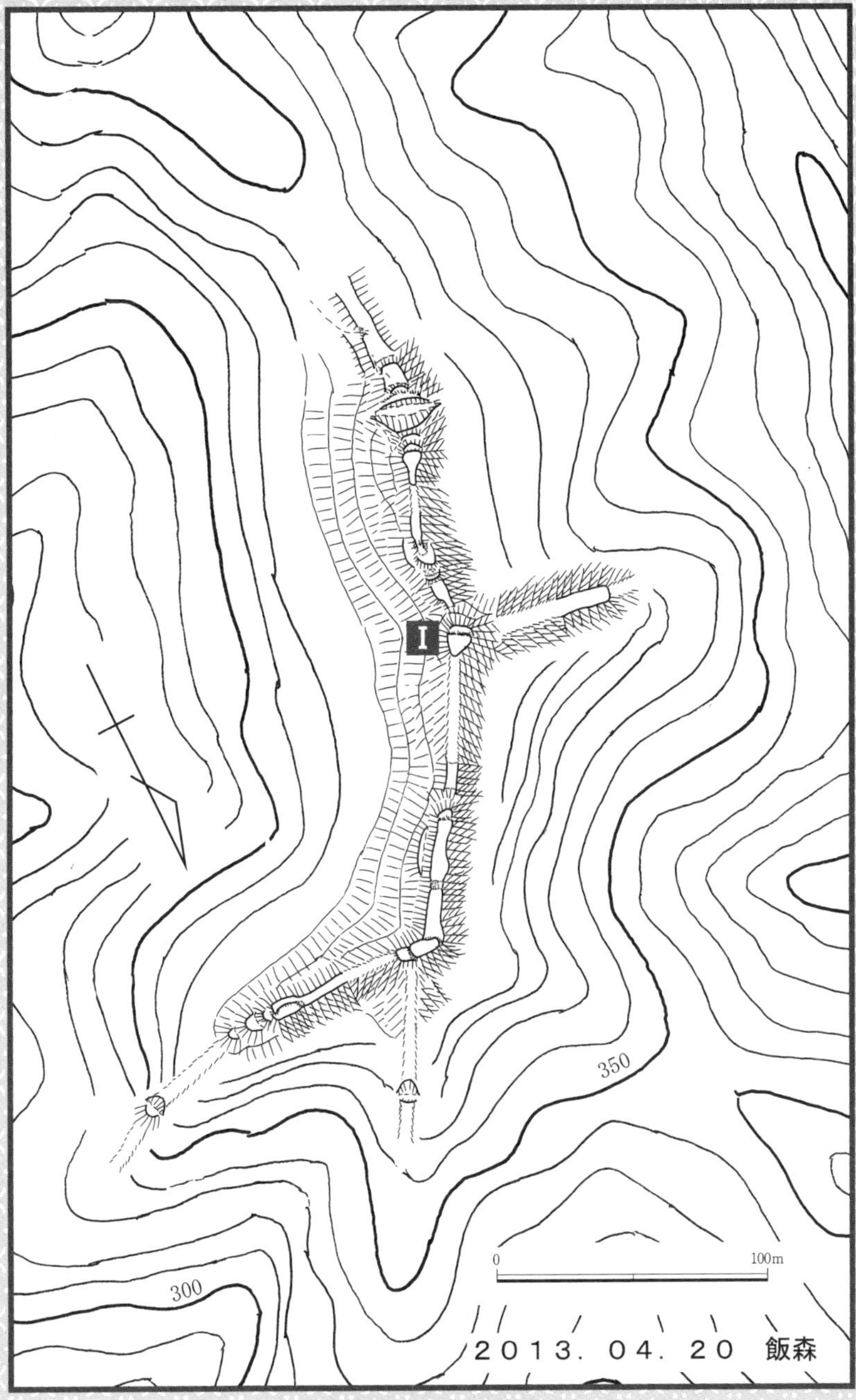


三ツ山城縄張図（1:3000）

接する。浄法寺の前身は、最澄とも関係した天台宗の緑野寺とする。街道は信州へ向かう十国街道に面している。根古屋地区はそこから北へ谷間を進んだ位置にあり、谷は保美地区へ向かってUターンしている。

「根古屋」という地名は、家臣たちの居住地に由来する。谷の両端を制限することで、防御的に優れた空間となるため、平時は城主の居住地でもあったと想像される。城への登城路は険しく、現在は失われている。直登に近い。北斜面も険しく、北麓は高山地区である。三名川を挟んだ対岸には、在地武士高山氏の本拠で武田氏の使用した大城郭の東日野金井城（高山城）が望める。こうした関係から、三ツ山城は上武国境最前線の城という位置付けができる。

**高所を選ぶ**　三ツ山城は馬の背状に延びたヤセ尾根の突端近くにある。最高所の標高は四一一メートルで、南麓の根古屋集落との比高差は二〇〇メートルに及ぶ。城は南北に細長く、北端は東方へ折れて、全体形は「へ」の字形をしている。尾根の幅は五・六メートル程度と狭い。大兵力の籠城向きではなく、少人数で支えることに適した堅城である。直線部は約二〇〇メートルで、中央部の一辺一〇メートル弱の三角形の平場が主郭（縄張図のI）と考えられる。南縁は一段下がる。南方は低い平場を経た後、登り勾配となり南端の高所に平場を設ける。下り斜面に二段の腰郭を経て、南縁は大堀切によって城域境を分離す

東端の郭

る。大堀切の外側も削平され、北縁を土塁状に掘り残すことで、大堀切の深さを増している。

主郭から北方約四〇メートルは傾斜地のまま残されている。そこから屈曲部までの約六〇メートルに三段の平場を設ける。面積的にはこちらの平場が中心郭とも言える。北端まで登り上がった後、東へ屈曲して尾根は急に下り込む。その先は約三〇メートルの平場が設けられ、南側に低い土塁がある。さらに三段の腰郭があり、急斜面となる。斜面が緩くなる辺りで、ほぼ垂直に斜面が切り落とされた部分が堀切に相当する。同様に切り立った堀切は、屈曲部から北へ延びた尾根筋にもみられる。北斜面は概して絶壁であり、防御的な配慮はなされていない。

（飯森　康広）

### 一緒にたずねよう●浄法寺

鑑真の弟子道忠が開いた緑野寺の後身と言われる。境内には中世に建てられた開山道忠師の供養塔や、千部法華経を安置した相輪樘《そうりんとう》が建てられている。相輪樘は弘仁六年（八一五）、伝教大師（最澄）の発願により建立された全国六ヶ所の宝塔の一つ。国家主導の仏教と一線を画した平安時代初期の地方民間仏教の中心であった。

〔所在地〕藤岡市浄法寺

### ●参考文献


浅倉直実　■一九八八「御嶽・三ツ山城主長井氏に関する基礎的考察」『駒沢史学』三九・四〇号

# 厩橋城《まやばしじょう》

■所在地／前橋市大手町　■文化財指定／前橋市指定史跡・車橋門跡（近世）
■城主／長野氏、上杉氏、北条氏、滝川氏〔近世〕平岩氏、酒井氏、松平氏　■分類／平城
■交通アクセス／JR両毛線「前橋駅」からバスで県庁前下車　駐車場県庁

## 利根川の本流にもてあそばれた名城

**長野氏の城**　黒田氏によって長野氏の研究が進み、史料に残る名前の誤記等が推定された結果、文明九年（一四七七）に戦死した長野為業が厩橋長野氏の初代にあたり、その為業は石倉城を本拠としていたが、その後子孫が厩橋城を築城したという提起が行われている（黒田二〇一一）。

　これを受け、久保田氏は上州一揆旗本として活躍したのは厩橋長野氏が一族の中心で、石倉城から厩橋城に移ったのは利根川変流に伴って環境変化が進行した結果、新たな要害を求めた長野氏が厩橋の地を選んだとみられるとしている（久保田二〇一二）。

　中世の利根川は元々現在の桃ノ木川や広瀬川、韮川等が流れる広瀬川低地帯を流れていた。そして、この流れが中世のある段階で大きく変わることになり、現在の流路となったのである。

　ところで、厩橋城と利根川をはさみ、幾度も激しい戦いの場になった石倉城があるが、『上毛伝説雑記』には、総社城（蒼海《おうみ》城、前橋市元総社町）の用水が不足したため、長尾景行が石倉城を築き、橘山付近から利根川の水を引き入れたところ、天文八年（一五三九）、十二年に洪水が流入し利根川の主筋となり、石倉城の大半が流されたため、わずかに残った三の郭を整備して厩橋城を築いたという話が伝わってい

再築前橋城本丸北西側の土塁

る。利根川の流路変更について、この話を採用する説も強かったが、近年、簗瀬氏が同時代史料にある利根川の東岸・西岸に関する記述を分析した結果、今までにも知られていた応永三十四年（一四二七）の大洪水によったものであることが明らかになった（簗瀬二〇一二）。

　これらの研究成果をまとめると、石倉城付近にあった既存の河道に、応永三十四年の大洪水が入り、次第にこの部分が本流化した。その結果、石倉城を拠点にしていた厩橋長野氏が環境変化に伴って、新たに厩橋城を築城したということになるであろう。長野氏は黒田氏によると聖仲（顕業）→賢忠（宮内大輔）→道安→道賢（弾正少弼）→彦九郎と代を重ね、顕業の子方業が箕輪長野氏の業尚の養子として入った可能性が指摘されている。

**上杉氏の城**　天文二十一年（一五五二）、関東管領上杉氏が後北条氏によって平井城を追われ

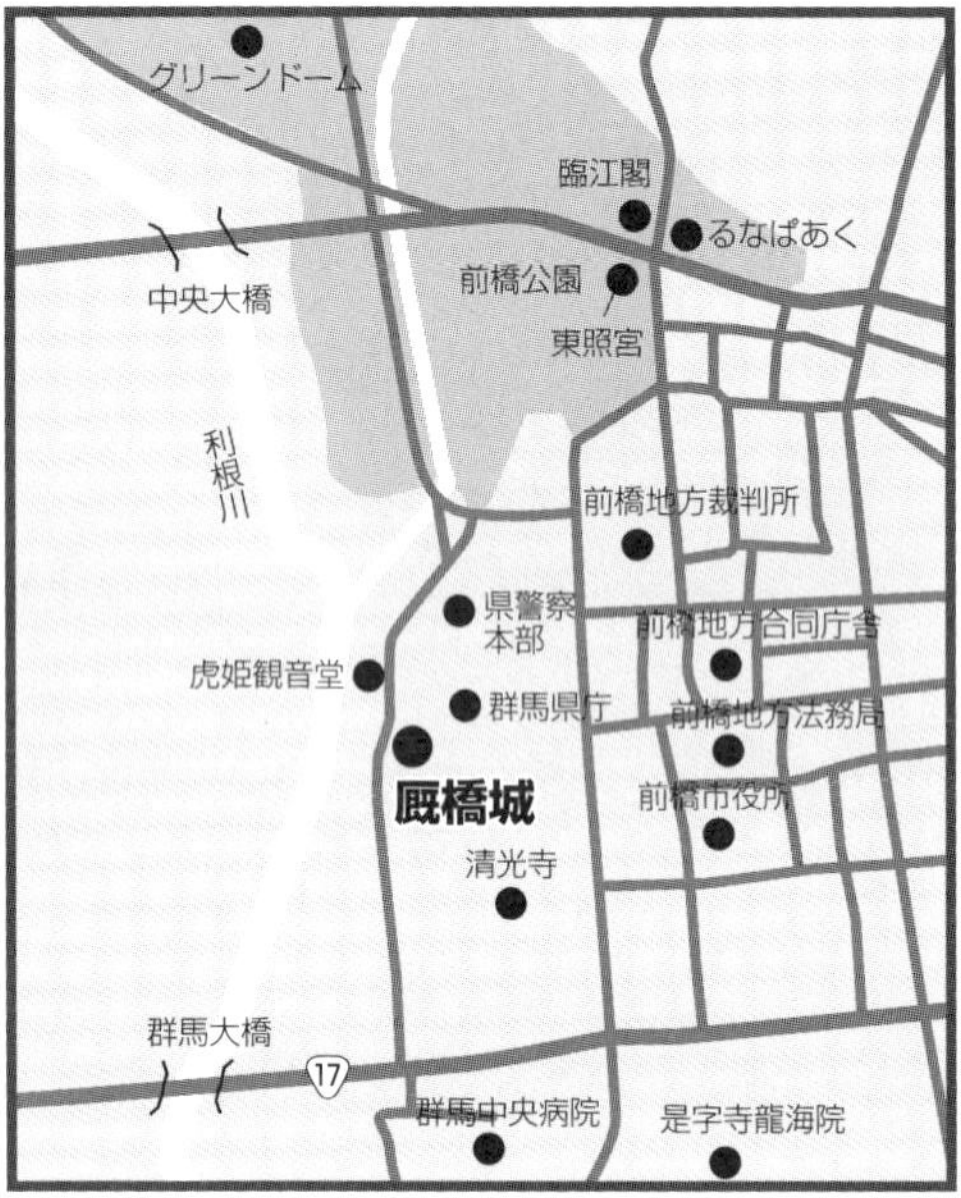


ると、上野は後北条氏の領国化が進むこととなった。そうした状況が一変したのは永禄三年（一五六〇）の長尾景虎の関東越山だった。この時、謙信によって厩橋長野氏の彦九郎らが殺害され、厩橋には謙信重臣の北条《きたじょう》氏が配置され、以後、上杉氏の関東攻略における最大の拠点となった。北条氏は上杉・武田・後北条の三ツ巴の戦いの真っ只中に放り込まれることとなり、ある時は武田氏に従属したり、後北条氏に従う時期もあった。また天正十年（一五八二）には、織田信長重臣の滝川一益が一時入城したが、最終的に天正十八年を迎えた。

　天正十八年に豊臣秀吉によって後北条氏が滅ぼされると、上野では箕輪城に井伊直政、館林城に榊原氏が配置され、厩橋城には三万石で平岩親吉が配置された。その後、酒井氏などが配され、前橋城に名前を変えることになるが、利根川による浸食を受け本丸の一部などが欠けるようになり、明和四年（一七六七）にその時の城主松平朝矩《とものり》は川越への移城を決意し、前橋城は廃城となった。そして、江戸時代の末には、再び川越から藩主を呼び戻して、新たに前橋城が再建された。

**今に残る厩橋城**　一九九二年〜一九九六年に行われた群馬県庁の建設に伴う発掘調査（群馬県

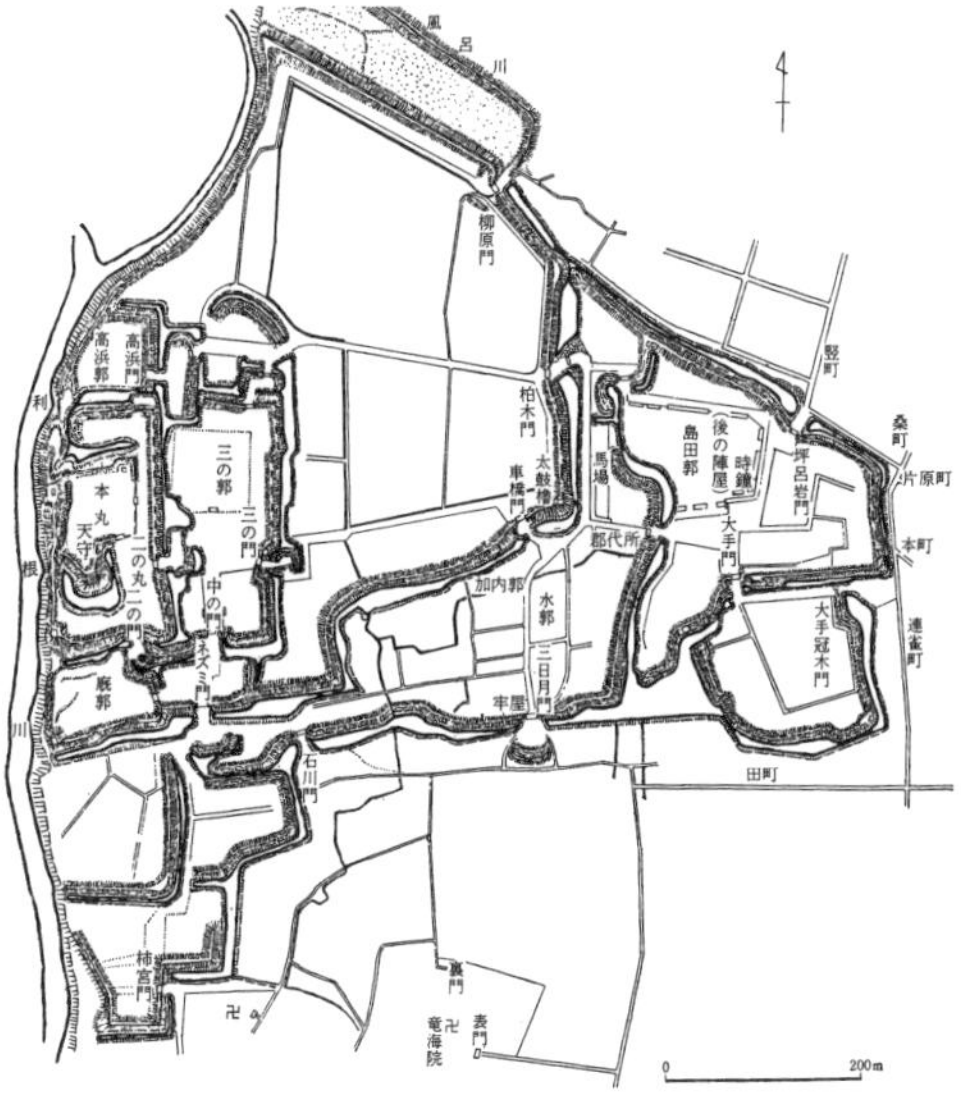


前橋城（酒井氏時代）縄張図
（山崎一 1979「日本城郭大系」第４巻　新人物往来社より）

再築前橋城縄張図
（山崎一 1979「日本城郭大系」第４巻　新人物往来社より）

教委一九九九）では、酒井氏時代の堀・石垣・門跡などが検出されているが、厩橋城時代の堀も確認された。この堀は図のように、近世前橋城の堀のラインと軸は大きく変わっていなかった。近世前橋城は厩橋城の縄張に影響を受けてつくられたことが明らかになったのである。幕末の再築前橋城では近世前橋城の三の郭を本丸としているが、三の郭の北側と東側のラインは踏襲している。

発掘調査で見つかった厩橋城の堀（1次2号堀）
（群馬県教委『前橋城遺跡Ⅰ』1997年から）

現在、再築前橋城の土塁が群馬県警察本部の北側から県庁北側に残っているが、特に県警北側付近の土塁は、近世前橋城のラインが残っているといえる。さらには発掘調査成果を合わせると、こうした軸に関しては厩橋城の時代までさかのぼっていく可能性が考えられる。現在「県都前橋」として官公庁街が広がり、城の痕跡は少ないが、一部に残る再建前橋城の遺構に加え、街を区切る道路などにも城当時の区割りを踏襲しているものもあり、そうした痕跡を拾ってい

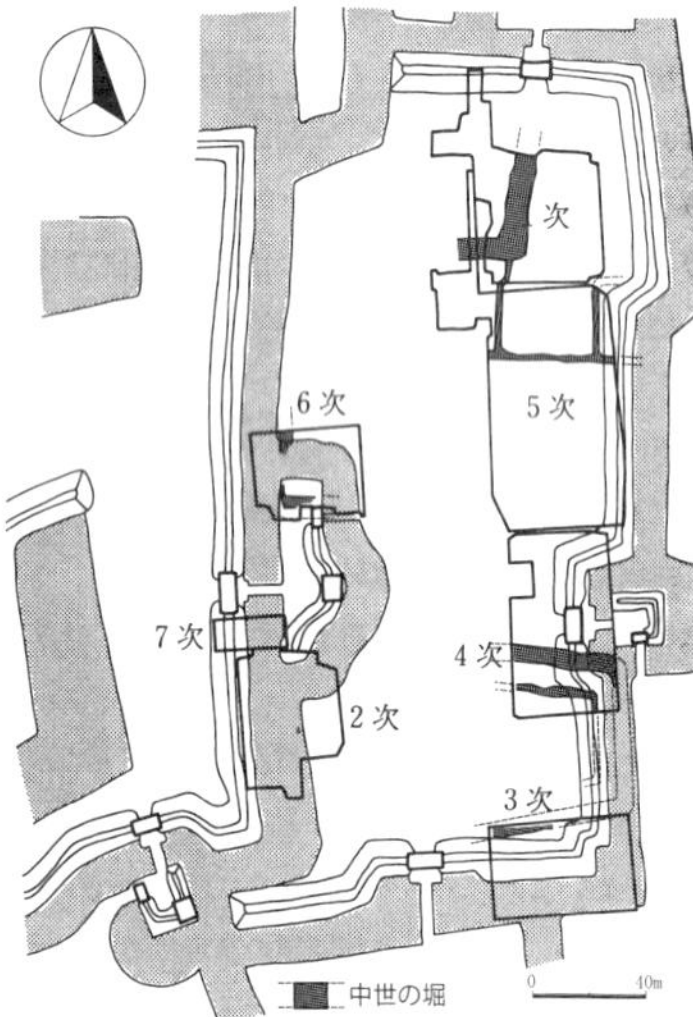

近世（酒井氏時代）前橋城三の郭で見つかった厩橋城の堀（群馬県教委 1999に加筆）

## 一緒にたずねよう●利根川

厩橋城は武田信玄や上杉謙信との激戦の場でもあったが、利根川の流れとも戦い続けた城であった。遊園地るなぱあくや臨江閣の付近は旧利根川の流路を近世に外堀として利用していた場所である。利根川は応永三十四年に始まった流路変更後に城西側の重要な防御ラインになった。一方で、この巨大な流れによって江戸時代になって城は削られていくこととなった。

〔所在地〕前橋市大手町～石倉町

けば、厩橋城にたどり着く場所もあるだろう。（秋本 太郎）

### 関連する見学地

■前橋城車橋門跡（前橋市指定史跡）
是字寺龍海院・前橋藩酒井氏歴代の墓地（前橋市紅雲町）

### ●参考文献


黒田基樹 ■二〇一一「戦国期上野長野氏の動向」（同二〇一三『戦国期山内上杉氏の研究』岩田書院に再録）
久保田順一 ■二〇一二「厩橋長野氏」『ぐんま地域文化』第三九号
群馬県教育委員会 ■一九九九『前橋城遺跡Ⅱ』
簗瀬大輔 ■二〇一二「中世上野の地域構造と利根川―東上野と西上野―」『群馬県立歴史博物館紀要』第33号

# 中世総社城《ちゅうせいそうじゃじょう》(蒼海城《おうみじょう》)

■所在地/前橋市元総社町　■文化財指定/なし
■城主/総社長尾氏　■分類/平城
■交通アクセス/大塚台線(関越交通)「中宿」バス停下車徒歩一〇分・関越自動車道「前橋ＩＣ」より車で五分　駐車場なし

## 国府地域に生まれた城

**総社城の出現**　総社城が史料上初めて確認できるのは、大永七年(一五二七)頃に、箕輪城主(高崎市)長野方業によって攻められた折である。築城はそれ以前となるが、正確な時期はわからない。明応三年(一四九四)、関東管領上杉顕定が総社に陣を張っているので、築城はそれ以降となるだろう。

総社長尾氏は関東管領上杉氏の家宰を勤めた家柄で、有力な家来であった。天文二十一年(一五五二)上杉憲政が平井城(藤岡市)を追われ、長尾景虎(のちの上杉謙信)を頼って越後へ赴いた際、共に落ちている。黒田基樹氏によれば、後北条氏の侵攻により長尾景総が後北条方として復帰し在城したという(黒田二〇一三)。しかし、永禄三年(一五六〇)長尾景虎が上野国に侵攻すると、長尾景総も景虎方へ参陣した。同年十月には、後北条氏家来興津氏が「総社宿城」を越後勢に攻められ、敗走している。

翌四年に武田信玄が上野国に侵攻すると、総社城も箕輪城とともに、上杉方の拠点として攻略目標とされた。永禄九年九月、箕輪城が武田勢に攻略されると、翌年三月には一族白井長尾氏の白井城(渋川市)が落城し、同じ頃総社城も落ちている。この攻城戦の際、配下にあった高井(前橋市)の瀬下氏は、武田氏に来属した

本丸の北西角

ため、その後は武田方として活躍した。

**厩橋北条氏の侵攻**　天正十年（一五八二）三月、武田氏が織田信長に滅ぼされ、上野国は織田領国となった。しかし、同六月信長が討たれると、織田家臣滝川一益は神流川合戦（高崎市）で小田原勢に敗れ、信濃国へ敗走した。小田原勢はそれを追って信濃国へ向かい、一部は北上野方面へ侵攻した。

そうした中、厩橋城（前橋市）の北条《きたじょう》高広は小田原勢に与せず、領土拡大を進め総社地域を勢力下に置いた。元々謙信直臣として厩橋城に在城した北条《きたじょう》氏は、織田方の退去を大名化への好機と捉えたのであろうか。白井（渋川市）へも影響を及ぼした。しかし、独力では小田原勢に抗しきれず、上杉景勝や佐竹氏らの来援を請いながらも、天正十一年九月には厩橋城を開城した。以後、厩橋城は後北条氏の直轄下に置かれた。

天正十五年頃、総社領の扱いは松井田城の大道寺政繁に委ねられ、併せて総社近辺を拠点としていた瀬下氏や後閑氏、福田氏は、松井田城近辺へ移住するよう命ぜられている。おそらく、境目の城として松井田城が強化されたためであろう。天正十八年の小田原合戦の際、近接する厩橋城や石倉城は小田原方の守城として機能したが、総社城に関する記録はない。

徳川家康の江戸入部により、総社城には諏訪氏が封ぜられたが、城は荒れたままであった。慶長六年（一六〇一）に封ぜられた秋元氏はこの城を捨て、新たに利根川西岸縁に近世総社城を築城した。これにより、中世の総社城は廃城となった。

**方形区画が集合する平城**　総社城は東を牛池川、西を染谷川に挟まれた幅約一キロメートルの細長い微高地を利用した天然の要害である。ほぼ正方形の平面形を、堀によって碁盤目状に区割りして、一辺一〇〇メートル規模の方形区画を多く造り出している。本丸はやや北側に偏っている。本丸を取り囲む方形区画には、「出雲屋敷」や「瀬下屋敷」、「諏訪屋敷」など個別の名称が伝わっており、周辺に一族や有力家臣が集住していたと考えられる。

総社城の守りの要は、東西を流れる河川である。川底から「土俵」を積み上げて川水をせき

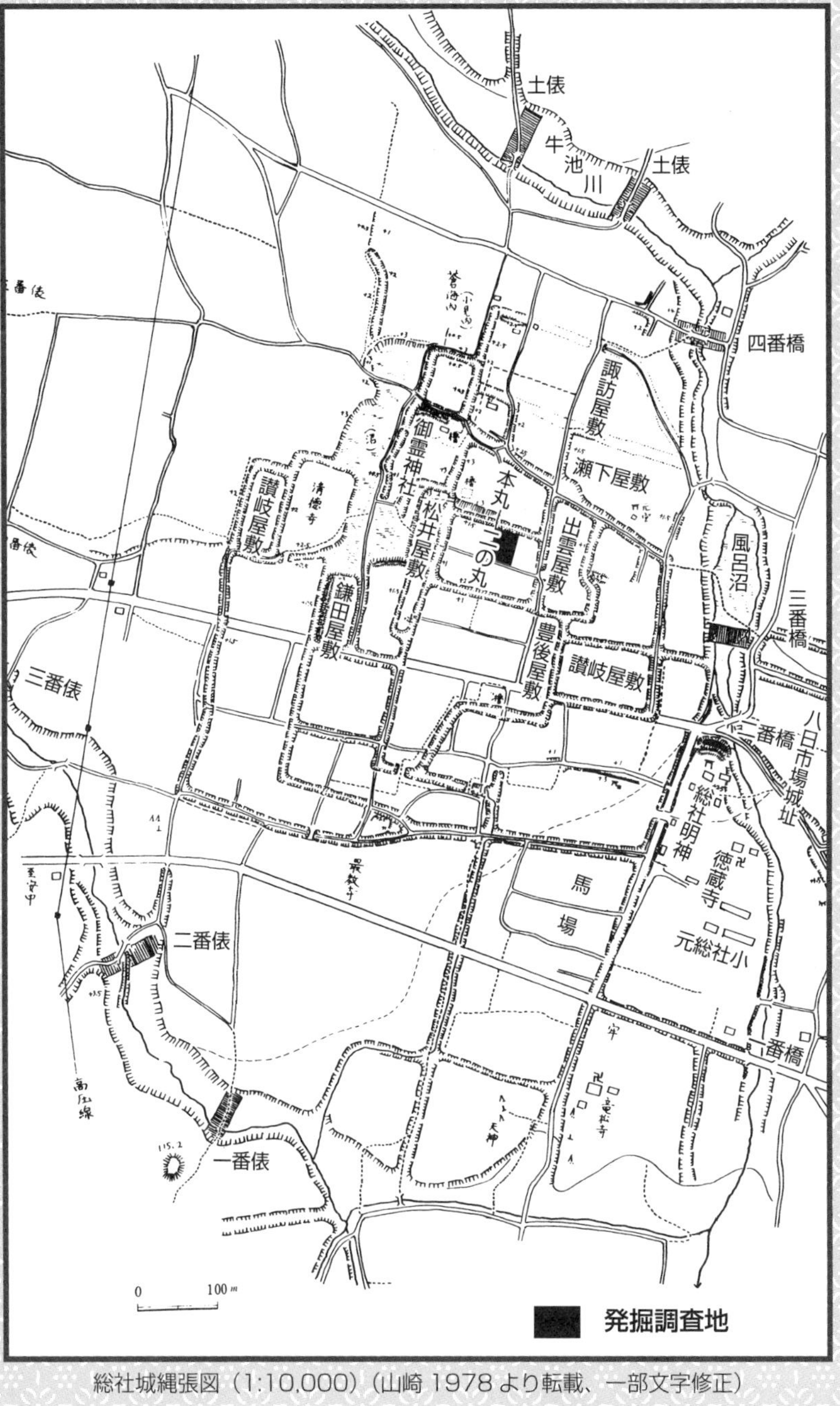


総社城縄張図（1:10,000）（山崎 1978 より転載、一部文字修正）

止め、滞留させて水堀としたという。武田軍の攻撃に最後まで抵抗できたのは、堅城であった証左となる。

総社城は宿城とも言われ、町場が形成されていたことがうかがえる。南東角に位置する総社神社は、当時から宗教的な中核地であった。宿には鋳物師がおり、小田原の後北条氏から直接受注したことを示す伝馬手形が残されている。

**戦禍の痕跡と新たな発見**　近年注目すべき遺跡が発掘調査された。『元総社蒼海遺跡群』の24・27地点（山下ほか二〇〇九）である。位置は総社城の二の丸である。調査では無数の柱穴が発見されたため、屋敷跡であろう。区画する溝から、多くの陶磁器が出土した。時期は十五世紀後半に集中し、カワラケ（素焼きの皿）が大量に出土した。また、中国産の青磁や白磁も多く混じり、中でも酒会壺《しゅかいこ》蓋《ふた》や袴腰香炉《はかまごしこうろ》など高級品が含まれていた。陶磁器には火を受けたも

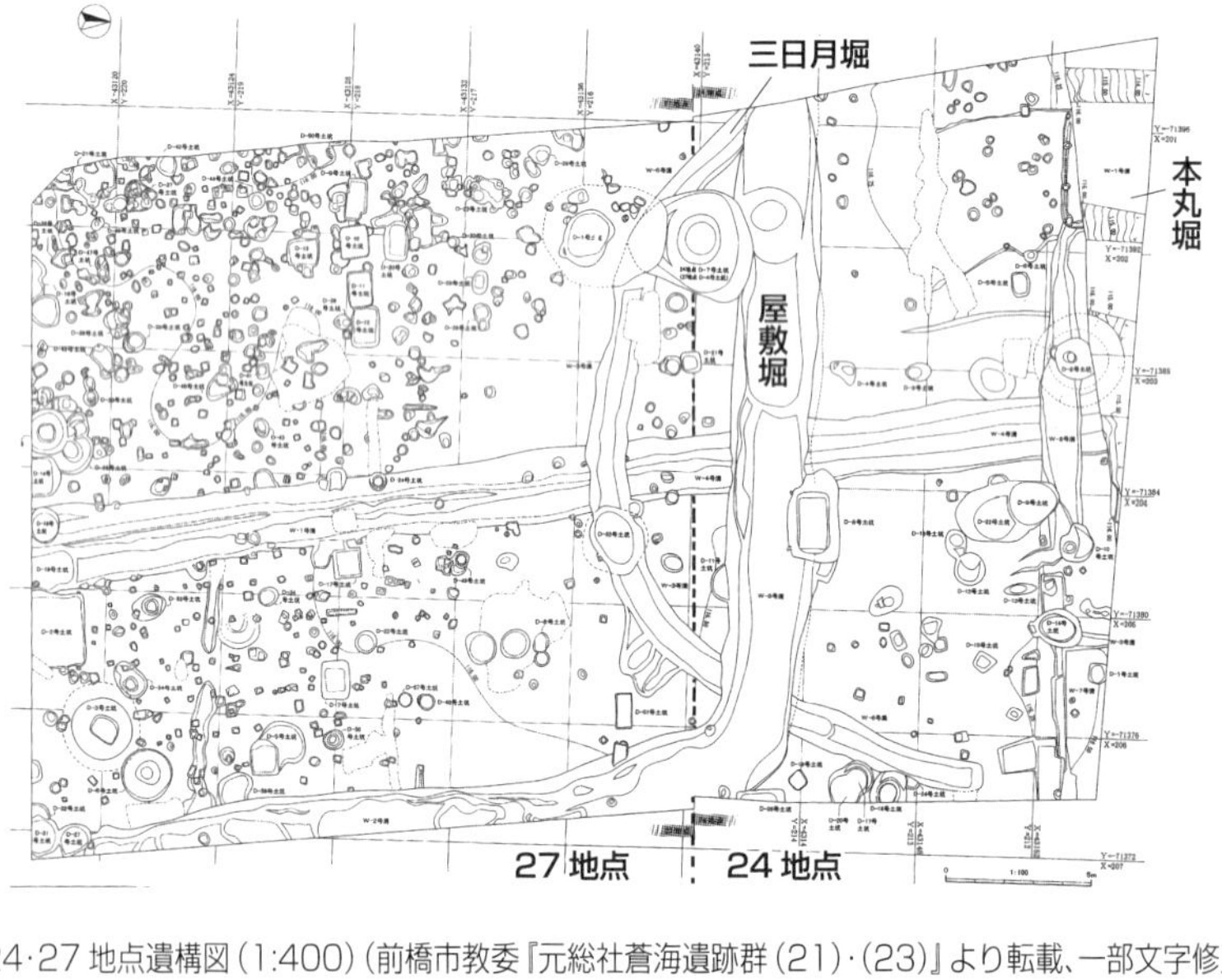


24·27 地点遺構図（1:400）（前橋市教委『元総社蒼海遺跡群（21）·（23）』より転載、一部文字修正）

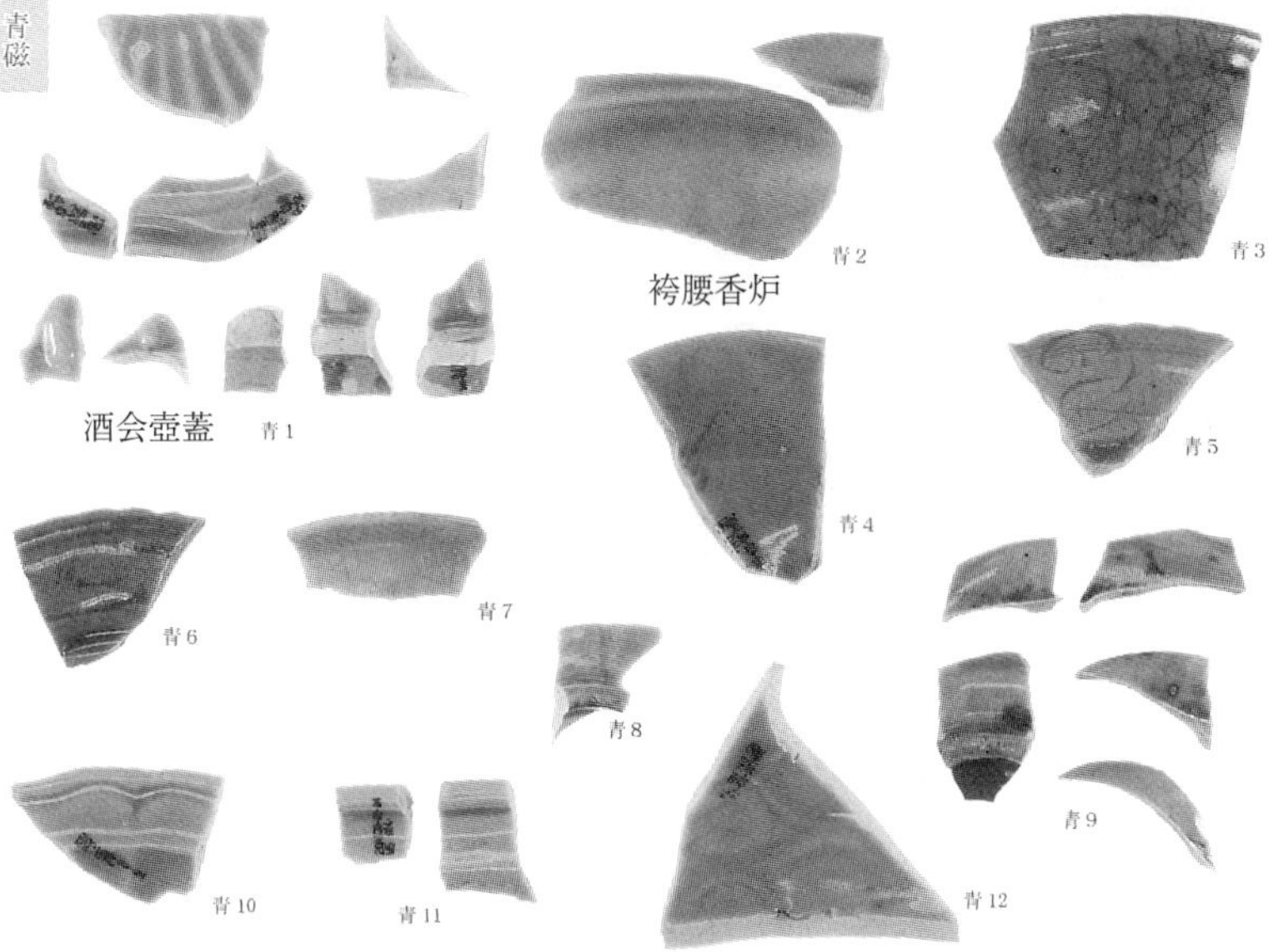

出土した高級青磁（前橋市教委『元総社蒼海遺跡群（23）』から）

のがあり、炭化した木材や土壁なども見つかった。おそらく火災に遭い、残骸を埋め立てたのだろう。何らかの戦禍もうかがえる。

出土した陶磁器は、県内でも例を見ない優品揃いである。カワラケは宴《うたげ》の器とも言われ、多量に出土した場合は酒宴の開催が推定できる。つまり、ここに県内トップクラスの人物がいた可能性がある。当時、上杉顕定の守護所は板鼻（安中市）にあったが、総社には守護代長尾一族が居住していた。

十五世紀後半の火災となると、まず享徳の乱が思い浮かぶ。文明十年（一四七八）広馬場合戦（榛東村）の後、上杉勢と古河公方勢は和議を結び、撤退の際、留守所《るすどころ》要害に火を放ったという。留守所は国府周辺であり、要害は総社城周辺が推定候補地となるだろう。

遺跡では、他に半円形の溝（三日月堀）も発見された。十五世紀後半の区画溝よりも新しいもので、北側で見つかった本丸南堀と連携して、

本丸と 24 地点（前橋市教委『元総社蒼海遺跡群（23)』から）

27 地点（右が北）（前橋市教委『元総社蒼海遺跡群（21)』から）

## 一緒にたずねよう●上野国分寺跡

奈良時代の天平十三年（七四一）、聖武天皇が諸国に僧寺・尼寺造営を命じたため成立。現在、復元された金堂の基壇、築垣が見られる。ガイダンス施設も併設されている。平成二十四年から整備のために発掘調査が再開され、南大門や中門、金堂、回廊の遺構が見つかっている。

〔所在地〕前橋市元総社町小見、高崎市東国分町・引間町

丸馬出の形態となっている。県内では少ない事例であり、武田領国内であることから、関連がうかがわれ興味深い。

（飯森 康広）

### 関連する見学地

■前橋城／総社神社（前橋市元総社町）

### ●参考文献


黒田基樹 ■二〇一三「惣社長尾氏に関する基礎的考察」『戦国期山内上杉氏の研究』岩田書院

山崎　一 ■一九七八『群馬県古城塁址の研究　上巻』群馬県文化事業振興会

山下歳信ほか ■二〇〇九『元総社蒼海遺跡群（21）』・同『同（23）』前橋市埋蔵文化財発掘調査団

# 金山城《かなやまじょう》

■所在地／太田市金山町　■文化財指定／国指定史跡
■城主／岩松氏・由良氏（横瀬氏）・後北条氏　■分類／山城
■交通アクセス　東武伊勢崎線「太田駅」から徒歩四〇分
北関東自動車道桐生太田ＩＣから車一五分　駐車場あり

## 石垣の要塞―東上野を代表する巨大城郭―

**岩松氏統一と築城**　金山城の築城は、享徳の乱中の文明元年（一四六九）とされている。築城前の金山については、発掘調査から聖地として宗教的性格を有していた時期があったことや、「新田城」（建武三年（一三三六）十二月付「佐野安房一王丸軍忠状」）を金山城の前身とする可能性が指摘されている。

「松陰私語」によれば、文明元年に新田氏の後裔岩松家純（礼部家）が、岩松持国（京兆家）を滅ぼして岩松両家の統一を図り、新田氏本領（新田荘）の継承者として金山に城を築いた。縄張は、岩松家重臣横瀬国繁、長楽寺の僧松陰西堂らが行ったという。二月二十五日に「地鎮之儀」を行い、七十日間の普請を続け、八月には五十子陣に在陣していた家純を迎え、完成の祝儀を行ったとされている。当時の金山城は、山頂を中心とした一部の空間に限られていた可能性がある。五十子陣が崩壊した文明九年（一四七七）以後、家純は金山城に在城することとなるが、この頃には実城と坂中城の二つの曲輪が存在していた。

十五～十六世紀に起こった金山城内での二つの内乱により、横瀬氏が下剋上を遂げ、岩松氏から新田荘における実質的な権力を奪取した。「松陰私語」によると、明応四年（一四九五）の屋裏の錯乱の際には、岩松尚純の縁者佐野小

復元整備された大手虎口

太郎が重臣横瀬成繁を排除しようとして、警護の手薄を突いて金山山麓の「呑龍坂」を攻め上がり、「真城」（実城）や「中城」に攻め込んだとされる。この時金山城の中核まで戦火が及んだものと考えられている。また、横瀬泰繁等が主君岩松昌純を殺害した享禄の変（享禄元年〈一五二八〉頃）において戦禍を受けた馬場曲輪では、焼けて倒壊したと思われる土壁が発見されたほか、城内各所で高熱を受けた陶磁器片等が確認された。この頃、金山城南面に岩松氏の「呑龍御屋形」や横瀬氏の「御入御館」があった可能性が指摘される等、要害部分と日常的な城主の居館が一体化し、それに伴い本城の整備・拡張が行われたと考えられている。

**戦禍と改修**　上野国が越後上杉氏や甲斐武田氏、後北条氏といった戦国大名の抗争の舞台となった十六世紀中頃になると、由良氏（横瀬氏）はその狭間で状況に応じて上杉氏や後北条氏に従属しながら生き残りを図る。この頃、金山城

下と新田領は苛烈な戦禍を被り修築を重ねたと想定されている。

天正十二年（一五八四）、後北条氏を中心とした後北条連合に対立する佐竹氏・宇都宮氏と連動した由良・長尾両氏は、後北条方であった小泉城を攻撃し、下野国沼尻（現在の栃木市）において後北条軍と反後北条連合の間で沼尻合戦が起こった。合戦は勝敗決せず開陣となったが、その直後、後北条軍は由良・長尾両氏を攻撃し、十二月初旬には金山城・館林城は後北条氏によって掌握されるに至った。

後北条氏入城後、金山城には曲輪ごとに城番が置かれ、「根曲輪」に太井豊前、「北曲輪」に宇津木氏久、「西城」に高山定重等が配置された。その後、同十五年には清水正次が城将として赴任し、大規模な金山城の普請が行われた。この時の改修と思われる遺構が、西城域や八王子山ノ砦域等である。大手虎口の土塁改修も後北条氏の手が加わっている可能性がある。石垣には五回にわたる改修の痕跡が確認されているが、そのうち三回目以降の改修で下端の石を数十センチメートル手前に出して積む「アゴ止め石」の技法が使用されている。同様の技法が後北条氏の城であった八王子城に見られることから、技法の面においても後北条氏との関連性が示唆されている。

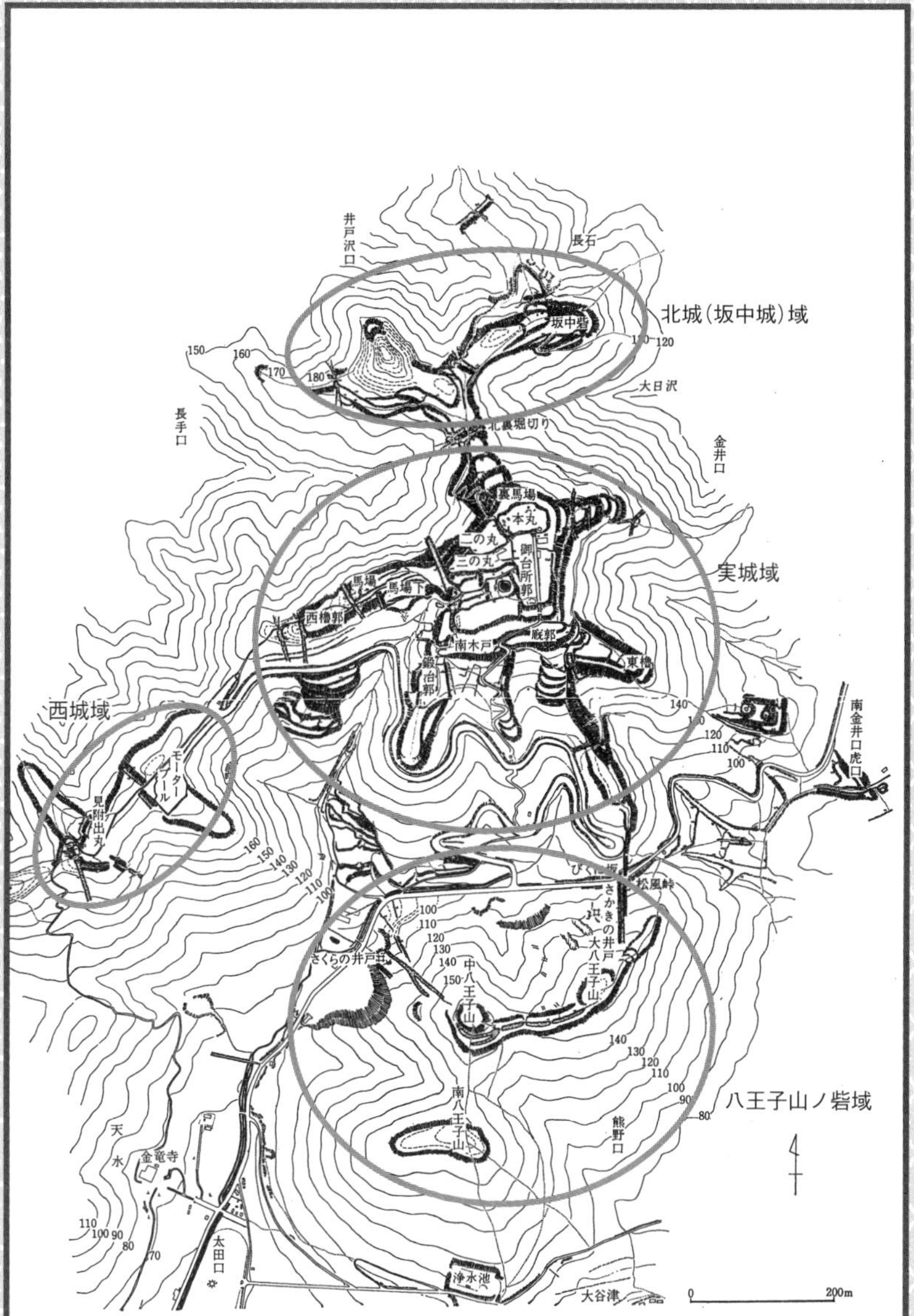


金山城縄張図（山崎　一1979『日本城郭大系』第４巻新人物往来社より）に加筆

**江戸時代以降の金山城**　金山城は、天正十八年（一五九〇）豊臣秀吉によって後北条氏が滅されると、前田利家等により接収され、廃城となった。この時、土塁や通路といった城の主要な施設が「破却」され、その一部は発掘調査により確認されている。破却跡は大手虎口南通路や月ノ池等で見られ、周辺の石垣を崩して通路や池を埋め、使用できないようにしている。その後、金山城跡は風雨にさらされ、多量の土砂が堆積し、樹木が生い茂り、江戸時代には「献上松茸」の御林として幕府の直轄林となり、厳しい管理下に置かれた。

明治維新後、金山城は、明治四年（一八七一）まで政府の管理下に置かれたが、民間払下げにより民有地化が進んだ。それでも、明治二十二年から昭和十一年（一九三六）までは御料林として宮内省管理に編入され、一時の中断はあったものの、昭和三十九年まで皇室への松茸献上は続いたという。昭和九年に、金山城跡は実城域から西城域にかけての約一八・三ヘクタールが国の史跡指定を受け、保護・保存の対象とされた。太田市は、昭和六十年度の「史跡金山城跡保存管理計画書」に基づき、平成元年度（一九八九）、史跡の積極的な活用を図るために西城から日ノ池に至る「史跡金山城跡整備基本構想」を策定した。平成四年度には「「史跡金山城跡基本計画」を策定し、平成五年三月から日ノ池周辺を中心に遺構確認調査を開始。平成六年度には、これらの整備計画と、発掘調査によって検出された遺構の研究成果・検討結果によって、平成六年度に「金山城跡環境整備事業」の実施によって、日ノ池の整備が着手された。平成十四年には、北城域、八王子山の砦域、大手筋の武家土屋敷等を含む七九・五ヘクタールが国指定史跡に追加指定されている。

**金山城の遺構**　金山は、足尾山系の南端に位置する独立丘陵であり、太田市のほぼ中央に位置し、太田市街地の北側に近接している。山頂部の標高は二三五メートル。金山城跡関連遺構は、金山全山三六〇ヘクタールの内、三〇〇ヘクタールの範囲に及んでおり、ほぼ全山が金山城跡と言える。

金山城の縄張は、金山山頂から伸びる尾根部を中心として、主要な曲輪群が配置されている。主な曲輪は、実城山に築かれた城の中核である実城域の他、実城山から西へ延びる尾根上に位置する西城域、実城山の北に位置する天神山を中心とする北城域、実城山南の八王子山ノ砦域である。それぞれ地形を巧みに利用して、曲輪や通路、土塁、堀切等が配されている。

①実城域

実城域は、金山城の中核であり、最も広い範囲を占めている。実城山の山頂部を中心に、放射状に広がる尾根に城の施設が配置されている。山頂部には新田神社（明治八年創建）が鎮座する実城（本丸）のほかに、二の丸、三の丸、御台所曲輪、釘貫（南曲輪）等が枸橘沢の谷頭を囲むように配されており、谷頭には大手虎口、日ノ池、月ノ池を設ける。三の丸下の大堀切には、通行を妨げる堀止を掘中央部に設け、大手虎口の防御に備えている。土塁で防御された大手通路跡や建物跡、池遺構等は、石積みや石垣が多く用いられていることが発掘調査から明らかとなった。

実城山から西へ大きく延びている尾根の区域には、四か所の堀切や竪堀によって区分けされた曲輪が立地する。要所の堀切には物見台や西矢倉台等の監視施設をもつ虎口が設けられ、西城域との連絡通路の守りを固めている。

また、実城山から南東・南・南西方向に延びる小尾根群にも曲輪が配されている。南西の尾根には鍛冶曲輪と呼ばれる曲輪があり、南東の尾根には矢倉（東櫓）が配置されている。これらの曲輪群は、帯曲輪や虎口（南木戸）によって山頂部の区域と分断されている。

さらに、山頂部から北・北東方向へ延びる尾根上には、雛壇状に曲輪が築かれている。北方向へ延びる尾根上の曲輪群末端に設けられた堀切と土塁によって北城域と分断されている。

②西城域

実城域西方にある西城域は、馬場曲輪及び馬場下曲輪が設けられた尾根の西端部に立地する。この区域は、更に北西と南東方向に小さな尾根が延びていて、その尾根上に曲輪群が配置されている。中核部分の曲輪には、食違土塁と堀切によって防御された虎口がある。さらに先端部分には、土塁やクランク状の堀切によって防御された虎口をもつ見附出丸が配置されている。実城域西側の防御を担うエリアである。

③北城（中城・坂中城域）

実城域の北東にある北城域は、金山北東の支丘である天神山や観音山を中心としたエリアである。これらの支丘から北や西へ延びる尾根や、実城山との間にある天神沢の南北斜面には曲輪が配置されている。尾根上の要所には掘切が設けられ、北側からの敵の侵入に配慮している。

「松陰私語」に見える「中城」、「永禄日記」の「坂中」、宇津木氏久が在番となったこのエリアに「北曲輪」が、想定される。

④八王子山ノ砦域

実城域の南にある八王子山ノ砦域は、金山南の支丘である大・中・小八王子山を中心とし、それぞれの山頂部に曲輪が立地し、各曲輪をつなぐ尾根上に横堀が配されている。太田口、熊野口に対する防御のために築かれた施設である。

復元整備された日の池

⑤その他

金山城の東麓・南麓・西麓には、山の斜面を

### 一緒にたずねよう●史跡金山城ガイダンス施設

金山城跡の歴史を紹介する歴史学習の場、金山来訪者の憩いの場として、平成二十一年（二〇〇九）五月に金山の麓に開館した。建築家・隈研吾氏による設計で、外壁には金山城の石垣をイメージした石板が配置されている。ガイダンスルームでは、「戦国シアター」や、金山城跡を飛びまわるバーチャル体験「城ナビ」、金山城の歴史における象徴的な四シーンを文献等から考証し再現したジオラマなどもあり、視覚的効果を用いた展示を行っている。

〔所在地〕太田市金山町40―30

利用して城に関連する施設が見られる。平成二十一年度から始まった大手道の調査では、通路や水路、石垣、門等の遺構が発見された。現在、金山城は史跡整備が進んでいる。特に実城域においては、石垣や虎口、月ノ池、日ノ池等の主要な施設も復元され、当時の壮大な石の城の面影を十分に伝えている。堀切や土塁も状況が良い。

（青木 裕美）

### 関連する見学地

■金龍寺（由良氏の菩提寺） 太田市金山町四〇—一

### ●参考文献


太田市教育委員会■一九九六『金山城と由良氏』

太田市教育委員会文化財保護課■二〇〇八『史跡金山城跡保存管理計画書』

宮田 毅■二〇一一「金山城」『関東の名城を歩く 北関東編』吉川弘文館

# 小泉城《こいずみじょう》

■所在地／大泉町城之内2　■文化財指定／大泉町指定史跡
■城主／富岡氏　■分類／平城
■交通アクセス／東武小泉線「小泉駅」下車徒歩一〇分　駐車場あり

## 後北条氏領最前線の城

**富岡氏の動向**　小泉城を本拠にしていた富岡氏は史料上の初見は延徳五年（一四九三）である。甘楽郡富岡郷を名字の地とすると伝えられるが、その地名は中世まで遡れないため、下野国佐野荘富岡郷である可能性が指摘されている（峰岸一九八九）。しかし、佐野市の富岡も近世から確認できる地名のため、名字の地を確定することは難しい（青木二〇〇八）。

延徳五年の史料にみえる富岡氏は主税助であり、その後、玄蕃允―主税助―主税助（仮名清四郎）―対馬入道（仮名六郎四郎）―六郎四郎と六代にわたることが、黒田氏の文書史料の分析の結果、明らかになっている（黒田一九九六）。富岡氏は文書史料初見の頃には小泉城に本拠を構えていたととらえられているが、長享の乱の展開に伴って足利政氏の命によって築城された可能性が高いとされる。その後三代にわたって、一貫して古河公方方としてあらわれ、特に館林赤井氏の影響下であったとしている。そして、その間、富岡氏は山内上杉氏方の横瀬氏と抗争を展開していた。

天文二十一年（一五五二）後北条氏が山内上杉氏を平井城から退去させるのに前後して、富岡氏は後北条方に付くことになる。上野国衆のなかでも比較的早い従属とされている（黒田一九九六）。その後、後北条氏が上野の領国化

本丸北側の土塁と堀

を進める中で周辺の政治状況が安定していたが、次に大きく動くのが永禄三年（一五六〇）の長尾景虎の関東越山である。この越山にあたり、富岡氏と対立する横瀬氏は上杉方に付くが、富岡氏は赤石（伊勢崎市）の那波氏・館林の赤井氏らとともに後北条氏方として横瀬氏と争った。その後、富岡氏は永禄五年の謙信の館林城攻略前後に謙信に従属したとみられている。この従属後、後北条氏方の武蔵深谷上杉氏の小泉への来攻を撃退するなど、上杉氏方として活躍している。なお、永禄九年の関東の上杉氏方の武将名と兵力を列記した史料（『上杉輝虎陣立書写』）では、上野では横瀬氏三百騎、長尾景長百騎に続き、富岡主税助は三十騎として記されている。

このことに対して、黒田氏は「同史料に記載されている武将のなかでは最も少ないものであり、それはその領主的規模の小ささに対応してのものといえるが、にもかかわらず同史料にその名が記載されていることは、富岡氏があくまで謙信に直接に従属する国衆であり、その政治的存在の重要性を示すもの」と評価している。

　さて、富岡氏は一時的に上杉氏についていたのであるが、永禄九年、西上野の拠点であった長野氏の箕輪城が武田信玄に落とされる頃になって、横瀬氏をはじめ、成田氏、宇都宮氏などが謙信から離反し後北条氏に従属するに至っている。その結果、同年十一月頃に再び後北条氏に従属することになった。そして、この後富岡氏は天正十八年（一五九〇）まで、天正十年の滝川一益の上野入国時以外は、後北条氏方として活躍した。

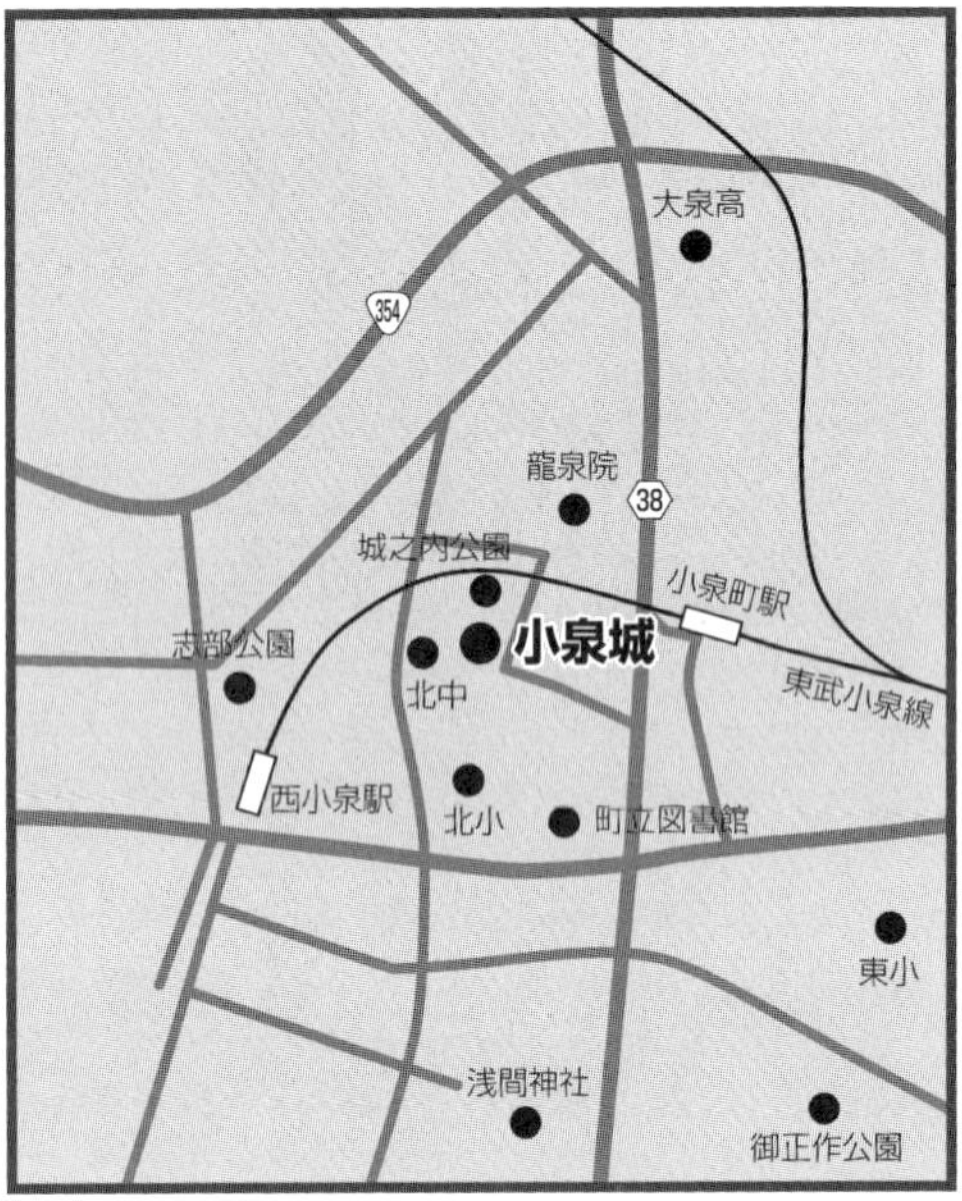


　特に、天正十一年の新田由良氏と館林長尾氏が後北条氏に敵対すると、後北条氏方の最前線の城として小泉城が位置付けられることになった。天正十一年十一月から翌年二月までは毎月にわたり、新田・館林・足利衆や後北条氏と敵対する常陸佐竹氏、下野佐野氏などによって断続的に大規模な攻撃を受けることになったが、落城しなかった。
**総構を持つ城**　城は現在本丸と北郭北西側が公園化されて残っている。これら以外は市街地化されているが、総構の大部分は川や緑道や道路となっており、その痕跡はかなり明瞭である。なお、年代不明ではあるが、かなり正確に地形

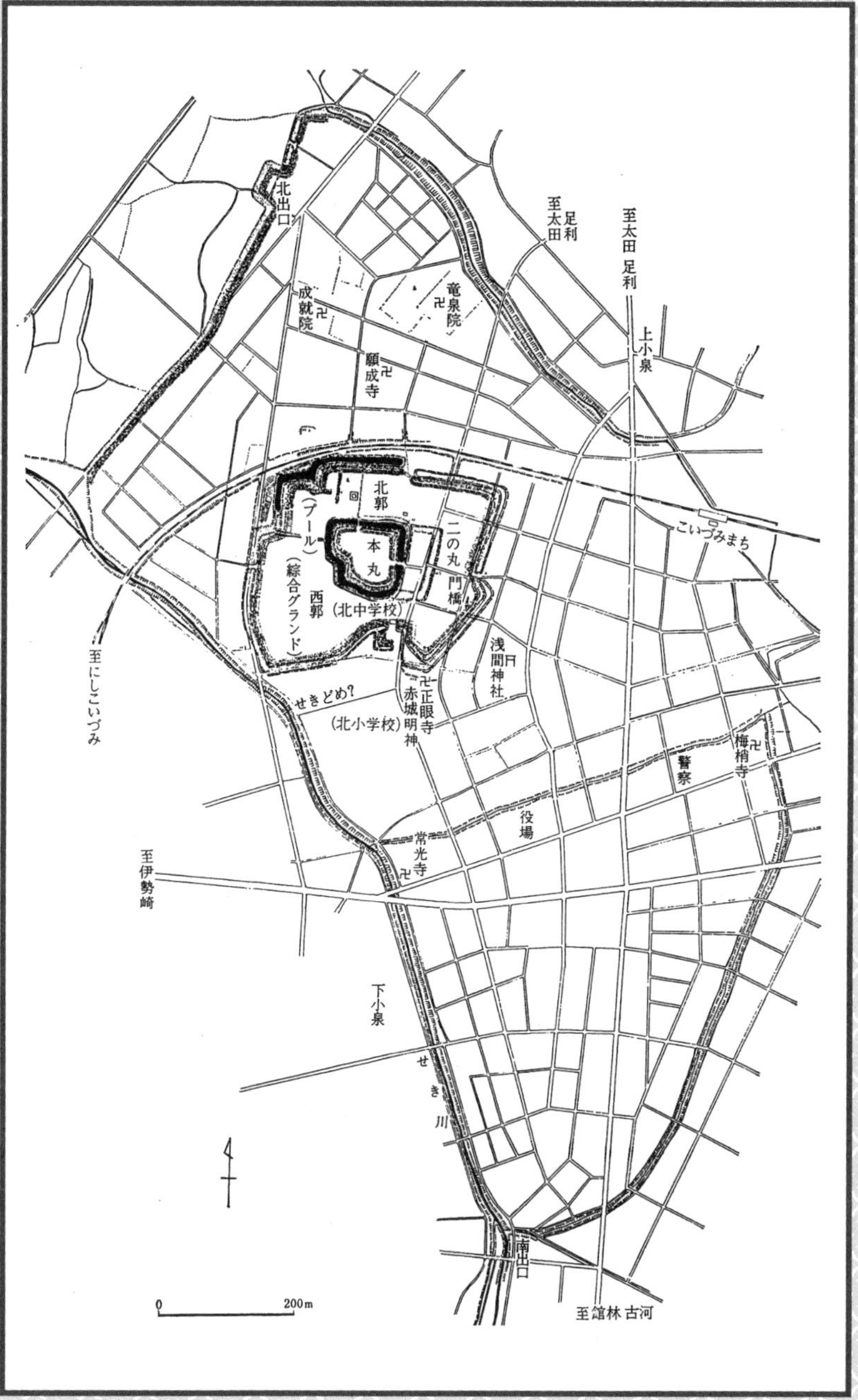


小泉城縄張図（山崎一 1979「日本城郭大系」第4巻　新人物往来社より）

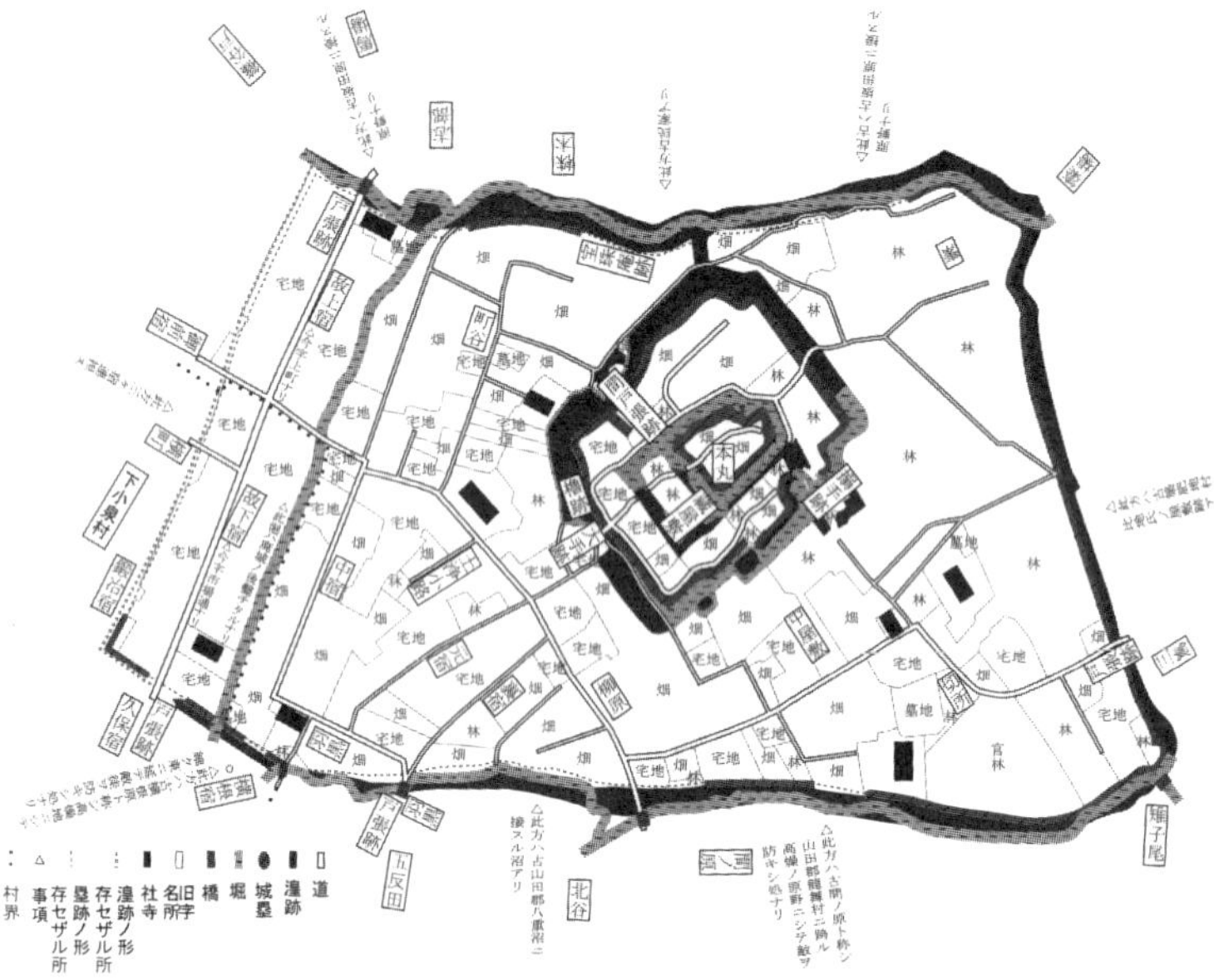


『群馬県邑楽郡誌』掲載「冨岡氏城墟」トレース図（飯森 2010 より）

を表現している絵図があり（飯森二〇一〇）、それには地名の書き込みがある。総構を区切る南の堀はこの絵図によると廃城の後掘られたとの書き込みがあり、さらに南側の故上宿・故下宿などを囲う堀が本来の堀であったことがうかがえる。この堀内にはその他、裏宿・元宿・中宿・町谷・中屋敷などの地名があり、町や宿・さらには屋敷地などを囲っていたことが想定される。ただし、この堀の外部にも御前宿、横町、鍛冶宿などの地名が記され総構南側の堀まで町場が続いていたようである。また、久保宿、横根宿など総構外部まで町場が

本丸南西側の堀

## 一緒にたずねよう●龍泉院

小泉城の総構内の北東部にある寺で、富岡氏の菩提寺である。天文三年（一五三四）、小泉城二代目城主の開基と伝わる。境内には初代城主お手植えと伝わる松や初代城主奥方お手植えといわれる藤のほか、三代城主の供養塔などがある。

〔所在地〕邑楽郡大泉町城之内3―11―2

広がっている可能性もあり、小田原城でも見られるように城下町すべてを囲っているわけでもなさそうである。

城主であった富岡氏に関わる古文書は富岡文書として、県内では二番目に多い量で、こうした古文書史料の検討や発掘調査、絵図の分析等、多角的に研究が進むと、城下町を含めた城の変遷等が明らかになっていくだろう。（秋本 太郎）

### ●参考文献

青木裕美 ■二〇〇八「富岡文書の伝来について」『群馬文化』294 群馬県地域文化研究協議会

飯森康広 ■二〇一〇「31 小泉城」『館林市史特別編第4巻 館林城と中近世の遺跡』

黒田基樹 ■一九九六「富岡氏の研究」（同二〇一五『戦国大名と外様国衆』戎光祥出版株式会社に再録）

峰岸純夫 ■一九八九「戦国時代の東上野」『群馬県史 通史編3 中世』群馬県

# 山上城《やまがみじょう》

■所在地／桐生市新里町山上 ■文化財指定／群馬県指定史跡
■城主／山上氏・上杉方・北条方 ■分類／丘城
■交通アクセス／上毛電鉄「新里駅」下車二〇分・北関東自動車道「伊勢崎ＩＣ」から車で三〇分 駐車場あり（山上城跡公園内）

## 赤城山南麓境目の城

**繰り返される争奪戦** 関東の戦国時代の幕開けは、享徳の乱（一四五五～一四八三）と言われている。康正二年（一四五六）上杉方であった山上氏を古河公方方が攻め（山上合戦）、山上は桐生佐野氏の手中となった。このため、山上氏は同じく秀郷流一族である善氏とともに、上杉氏の拠る五十子陣（埼玉県本庄市）に三年在陣し、在所の奪回をうかがっていた。

横瀬（由良）氏は、上杉氏の命を受け、山上氏らを援助し、山上城に程近い葛塚《くずづか》（桐生市）を取り立て（葛塚城か）、横瀬勢の番手と共に守らせた。これは付け城と考えられるため、山上城はすでに存在し、桐生佐野勢が籠城していたと考えられる。長享元年（一四八七）、由良氏は桐生佐野氏を奥沢（桐生市）で打ち破り、山上・善氏は在所に戻った。これにより、桐生佐野氏は桐生領へ押し返されたこととなる。

天文十年（一五四一）、上杉氏の内紛のなか、山上氏は由良氏配下を離れ、厩橋長野氏に与した。同二十一年、後北条氏は御嶽城（埼玉県神川町）を落とし、平井城（藤岡市）に迫った。赤石（伊勢崎市）の那波氏は、北条氏に与したため、上杉方の由良氏・足利長尾氏・佐野氏・桐生佐野氏・大胡氏・厩橋長野氏が那波氏を攻めた。赤城山南麓地域の動揺がうかがえる。一方、平井城では関東管領上杉憲政が馬廻衆に城

本丸跡

を追われたため、一気に後北条氏が上野国の領有を進めた。

永禄三年（一五六〇）、上杉憲政を擁して長尾景虎（のちの上杉謙信）が上野国に侵攻すると、武将たちは後北条方から上杉方へ来属した。山上氏や善氏も来属し、由良氏の同心で新田衆として着陣している（「関東幕注文」）。それまで由良氏は後北条氏支配下にあり勢力を保っていたが、厩橋長野氏は越後勢の侵攻によって、厩橋を回復したと思われる。したがって、こうした事情で、山上氏は厩橋長野氏の元を離れ、由良氏配下に帰属したのだろう。

**武田勢の躍進と上杉勢の巻き返し**　永禄四年武田信玄が上野国に侵攻し、徐々に利根川以西の西上野を支配下としていった。同十年までに箕輪城（高崎市）や白井城（渋川市）、中世総社城（前橋市）が武田勢によって攻略されると、北条《きたじょう》氏や由良氏は武田氏と同盟関係にある後北条方へ与することとなった。

しかし、後北条氏は武田氏と離別し、永禄十二年には上杉氏と同盟関係を結ぶ（越相同盟）。利根川以東の東上野は、上杉氏の支配下に置かれた。元亀二年（一五七一）越相同盟が破綻し、北条氏は上杉方に残り、由良氏は小田原方の立場にあった。このため、赤城山南麓地域は両者の境目となり、紛争地域となった。

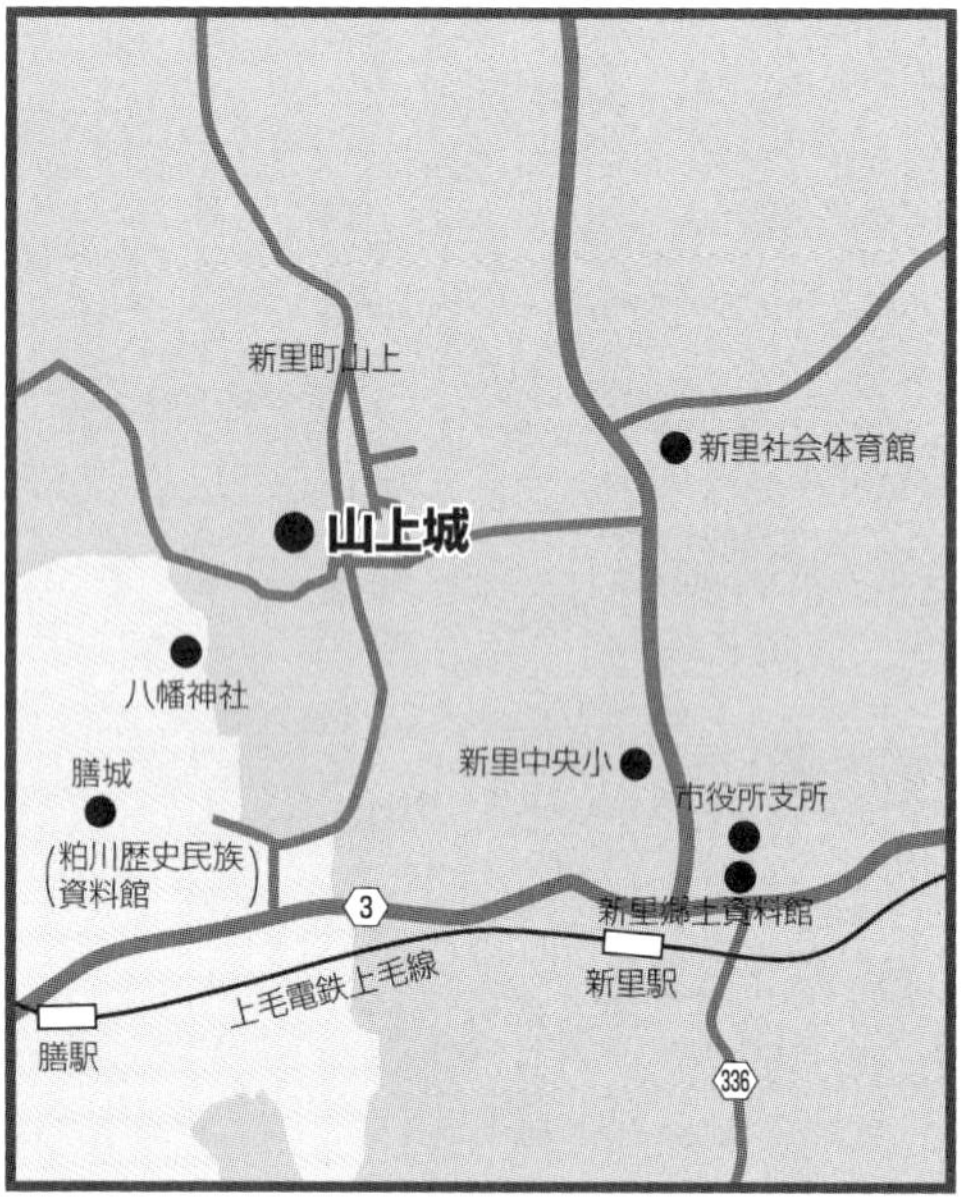


天正二年（一五七四）三月、上杉謙信は膳城・女淵城（前橋市）、山上城、赤堀城（伊勢崎市）を攻め落とし、ついで深沢城・五覧田城（みどり市）を落とした。十月には谷山城・皿窪砦（桐生市）を落とし、仁田山城を普請している。上杉勢は根利道（沼田市）を確保し、沼田から直接に侵攻していた。一方、由良氏も膳城周辺に幾度か攻め入っている。

**謙信の死と境目の攻防**　天正六年謙信が死ぬと、後継者をめぐり御館の乱が勃発する。後北条勢は一族上杉景虎（三郎）方の上杉家臣を味方にして、利根川東岸を一気に手中に治め、越後国に攻め入ったが、翌年景虎の敗死とともに手を引いた。

同五月、後北条氏は東上野の再編を行った。膳城と赤堀城は、後北条方となった善氏、赤堀氏を置いたまま、由良氏の支配下に置かれた。

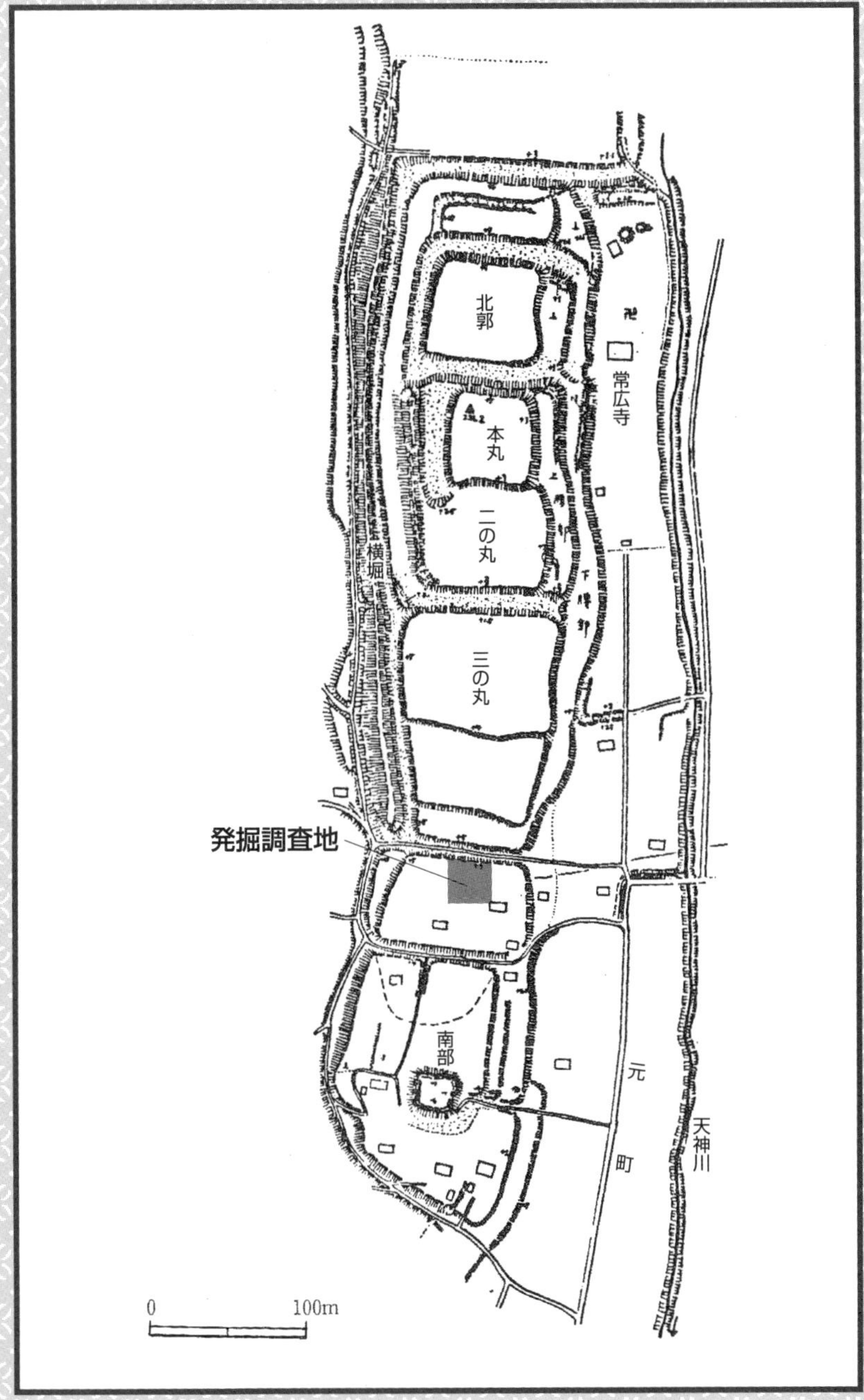


山上城縄張図（1:5000）（山崎 1978 より一部加筆転載）

また、深沢城・五覧田城は、旧上杉家臣で沼田城将であった河田重親が支配していたが、越後出張中に、後北条氏が受け取り、由良氏の元に置いた。この際、高津戸城（桐生市）も由良氏支配となったが、山上城には触れて折らず、扱いが違っていた。

　山上城には、地侍である後北条方の北爪氏が在城していた。同十月、武田方に服属した厩橋北条氏が山上城を攻め、翌八年二月にも攻めたが、いずれも撃退している。十月、武田勢が金山城を攻め、あわせて膳城を攻め落とし、城主河田備前守を討っている。こうして、東上野まで勢力を拡大した武田氏であったが、天正十年三月には織田信長により滅ぼされてしまった。

　同六月、信長が討たれ家臣滝川一益が撤兵すると、利根沼田・吾妻地域の真田領を除く、上野国南部は後北条氏の支配下となった。しかし、北条氏は上杉氏と図って反抗する。翌年三月、由良氏や後北条勢の侵攻に備えるため、北条氏は大胡城、山上城、赤堀城、樽城（渋川市）の防備を上杉氏と相談している。だが、同九月援兵も得られないまま、北条氏は後北条氏に下り、厩橋城を明け渡した。以後、紛争地は沼田周辺へ北上、あるいは東上野へ移り、赤城南麓は紛争地帯から後景へ移った。

**特徴的な堀内道と丸馬出の発見**　山上城は南北方向に延びた尾根を大きく六つの郭に分割している。本郭は北から三番目の郭である。東面に二段の腰郭を設けている。この城の特徴は、西端に堀切を連結しながら掘られた長さ約五〇〇メートルに及ぶ横堀である。北側は東方へ直角に折れて堀切となり、蕨沢川と結んでいる。この横堀の底面は、堀内道として使われ、南端には出入り口が設けられている。しかも、横堀の西側には高土居が廻り、防御面を高めている。厳重に防御し西方背後を固めることで、城の主要部を西寄りに配置する。東面は蕨沢川が惣堀となり、惣構えに近い構造であった。

平成十五年に南から二番目の郭で行われた発掘調査で、予想外の遺構が発掘調査された。北側の堀切から離れて半円形に掘り込まれた溝は三日月堀と呼ばれ、丸馬出を区画する堀の形態であった。丸馬出は攻撃的な性格の強い出入り施設である。これまで全く埋まっていたため、その存在は知られていなかった。断面の規模は上幅最大約三・三メートル、深さ約一・四メートルであり、断面形態は垂直に近く、上端はオーバーハングしている。城内の堀切などに比べると小規模で、特有の規模・形態と言えよう。西側で途切れた部分は通路であり、間隔は約四メートルである。

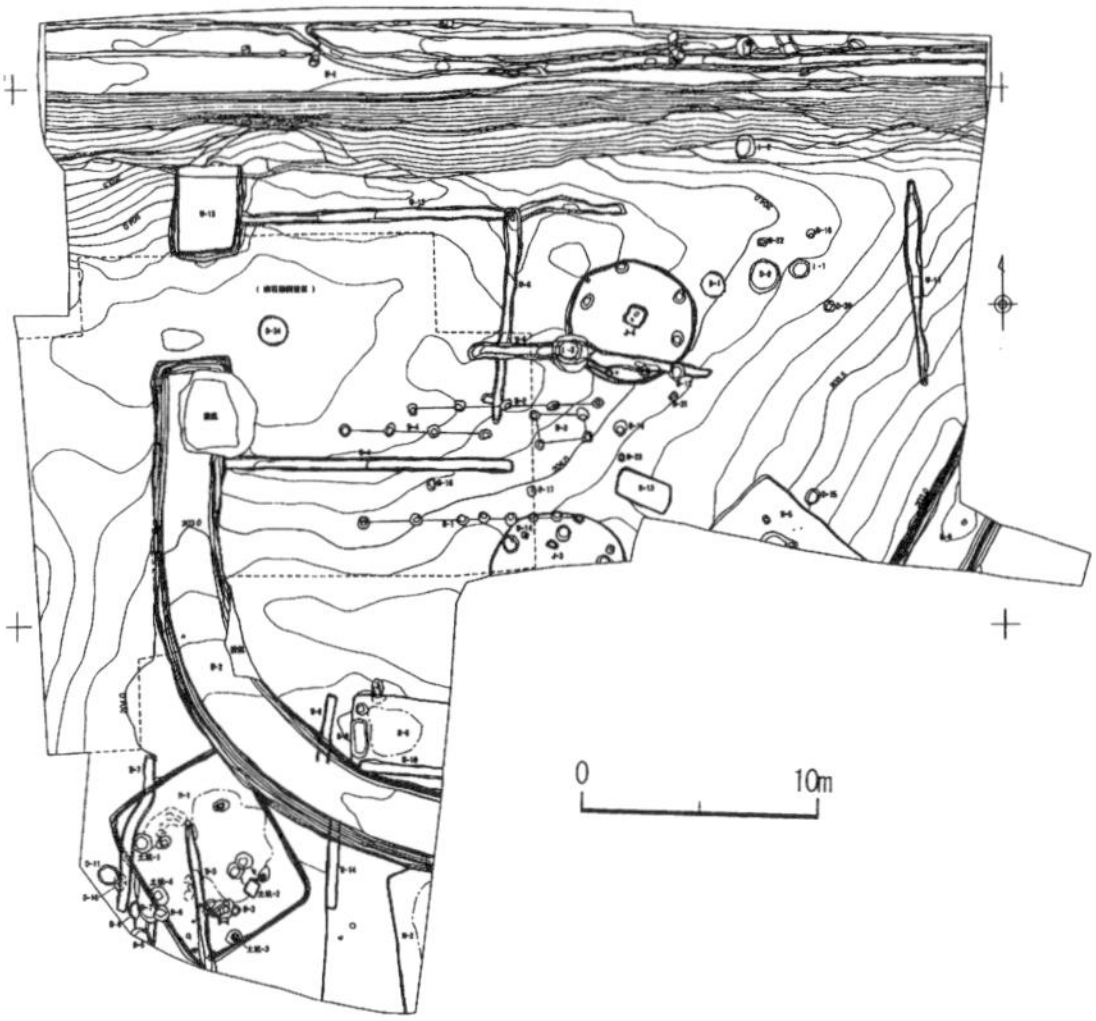


山上城丸馬出（1:600）（加部 2005 より転載）

　区画された丸馬出の推定規模は、東西三〇メートル、南北二五メートルで、北辺中央部に北側郭と結ぶ木橋が架けられ、北側堀底に橋脚を立てた柱穴が二基見つかった。なお、西側の三日月堀近くにも造り出しと柱穴二基が発見され、丸馬出以前にも木橋が架けられていたと推定できる。これまで各郭のつながりは不明であったが、丸馬出によって城内から出撃する経路が一つ解明された

丸馬出（上空から）

三日月堀（写真提供：桐生市教委『2003 年度調査新里村内遺跡発掘調査報告書』から）

## 一緒にたずねよう●山上多重塔

国指定重要文化財。一石三重型の多層塔で、高さ約一・八㍍の安山岩製。全体が朱色で塗られ、塔身に法華経が収納されていたらしい。僧道輪によって延暦二十年（八〇一）に建立された。地方の仏教文化を語る重要なものである。

〔所在地〕桐生市新里町山上2555

ことになる。位置的に西方には横堀の南端があり、連携する関係がうかがえる。

丸馬出の発掘調査事例は近年増加しており、名胡桃城（みなかみ町）、中世総社城、膳城（前橋市）で発見されている。山上城も含めてこれらの三日月堀は概して小規模である点で共通している。

（飯森　康広）

### 関連する見学地

■膳城（前橋市）／粕川歴史民俗資料館（前橋市）

### ●参考文献


加部二生編　■二〇〇五『山上城跡Ⅸ』新里村教育委員会

山崎　一　■一九七八『群馬県古城塁址の研究　上巻』群馬県文化事業振興会

| | | 地域 | 名称 | 行政区 |
|---|---|---|---|---|
| 1 | 1 | 前橋 | **前橋城(厩橋城)** | 前橋市 |
| 2 | 2 | | **中世総社城** | 前橋市 |
| 3 | 3 | | 嶺城(田中城) | 前橋市 |
| 4 | 4 | | 上泉城 | 前橋市 |
| 5 | 5 | | 大室城 | 前橋市 |
| 6 | 6 | | 大胡城 | 前橋市 |
| 7 | 7 | | 女渕城 | 前橋市 |
| 8 | 8 | | 膳城 | 前橋市 |
| 9 | 1 | 高崎 | **箕輪城** | 高崎市 |
| 10 | 2 | | **鷹留城** | 高崎市 |
| 11 | 3 | | **高崎城(和田城)** | 高崎市 |
| 12 | 4 | | **神保植松城** | 高崎市 |
| 13 | 5 | | 浜川館 | 高崎市 |
| 14 | 6 | | 北新波の砦 | 高崎市 |
| 15 | 7 | | 下斉田城 | 高崎市 |
| 16 | 8 | | 寺尾上城(乗附城) | 高崎市 |
| 17 | 9 | | 寺尾中城 | 高崎市 |
| 18 | 10 | | 茶臼山城(鷹ノ巣城) | 高崎市 |
| 19 | 11 | | 根小屋城 | 高崎市 |
| 20 | 12 | | 山名城 | 高崎市 |

| | | 地域 | 名 称 | 行政区 |
|---|---|---|---|---|
| 91 | 11 | 吾妻 | 高野平城(四阿山城) | 中之条町 |
| 92 | 12 | | **中山城** | 高山村 |
| 93 | 13 | | 尻高城 | 高山村 |
| 94 | 14 | | 中山古城 | 高山村 |
| 95 | 15 | | 権現山城 | 高山村 |
| 96 | 16 | | 羽根尾城 | 長野原町 |
| 97 | 17 | | 長野原城 | 長野原町 |
| 98 | 18 | | 丸岩城 | 長野原町 |
| 99 | 19 | | 大前城 | 嬬恋村 |
| 00 | 20 | | 鎌原城 | 嬬恋村 |

| | | 地域 | 名称 | 行政区 |
|---|---|---|---|---|
| 21 | 13 | 高崎 | 松山城(金比羅山城) | 高崎市 |
| 22 | 14 | | 里見城 | 高崎市 |
| 23 | 15 | | 雉郷城 | 高崎市 |
| 24 | 16 | | 権田城(上之久保城) | 高崎市 |
| 25 | 17 | | 長根城 | 高崎市 |
| 26 | 18 | | 八束城 | 高崎市 |
| 27 | 19 | | 新堀城(多比良城) | 高崎市 |
| 28 | 1 | 東毛 | **金山城** | 太田市 |
| 29 | 2 | | 江田館 | 太田市 |
| 30 | 3 | | 反町館 | 太田市 |
| 31 | 4 | | 館林城 | 館林市 |
| 32 | 5 | | 赤岩城 | 千代田町 |
| 33 | 6 | | **小泉城** | 大泉町 |
| 34 | 7 | | 鶉小城 | 邑楽町 |
| 35 | 8 | | **山上城** | 桐生市 |
| 36 | 9 | | 仁田山城 | 桐生市 |
| 37 | 10 | | 桐生城 | 桐生市 |
| 38 | 11 | | 彦部屋敷 | 桐生市 |
| 39 | 12 | | 深沢城(神梅城) | 桐生市 |
| 40 | 13 | | 五覧田城 | みどり市 |
| 41 | 14 | | 高津戸城(要害山城) | みどり市 |
| 42 | 1 | | 赤堀城 | 伊勢崎市 |
| 43 | 2 | | 田口下屋敷 | 玉村町 |
| 44 | 3 | | 茂木館(本木館) | 玉村町 |
| 45 | 1 | 甘楽・碓氷 | **古城遺跡** | 安中市 |
| 46 | 2 | | **後閑城** | 安中市 |
| 47 | 3 | | **松井田城** | 安中市 |
| 48 | 4 | | 名山城 | 安中市 |
| 49 | 5 | | 磯部城 | 安中市 |
| 50 | 6 | | 安中城 | 安中市 |
| 51 | 7 | | 碓氷城(愛宕山の砦) | 安中市 |
| 52 | 8 | | **丹生城** | 富岡市 |
| 53 | 9 | | **丹生東城** | 富岡市 |
| 54 | 10 | | **菅原城** | 富岡市 |
| 55 | 11 | | 宇田城 | 富岡市 |
| 56 | 12 | | 神成城 | 富岡市 |
| 57 | 13 | | 内匠城(井戸沢城) | 富岡市 |
| 58 | 14 | | 高田城 | 富岡市 |
| 59 | 15 | | **国峰城** | 甘楽町 |
| 60 | 16 | | 峯城 | 甘楽町 |
| 61 | 17 | | 麻場城 | 甘楽町 |
| 62 | 18 | | 天引城 | 甘楽町 |
| 63 | 19 | | **鷹ノ巣城** | 下仁田町 |
| 64 | 20 | | 根小屋城 | 下仁田町 |
| 65 | 21 | | 吉崎城 | 下仁田町 |
| 66 | 22 | | 砥沢城 | 南牧村 |
| 67 | 1 | 多野 | **平井城・平井金山城** | 藤岡市 |
| 68 | 2 | | **高山城(東日野金井城)** | 藤岡市 |
| 69 | 3 | | **三ツ山城** | 藤岡市 |
| 70 | 4 | | 譲原城(真下城) | 藤岡市 |

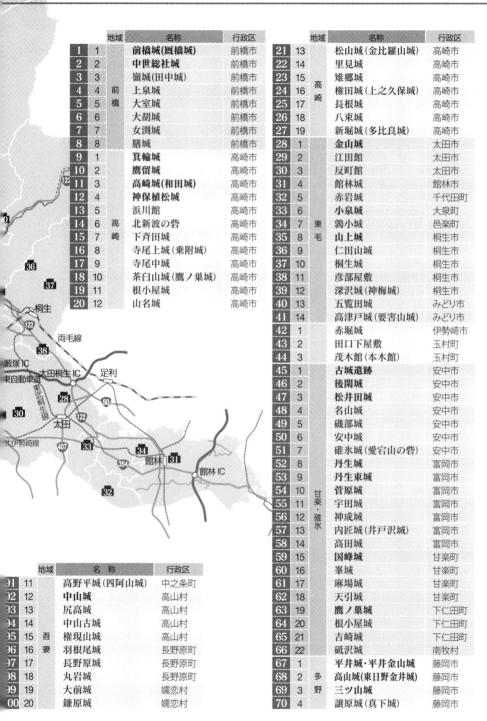

# ぐんまの城100選

| | | 地域 | 名称 | 行政区 |
|---|---|---|---|---|
| 71 | 1 | 北群馬・利根・沼田 | **沼田城** | 沼田市 |
| 72 | 2 | | **白井城** | 渋川市 |
| 73 | 3 | | **不動山城** | 渋川市 |
| 74 | 4 | | **長井坂城** | 渋川市 |
| 75 | 5 | | 棚下の砦 | 渋川市 |
| 76 | 6 | | 勝保沢城 | 渋川市 |
| 77 | 7 | | **名胡桃城** | みなかみ町 |
| 78 | 8 | | 小川城 | みなかみ町 |
| 79 | 9 | | 明徳寺城 | みなかみ町 |
| 80 | 10 | | 阿曽の砦 | 昭和村 |

| | | 地域 | 名称 | 行政区 |
|---|---|---|---|---|
| 81 | 1 | 吾妻 | **岩櫃城** | 東吾妻町 |
| 82 | 2 | | **大戸城** | 東吾妻町 |
| 83 | 3 | | 萩生城（境野城） | 東吾妻町 |
| 84 | 4 | | 羽田城（大柏木城） | 東吾妻町 |
| 85 | 5 | | 岩下城 | 東吾妻町 |
| 86 | 6 | | 山の固屋城 | 東吾妻町 |
| 87 | 7 | | 稲荷城 | 東吾妻町 |
| 88 | 8 | | **横尾八幡城** | 中之条町 |
| 89 | 9 | | 仙蔵城（内山城） | 中之条町 |
| 90 | 10 | | 嵩山城 | 中之条町 |

## ■城郭用語（50音順）

＊以下、網かけの用語は、（参考イラスト）にあるものです。

① 石垣（いしがき） 城郭では土居の表面に石を積み上げ作られた壁のことをいう。戦国時代になると、城郭の発達とともに石垣が普及し、全国各地に石垣施工を担う集団が現れた。

❷ 犬走（いぬばしり） 垣と溝（堀）の間に設けられた通路。

❸ 馬出（うまだし） 城郭の虎口に設けられた防御施設。コの字やC字の塁線で囲まれた曲輪。

❹ 大手（おおて） 城郭の正面。

❺ 帯郭（おびぐるわ） 曲輪の外側に、帯状に設けた空間。

❻ 角馬出（かくうまだし） 馬出しの塁線がコ字状で、四角形の空間となる。

⑦ 搦手（からめて） 城郭の裏手。

❽ 切岸（きりぎし） 外敵の侵入を防ぐ為、人工的に斜面を削り崖線を作り出したもの。

❾ 食違（くいちがい） 城の出入口（虎口）で、左右の塁線がその端部で前後した配置となるもの。

❿ 郭（くるわ） 堀や切岸等の防御施設に守られた平坦地のこと。曲輪とも。

⓫ 虎口（こぐち） 城館において要所となる出入り口。

⓬ 腰郭（こしぐるわ） 主要な郭の側面に、一段低くつくられた小さな郭。

⑬ 境目の城 領地の境にある城。

⓭ 主郭（しゅかく） 中核となる郭で、中世では「本城」「実城」などと呼ばれる。

⓮ 障子堀（しょうじぼり） 堀底に畝で仕切った構造とし、堀中にいる敵の移動を防ぐ役割をもつ。

⑮ 陣（じん） 軍勢の集結した場。兵営。

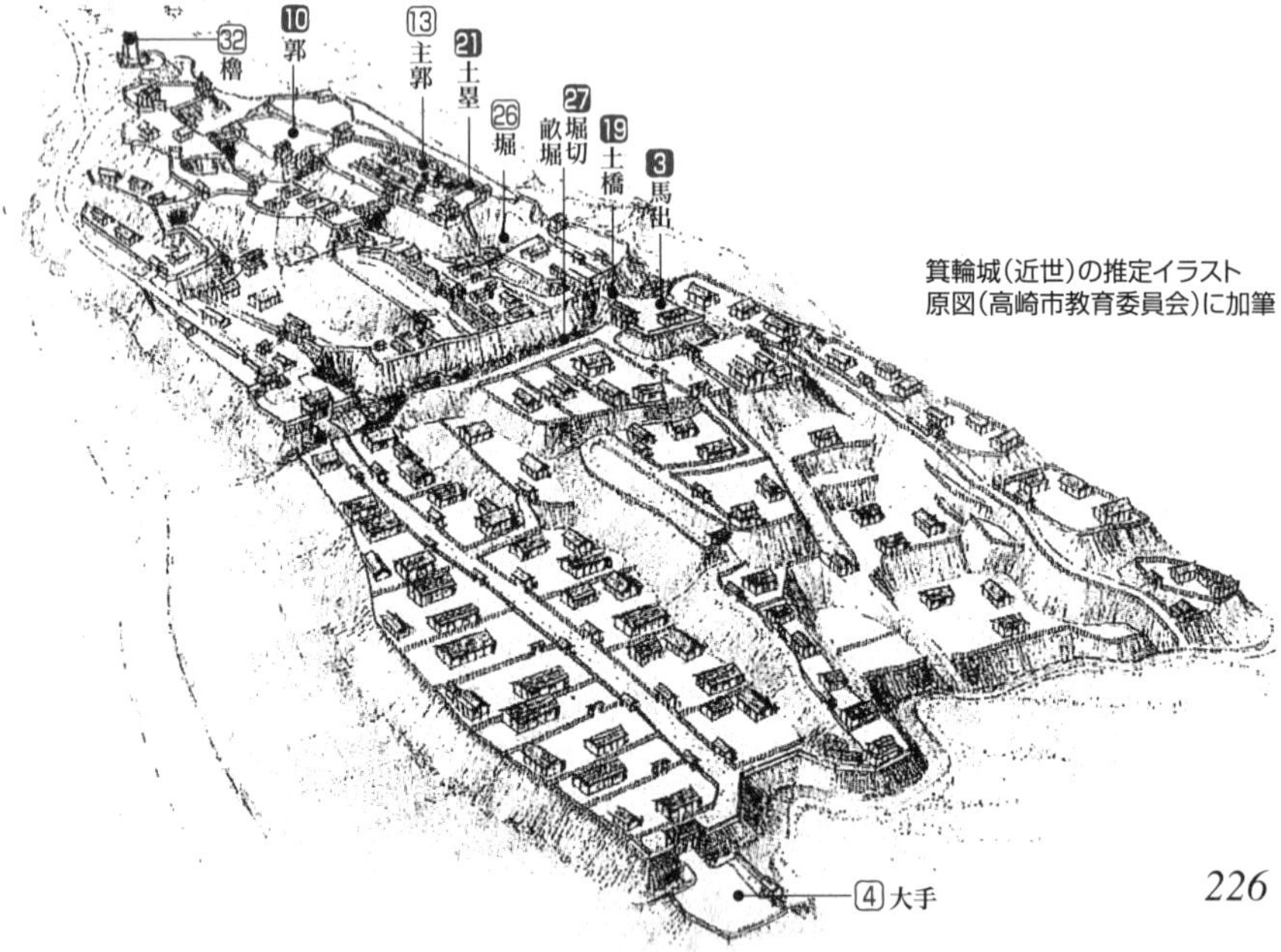


箕輪城（近世）の推定イラスト
原図（高崎市教育委員会）に加筆

**16 惣構**(そうがまえ) 城や城下町を含めた空間の外周を、堀や土塁で囲んだ構造のこと。

**17 竪堀**(たてぼり) 斜面（等高線）と直交して設けられた堀。斜面つたいの攻撃を防ぐ。

**18 付城**(つけじろ) 攻略対象の城を攻める目的で、臨時の拠点として造られた城。

**19 土橋**(どばし) 堀を横断(渡る)する通路。地山を掘り残したものと、埋め立てて造られたものがある。

**20 砦**(とりで) 軍事目的で作られた小規模な城。

**21 土塁**(どるい) 土手状に土を盛り上げて造られた防御施設。

**22 縄張**(なわばり) 城の諸施設の配置などの平面構造。

**23 縄張図**(なわばりず) 縄張りを表現した図面。

**24 根小屋**(ねごや) 城館がある丘陵や台地の麓にある家臣団・従属する人々が居住する空間。

**25 平城**(ひらじろ) 平地に築かれた城。江戸時代の軍学者が地勢により分類した。

**26 堀**(ほり) 外敵の侵入を防御するため造られた溝で、水を張った「水堀：濠」と水を張らない「空堀：壕」がある。

**27 堀切**(ほりきり) 山城等で、尾根の方向に直交して設けた防御施設。

**28 堀中道**(ほりなかみち) 空堀の底に設けられた通路。

**29 枡形**(ますがた) 城館の出入口（虎口）の一形態。前後に設けた二つの城門の組み合わせで、屈曲した導線とし、防御・出撃において高い機能を持たせた。

**30 丸馬出**(まるうまだし) 馬出の外側に設けた塁線がC字状で、半円形の空間を作り出した。

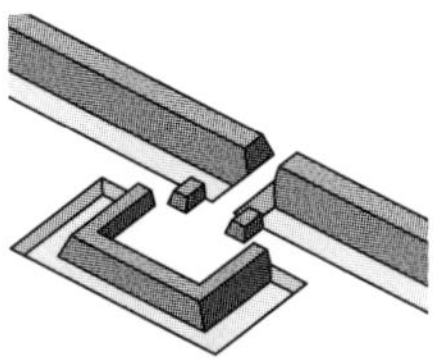

6 馬出虎口(角馬出)

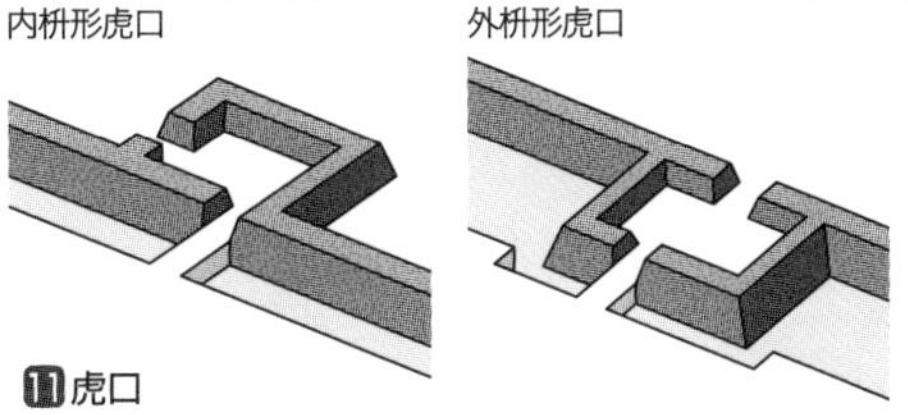


11 虎口

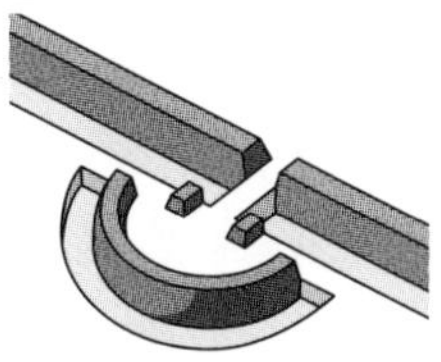

30 馬出虎口(丸馬出)

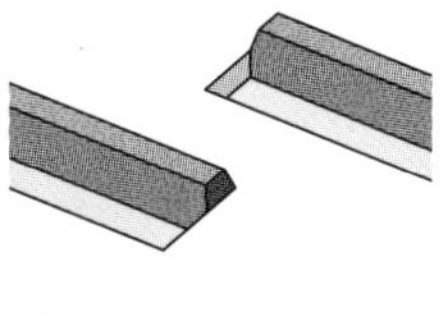


9 食違

**31 武者走**（むしゃばしり） 土塁や石垣に設けた塀や柵の内側に設けられた通路で、弓矢や鉄砲を射撃する際の足場となる。

**32 櫓**（やぐら） 屋敷や城壁の周囲を展望する役割の建築物。

**33 館**（やかた） 平安時代中期以降に勢力を持った武士の拠点で、塁壕を伴う。室町時代には守護の拠点として、1辺200mに及ぶ空間となった館もある。

**34 山城**（やまじろ） 防御性の有利な山の地形を利用した城。

**35 横堀**（よこぼり） 郭の縁辺に巡らされた堀。

**36 横矢**（よこや） 城内に侵入する敵を側面から攻撃すること。そのために塁線を屈曲して造る構造のこと。

## 考古学用語（50音順）

＊以下、網かけの用語は、（参考イラスト）にあるものです。

**1 かわらけ** 素焼きの皿形土器。灯明皿としての利用のほか、非日常的に行われる儀式や宴会で、取り皿や酒杯となり、多量に廃棄された「カワラケ溜まり」の検出例も多い。

**2 香炉**（こうろ） 香をたく器。銅製のほか、石製・陶製や瓦質製がある。

**3 酒会壺**（しゅかいこ） 酒を入れる容器とされ、外見は胴部が強く張った蓋付の壺のこと。

**4 青磁**（せいじ） 青磁釉を施し、1200度以上の高火度で焼かれた磁器。中世では、中国製で生産されたものが国内に輸入され、城館・寺院や都市を中心に出土する。

**5 礎石建物**（そせきたてもの） 国内では6世紀後半以降の建物で見られ、平安時代の貴

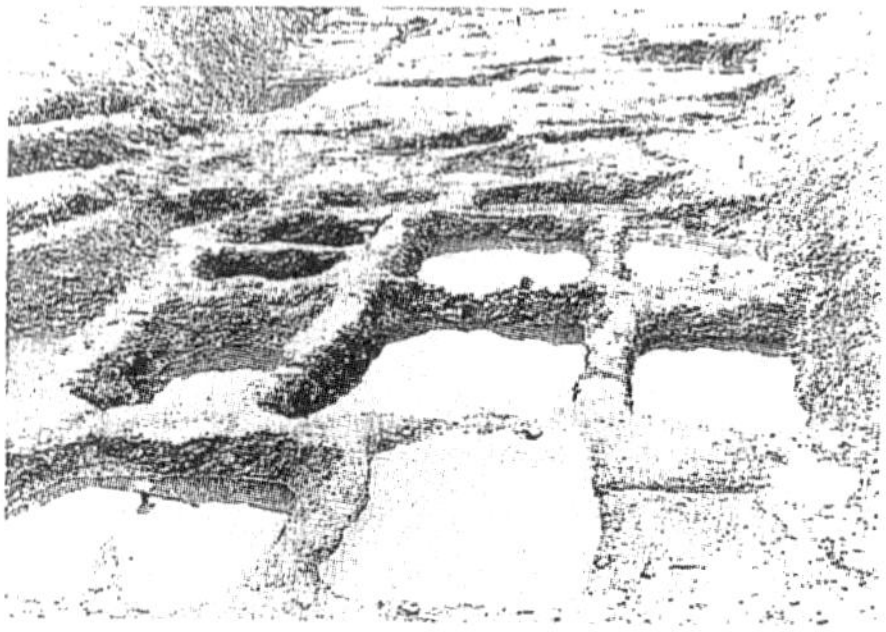

14 障子堀（高崎城跡）
高崎市教育委員会提供

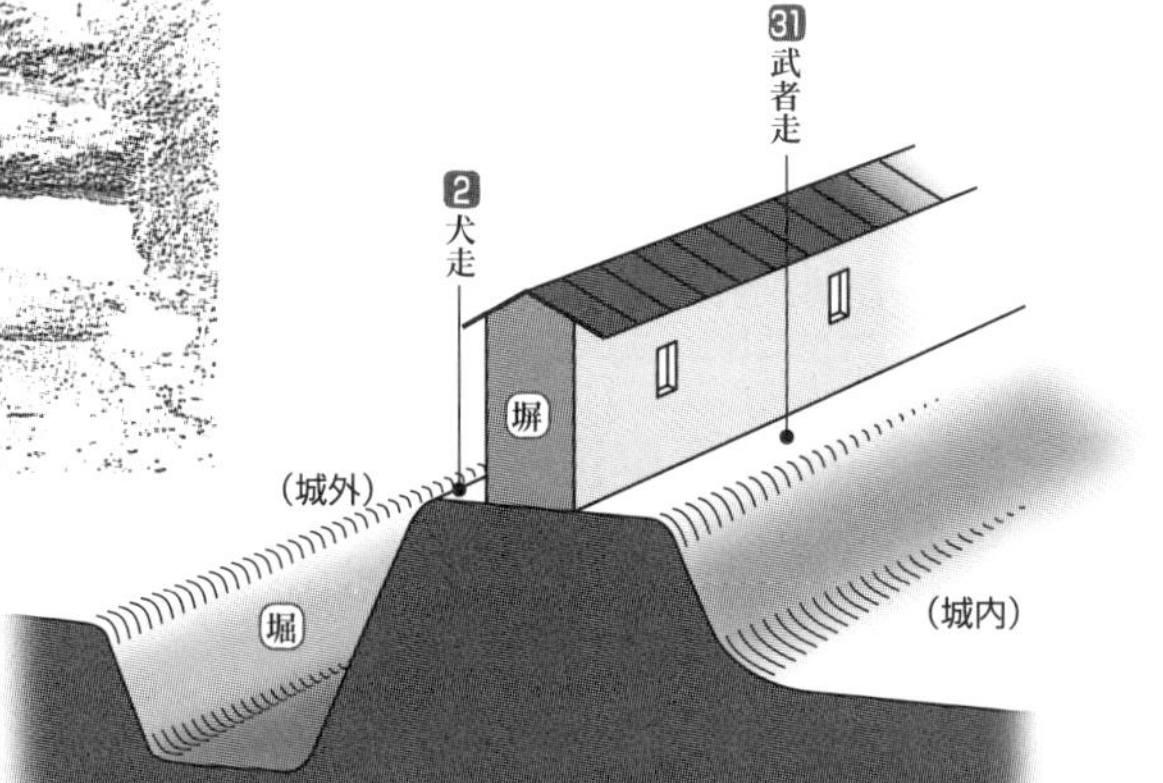


武者走り、犬走り

族の邸宅で普及する。上屋の重量との関連があり、瓦葺の寺院建築等に多く、一般民家に普及するのは、近世以降となる。

**⑥ 染付**（そめつけ）
磁器質の粘土を白色に焼き上げ、呉須（コバルト）で絵付けをした後、透明な釉薬をかけた磁器。中国で生産した製品が輸入され、15～17世紀の城館跡から比較的多く出土する。国内では、17世紀初頭に北九州地方で生産が始まった。

**⑦ 土坑**（どこう）
意図的に人が掘った穴。役割は多様で、墓の場合「土壙」の文字を用いる。

**⑧ 内耳土器**（ないじどき）
口縁部の内側に、穴のある把手をつけた、煮炊き用の土器。把手は、対面2箇所のほか、3・4箇所付けるタイプもある。関東地方では、14世紀後半以降出現し、16世紀頃まで作られた。

**⑨ 白磁**（はくじ）
白色をした胎土に、透明な釉薬を施し高火度で焼いた磁器。中国では6世紀代に生産がはじまり、国内に輸入された9～18世紀代の製品が出土する。

**⑩ 鉢**（はち）
底部から口縁部に向かって広がる器。中世には、すり目のない「捏鉢《こねばち》」と、すり目のある「擂鉢」が出土する。

**⑪ ピット**
地面に掘られた小さな穴のことをいう。

**⑫ 掘立柱建物**（ほったてはしらたてもの）
地面に穴を掘り、柱を埋め込んで作られた建物。床構造を伴う「総柱」と、壁面構造のみある「側柱」がある。

**⑬ 溝**（みぞ）
長く地面を掘くぼめた遺構をいい、溝が作られた場所により、通水や地割等様々な役割が想定される。

❷銅製香炉　❹青磁　❾白磁
（上栗須寺前遺跡出土 群馬県教育委員会蔵）

❶かわらけ（高崎城址出土　群馬県教育委員会蔵）

❽内耳土器
（高崎城跡出土
高崎市教育委員会蔵）

❸青磁 酒会壺
（今小路西遺跡出土
鎌倉市教育委員会蔵）

# 真田道と城

真田氏の支配は沼田から長野県東信地域まで及んだ。真田道は生命線であり、そのルートは要の城で守られていた。

**3** 明徳寺城 入り口

**8** 嵩山城 道の駅「霊山たけやま」と嵩山城

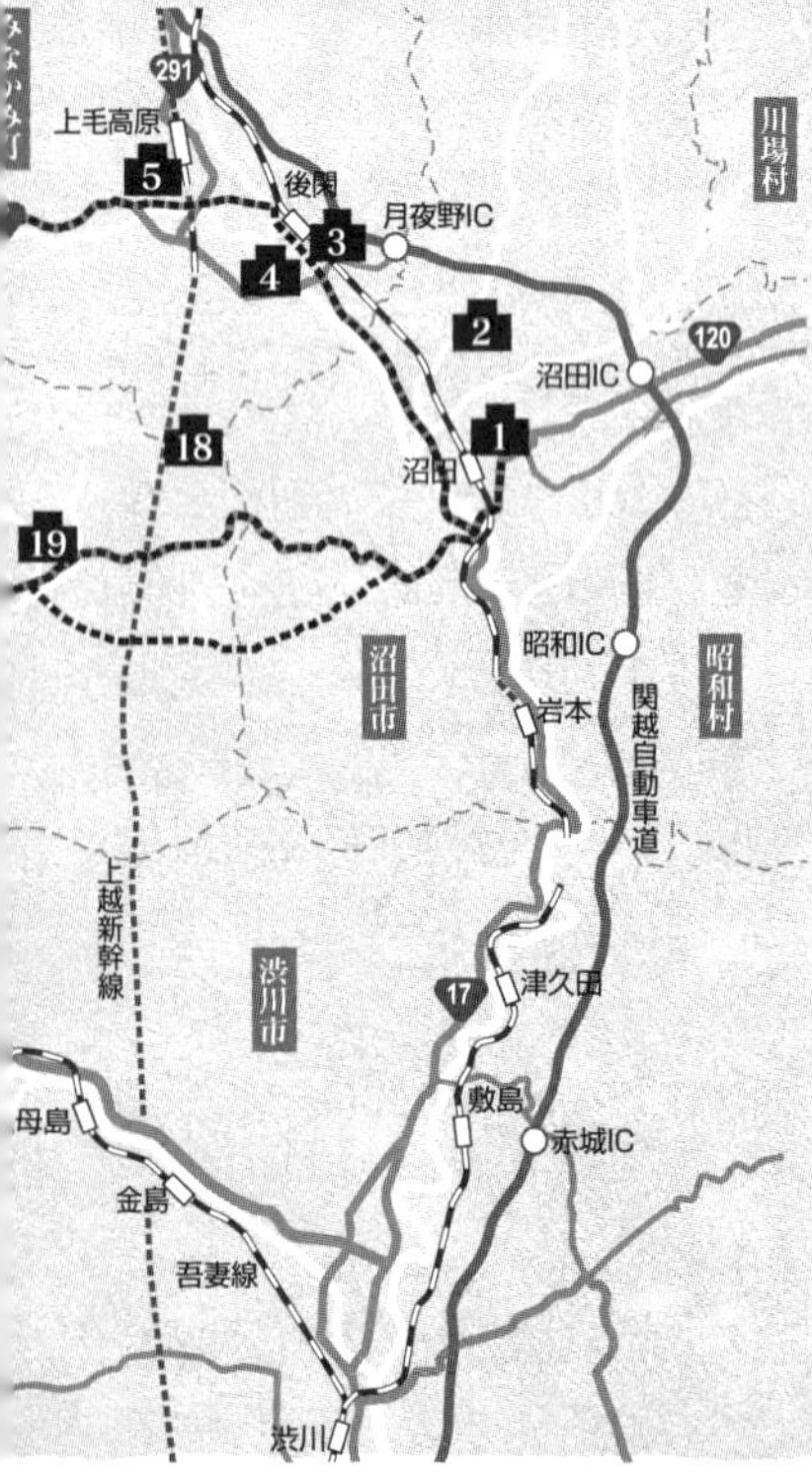


| | 城名 | 内容 |
|---|---|---|
| 1 | 沼田城 | 永禄期は上杉謙信の越山拠点。天正期にその領有は全国に影響を及ぼす紛争地となり、近年「沼田問題」と呼ばれている。 |
| 2 | 小沢城 | 沼田氏の古城と呼ばれる堅城。沼田平八郎の墓が祀られている。 |
| 3 | 明徳寺城 | 利根川東岸の大城郭。名胡桃城・小川城と対峙する。 |
| 4 | 名胡桃城 | 小田原合戦の引き金となった城として有名。平成27年、史跡短期整備が完了。 |
| 5 | 小川城 | 小川城を味方に付けた真田昌幸は急速に沼田地域へ迫った。 |
| 6 | 箱崎城 | 大道峠越えルートの東を抑える。沼田と東吾妻を結ぶ要の城。 |
| 7 | 横尾八幡城 | 天正期の後北条氏侵攻に境目の城として真田方の地侍が番衆となった。 |
| 8 | 嵩山城 | 斎藤氏が武田侵攻に最後まで抵抗した堅城。シンボリックな霊山である。 |
| 9 | 仙蔵城 | 嵩山城攻めの付城という伝承もあるが、暮坂峠ルートの東を抑える大城郭。 |
| 10 | 岩櫃城 | 武田氏築城が有力説。真田氏による東吾妻支配の拠点。 |
| 11 | 雁ヶ沢城 | 渓谷ルート東の関門的要害。横谷氏が守る。 |
| 12 | 川原湯城 | 南山頂の川原湯峠を抑えるとともに、雁ヶ沢城と林の烽火台の烽火連絡をつなぐ。 |
| 13 | 林の烽火台 | 王城山神社の裏山山頂にある小規模な烽火台。 |
| 14 | 長野原館 | 高間山越えルートの西登山口「火打花」に残る屋敷跡。箕輪長野氏の隠棲地という伝説もあるが、長野原雲林寺の古地に近く、街道上の要地であろう。 |
| 15 | 長野原城 | 永禄年間に長野原合戦が行われた舞台として有名だが、実際に合戦があったのか不明。東吾妻へ向かうルートの分岐点であり、交通の要衝であった。 |
| 16 | 羽根尾城 | 天正10年(1582)に西吾妻支配の拠点として真田方湯本氏が置かれた。 |
| 17 | 鎌原城 | 永禄期の鎌原氏の動向が信玄の吾妻侵攻を誘導。真田幸隆が在番したこともある。 |
| 18 | 権現山城 | 名胡桃城攻略のために後北条氏が築いた付城。 |
| 19 | 中山城 | 天正期に沼田地域攻略を目指して後北条氏が築いた拠点。中山盆地の中央に位置する。 |
| 20 | 尻高城 | 天正期後北条方となった尻高氏の居城として、真田方との境目の城。 |

●高間山 登山路

11雁ヶ沢城 本郭

19中山城 道の駅「中山盆地」から見た中山城

12川原湯城 竪堀

東吾妻と西吾妻を結ぶルートは、吾妻川北側で3つのルートがあった。渓谷ルートは特に険しく、迂回路が多い。高所とはいえ、高間山越えルートの方が安定していた。

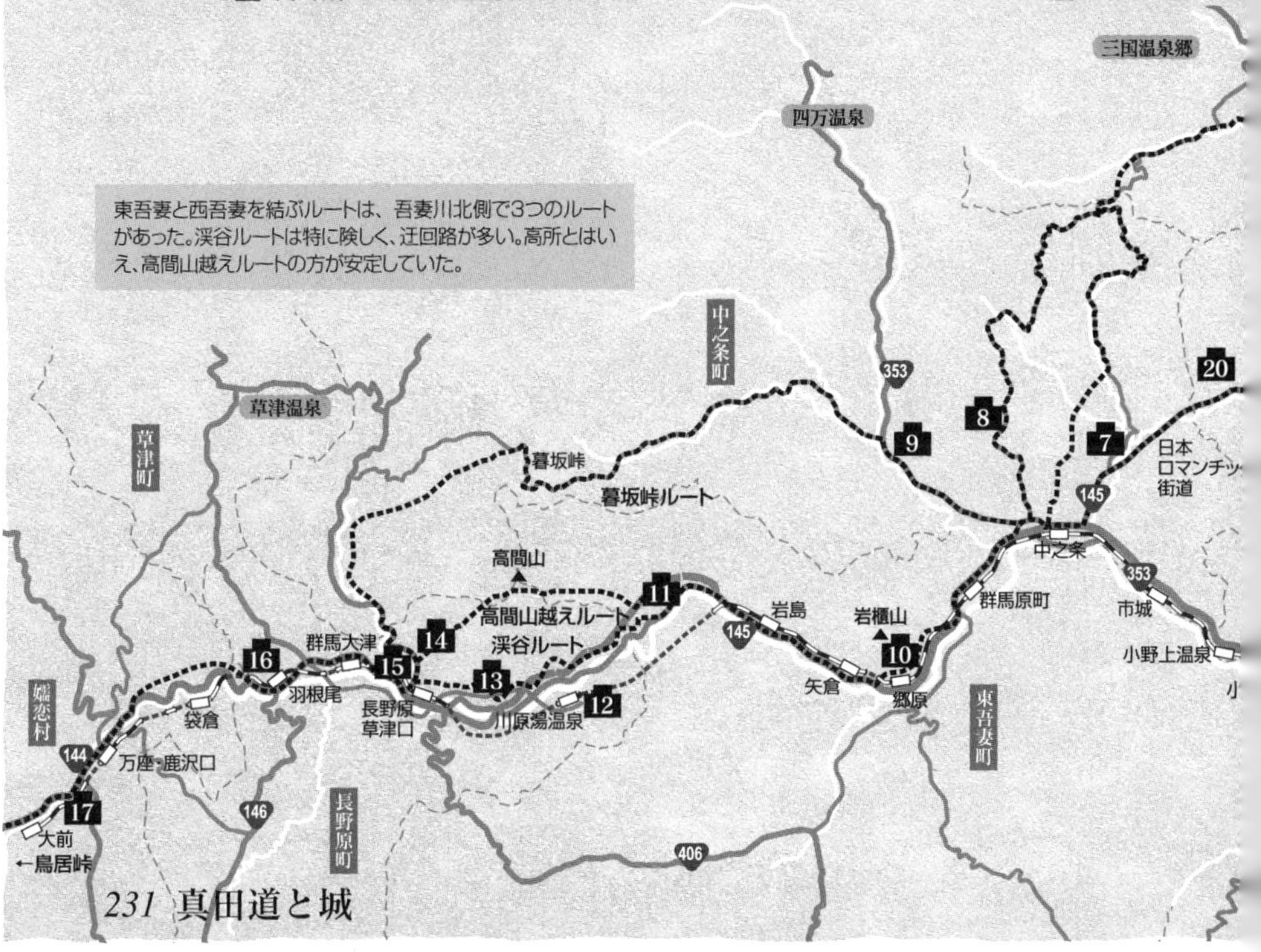

# あとがき

「城に親しんでもらおう」という想いとは裏腹に、断崖にある鷹ノ巣城を紹介してしまった。私は地元の方に登城ルートをお聞きし、東斜面からトライしたが、眼前の絶壁と足下の岩くずに断念した。それでも諦めきれず、日を改めて西斜面から、足がすくむような岩尾根を怖々渡りたどりついた。だから、思い入れはある。でも、皆さんは無理しないで。私は体型的な理由で、身軽ではない。それでも時々無理をしてしまう。一緒に城に登る仲間から、「最近厳しい城が多いねえ」と言われた。三ツ山城も高い山城であった。その上、よく分からない。連れが「ここじゃない」と言い出した。削平も弱い。ずっと先にある堀切が見つかるまで、城と信じてもらえなかった。胡散臭いかもしれないが、城は肌で感じるってところがある。人間の仕業というものを、案外地面が記憶しているのだ。無理せず、この醍醐味を味わってもらえれば幸いである。（飯森）

小学生の頃、甲冑に興味をもった。書道の時間には武将の花押を書いて、先生に怒られた。そんな少年は迷いも無く、歴史を学ぶ道を選んだ。今から三十数年前の学生時代、アルバイトで携わった調査で城跡を発掘し、天目茶碗を掘り当てた。器の内側をみると細かな傷がある。調査担当者は「茶せん」の跡だと教えてくれた。五百年前の時代を生きた人の、息遣いが聞こえた瞬間だった。そんな調査経験を重ね、必然的に「中世」という時期に興味を持った。時は一九八〇年代、「中世考古学」という分野が産声をあげたばかりでもあった。遺跡の調査は、地面を掘削し地中に刻まれた痕跡を拾うことが多い。平坦地にある城館跡も同様である。しかし、山城は機能していたときの地形を留めている（ことが多い）。今回担当した松井田城跡はその好例といえよう。当時の建築物が残ることは少ないが、その時代の「息遣い」を感じられる空間であること請け合いである。近年、各地の城郭で、スマホやタブレットを手に、デジタル技術を駆使したバーチャル体験ができる取り組みも多い。やってみると面白い。でもその前に、目の前に残る地形を読み、当時に思いを馳せてはいかがか。もちろん、城歩きに適した装備で、マナーを守って。

（清水）

執筆した城以外も含めて、群馬県に改めて多くの城跡が残っているのを今回実感したところである。しかしながら、これらの城跡の中には、道なき道を進んでようやくたどり着く山城や、熊に遭遇する可能性がある地域に所在するような危険な城跡もある。こうした城跡を紹介してよいのかどうかという感もある。山城巡りは登山と同様な備えが必要になる。くれぐれも備えあれば憂いなしで臨んでいただきたい。

（秋本）

## ■略　歴

**飯森　康広**（いいもり・やすひろ）

昭和37（1962）年、高崎市生まれ。國學院大学文学部史学科卒。
（公財）群馬県埋蔵文化財調査事業団を経て、群馬県教育委員会文化財保護課勤務。

**清水　　豊**（しみず・ゆたか）

昭和38（1963）年、高崎市生まれ。東北学院大学文学部史学科考古学専攻卒業。
昭和63（1988）年、旧群馬町教育委員会入職。埋蔵文化財保護担当を経て、平成14（2001）年～平成20（2008）年、かみつけの里博物館学芸担当。その後、高崎市観音塚考古資料館、埋蔵文化財保護、かみつけの里博物館を経て、令和２（2020）年から、高崎市文化財保護課課長補佐。

**秋本　太郎**（あきもと・たろう）

昭和50（1975）年、埼玉県ふじみ野市生まれ。駒沢大学文学部史学科考古学専攻卒業。平成11（1999）年、旧箕郷町教育委員会入職。現在、高崎市教育委員会文化財保護課勤務。

**青木　裕美**（あおき・ひろみ）

昭和50（1975）年、群馬県桐生市生まれ。中央大学大学院文学研究科博士後期課程単位取得満期退学。平成23（2011）年、群馬県入職。群馬県立新田暁高等学校教諭、群馬県立文書館、群馬県立歴史博物館を経て、令和３（2021）年から県立伊勢崎商業高等学校勤務。

ぐんまの城 三〇選—戦国への誘い—

2016年10月15日　初版第1刷発行
2021年８月２日　初版第２刷発行

著者　飯森康広　清水 豊　秋本太郎　青木裕美
発行　上毛新聞社デジタルビジネス局出版部
〒371-8666 前橋市古市町1-50-21
Tel 027-254-9966　Fax 027-254-9965